MIGRATION AND ETHNICITY

人の移動とエスニシティ

越境する他者と共生する社会に向けて

中坂恵美子+池田賢市［編］
Nakasaka Emiko *Ikeda Kenichi*

明石書店

はじめに

今日では、インターネットによって多くの情報が容易に入手できるようになった。その反面、サイバーカスケードという新たな問題も生じている。すなわち、自分と同じ考え方をもつ人のツイッターのフォローや、Webのアクセス履歴をもとに表示される行動ターゲティング広告によって、個人が手にする記事や情報は偏ったものとなりがちである。移民や難民の問題については、リアルな社会生活の中や出版やテレビなどの従来型のメディアでは、一般的には耳にすることがないような過激な発言もネット上では流布することがあり、読む側は手にしている情報の偏りについては常に注意を払うことが必要である。

他者と共生する社会をつくるために欠かせない一つの要素は、多様な視角の存在を理解することである。互いの考えを一致させることは不可能であっても、異なる意見の背後に何があるのかを考える必要はあるだろう。自分にはみえていないものが他者にはみえているかもしれないし、自分が経験していない出来事が、他者の考えを生み出しているかもしれない。このことは、国籍や民族という違いがなくてもありうることで、たとえば、世代や性的指向なども考え方や行動の違いをもたらす。それでも、やはり、人と人を隔てるものとして、国境ほど高い壁はないであろうし、それを越えてきた他者との共生は、今を生きる私たちが取り組むべき重要な課題だ。その課題に向き合うために、一冊の本として複数の視角を提供しようと試みたのが本書である。

本書の特色は、国境を越えた人の移動とエスニシティの問題に対して、異なる学問分野の専門家が、それぞれの知見からアプローチを試みた学際的な書であることだ。人と同じように、学問も境界を越えることは容易ではない。それぞれの学問が専門化していき、研究者は自分の専門領域の中で評価され、生きている。近年では、研究には、しばしば即効的な成果が求められるようになり、多くの研究者は、その意思に反して、自分の領域を越えてまわりを見渡す余裕をなかなかもてなくなっている。そのことは、大学で学ぶような若い人たちにも少なからず影響を与えているかもしれない。

しかし、多角的に考えるべき問題は多くあるだろう。国境を越えた人の移動の問題もその一つである。この本を手に取ってくれたみなさんには、必ずしも自分が求めていたわけではない学問分野の話にも触れてみてほしい。複数の視角を知っておくことは、情報の偏りが生み出す弊害の予防策ともなるだろう。一冊の本が運んでくる偶然で半強制的な出会いも、いつか何かの役に立つかもしれない。

本書の執筆陣の専門は、章の部分では、法学、社会学、教育学、歴史学、文学、DNA 人類学、演劇の学問分野にわたっている。さらに、コラムでは、平和構築、移民・移住研究、ミュージアム研究も加わる。その中には、弁護士、演出家・アーティスト、国際公務員、学芸員といった実践的な活動をされている方やその経験者も含まれている。国境を越えた人の移動に関するすべての視角が盛り込まれているわけではないが、学際的な学びの導入のためには十分に多彩な顔ぶれであると思いたい。本書は入門書であるが、もっと出会いを深めたいと思う章があったら、章末の参考文献や巻末の執筆者の著作などをあたってみてほしい。

*

以下、少し本書の内容を紹介しておきたい。本書は４部構成になっている。

第１部「国家と移民、エスニシティ」は概論的な２つの章からなる。

第１章では、国境を越えた「人の移動とマイノリティに関する国際法」を概観する。現在、国家は外国人の入国に関し広範な裁量をもつが、通商条約や人権条約などでその裁量は制限されている。難民等に関してはノンルフールマン原則があり、裁量はさらに狭くなること、また、ネーション、エスニシティ、人種という言葉の使い方や、マイノリティの保護のための国際法についても確認する。本章で書かれていることは、この後の章で展開される多様な話を読む際に、頭に入れておいてほしい知識である。

第２章は、移民問題では最も多くの研究の蓄積がある社会学からの視角が提示される。「移動民の側から世界をみる――『周辺』としていた土地や人を理解するためのフィールドワーク」というタイトルが示すように、ここでの筆者の視点は、「周辺」に据えられている。フィールドワークで訪れた町や典型的な「移動民」である研究パートナーを通じての発見など、自らの経験をもとに、他者がもつ生の軌跡への理解が、関係性の束である自分の理解にもつながると述べる筆者の呼びかけに、ぜひ、耳を傾けてみてほしい。

第2部は、「世界の移民とエスニシティ」として、これまでの教科書でもしばしば扱われてきたいくつかの国について取り上げている。

第3章「フランスの移民と教育課題」では、共和国原理に基づいたフランス的「統合」が、移民の子どもたちの教育に対して実際にどのような形で現れてきたのかが描かれる。1980年代からフランスの移民の教育問題に注目し続けてきた筆者は、移民に対する教育が1970年代、80年代、90年代と変遷していく様を示した後、2000年代の「スカーフ禁止法」をきっかけに明らかとなった教育課題と共和国原理のズレについて指摘し、弱者であるイスラームという視点の欠如に警鐘を鳴らす。

第4章「ドイツ史のなかの人の移動――『難民』がつなぐ歴史と現在」では、ドイツに関わる人の移動の歴史が語られる。今日、同国が多くの移民や難民を受け入れていることはよく知られているだろう。しかし、実は、同国は移民を送り出してきた時期が長くあったこと、その結果として生まれた東欧諸国でマイノリティとして暮らすドイツ系住民たちが、ナチ時代および第二次世界大戦後に逆向きの移動を強いられることになったこと、個人の権利としての庇護権は戦後の西ドイツの人権尊重の象徴であるが、冷戦の文脈での人の受入れは、実際はもう少し複雑であったことなど、人の移動に関する同国の特有の歴史を読者は知るであろう。

続いての第5章は、移民の国として語られる代表格としてのアメリカについて取り上げる。「人の移動がつくったアメリカ合衆国――人種とジェンダーの視点から」というタイトルが示す通り、2つの視点からひもとかれるアメリカへの移民の歴史は、生物学的には意味がない「人種」概念が恣意的に利用されてきたこと、また、エスニック・コミュニティで女性に求められた役割が移民先の地でも強く求められたことを教えてくれる。

第6章「変容する『中国』の多様性と複雑性」は、広大な領土をもつ多民族国家の「中国」についての話である。エスニシティという点では、少数民族を含めた多くの人々のアイデンティティのよりどころとなっている「民族」と、現在の「中国」という国家が掲げる政治的概念としての「中華民族」の違いが示される。人の移動という点では、改革開放政策の前後で様相が変わった「華僑」、それに関連する「華人」や「華裔」、政治的な要因で中国を離れた人々に話が及び、中国から移動した作家による文学についても言及される。

イスラーム史研究者による第7章「イスラーム圏とエスニシティ」では、イスラームの伝統に深く根付いている移住や難民の保護の考え方が紹介される。植民地化により国民国家体制が持ち込まれる以前のイスラーム圏では、民族はそれほど重要ではなく、移動に関しては、旅人を受け入れるさまざまなシステムがつくられ、それが高度な文化水準の維持にもつながっていたことは、私たちが今後の世界を考えるときに、大いに参考にされてよいのではないだろうか。

なお、この2つの章に関わるコラムとして、「中国雲南のムスリム――共生の作法」では、中国イスラーム思想について知ることができる。さらに、本書では独立した章を設けることができなかった地域に東南アジアとアフリカがあるが、前者については「多様性と複雑さのなかの東南アジア」、後者については「アフリカ大陸――今日も人々は国境を越える」というそれぞれのコラムで、両地域の民族問題や人の移動の一端に触れてほしい。

第3部は、日本にスポットをあてた「日本の歴史と現在」である。

第8章「DNAからみた人の移動――日本人はどこから来たか」は、DNA人類学の視角からのアプローチである。アフリカで誕生し地球上に拡散したホモ・サピエンスは生物学的には一つの種であることや、長期間にわたって他集団との混合を経ずに存続している「純粋な民族」は存在しないことは、遺伝学的に明らかにされていると、筆者は語る。そして、近年の科学の発展が生み出した最新の研究が、日本人の起源について何を示しているのかを教えてくれる。総論的な第1部にもおきたい内容であり、ぜひ、多くの読者に、この視角からみえるものを知ってほしい。

第9章は、「日本からの海外移住の歴史」である。現在は移民受入れ国となった日本から、かつて多くの人が海外に働きに出ていたことは、若い世代の人たちには、あまり知られていないことである。日本の場合は、出稼ぎを必要とした人々の状況と国家の帝国主義的な政策が相まって、移民や植民が行われていった側面がある。

本章に関連するコラムである「社会的カテゴリーとアイデンティティ――日系人の実態」は、日系人の現在や“nikkei”という用語について、非常に興味深い話を読むことができる。また、コラム「南洋群島の移民と文学――石川達三・中島敦」では、南洋を日本人がどのようにみていたかがよくわかるであろう。コラム「『日本』という国家の創造と『国史』」は、国民国家としての「日本」の形成が移民にも「日本」への帰属をもたらしたことを示している。

第10章「在日コリアンの歴史と今」は、日本にとってのいわゆるオールドカマーである在日コリアンについて取り上げている。前半部分で、20世紀初頭から戦後の人の流れ、21世紀になってからのヘイトスピーチ、在日コリアンの現状についての基礎的な知識が説明されるが、筆者の願いは、「説明を求めない日本人」を増やすことである。小説と手記、詩を用いてこの主題にアプローチがされる後半部分は、読む人の心を揺さぶる文学の力を感じさせる。

第11章は、「日本の入管法と諸問題」である。筆者は、弁護士として出入国管理及び難民認定法（入管法）に関する実務に多く携わってきており、入管法の定める在留資格についての必要な知識を示した後に、この10年余りの在留外国人の様相の変化を指摘する。そして、現在の日本の外国人受入れの枠組みとして議論の多い「技能実習制度」および「特定技能制度」を紹介した上で、外国人にとって望ましい制度や将来の日本社会のあり方についての視点を読者に問いかける。

第4部は、「現代社会にどう向かい合うか」として、実践的な要素を含んだ2つの章が展開される。

第12章の、「都市・演劇・移動」では、演劇を専門とする筆者が、西洋演劇のもつ本質的機能としての動員と排除の機能を解き明かす。そして、排除される者たちに目を向け、声なき声に耳を傾け、彼らが集まることができる「テアトロン（観客席）」としての〈マクドナルドラジオ大学〉についての話が展開される。編者は、2018 年の暮れに東京のギャラリーでの〈マクドナルドラジオ大学〉を体験したが、その時はまだこのプロジェクトの発想の原点については知らず、本章を読み、専門知を目の前の現実へ応用する筆者の見事な演出家としての手腕にも魅了された。

第 13 章「多文化共生のための教育――多様性の尊重と社会正義の実現にむけて」は、多文化共生教育のための教材開発にも関わってきた筆者が、多様性に開かれた多文化学校の実現のために必要な視点を提示した上で、具体的な実践例として、異己理解共生授業およびマジョリティの特権に着目した社会正義のための教育を紹介する。他者との共生のために一次的重要性をもつのが教育であろうが、研究者と実務家によって、その方法は不断に発展していることを感じる。

また、コラム「『お買い物』で知る移民の文化――ブルックリン子ども博物館のプログラム」では、読者は、学校以外の教育の場としての博物館の存在を再認識し、それは、移民や難民にとっても重要性をもつことに気づかされるだろう。

*

本書は、中央大学文学部で 2020 年度に開講されたプロジェクト科目がもととなっている。大学の教養教育を想定した入門書であるが、同時に、各専門分野ですでに学習や研究、活動をされている方たちにとっての他分野への誘いの書ともなればと、ささやかに願っている。

2021 年夏、無観客五輪のために来日する各国選手団を迎えつつある東京にて

編 者　中坂恵美子

人の移動とエスニシティ
——越境する他者と共生する社会に向けて

◉目 次

第4部　現代社会にどう向かい合うか

PART 1

第1部
国家と移民、エスニシティ

1　人の移動とマイノリティに関する国際法

中坂恵美子

Keywords　国家，外国人，マイノリティ

本章では国境を越えた人の移動および国家の中のマイノリティに関する国際法をあつかう。まず、現代の国際法では、国家は外国人の入国に関する広い裁量をもっていること、しかし、その裁量は種々の条約によって制限を受けていることを、歴史的な側面もふまえてみていく。次に、ネーション・ステート（「国民国家」）やその中のマイノリティであるエスニック・グループという概念を確認した上で、国内のマイノリティ問題を国際人権法の観点から考える。なお、本章でマイノリティという言葉を使うときは、エスニシティという側面でとらえ、単に数が少ないというだけでなく、権力をもたないもの、立場的に不利な少数派という意味も含めている。また、自由権規約には minorities の公定訳として「少数民族」の言葉があてられているため、同条約に関してはその用語を用いる。

1. 2020年の経験

グローバリゼーションの特徴は、人、商品、サービス、資本、情報などの国境を越えた移動が活発になることである。国際化、英語ではインターナショナリゼーションという言葉が、ネーション、つまり、「国」やそれを構成する「国民」「民族」を大前提としているのに対して、グローバリゼーションは、「地球」を単位としたとらえ方である。近代に生まれたネーション・ステート、日本語にすると「国民国家」の概念では、主権者である国民

は、「個人」として「国」と直接に結びつくようになったが、今日ではさらに、「個人」は「地球」と直接結びつき、自由に国境を越えて地球上を移動できるようになっていっているかのようだ（「ネーション」や「国民国家」の概念については後述する）。

しかし、私たちは2020年に、その自由がほぼ完全に世界中で制限された一時期を体験した。COVID-19（新型コロナウイルス感染症）が、その年の初めから世界中に広がり、秋口には、日本人または日本からの渡航者に対して入国・入域制限を行う国は100を優に超えていた。日本もまた、160近くの国・地域の人を上陸拒否の対象とした（日本は島国であり上陸時に入国審査をするため、「上陸拒否」の用語が使われる）。介護や農業の分野では、今や重要な働き手として期待されている技能実習生が来日できずに現場は苦境に陥り、新年度に来るはずだった留学生は、留学自体をとりやめるかオンラインで自国から授業を受講した。初めの数カ月は在留資格をもつ外国人の再入国も認められなかったため、すでに日本にいた外国人の中には、母国の家族が亡くなっても帰国しなかった人もいた。

日本がこのような上陸制限の措置をとるのは、「出入国管理及び難民認定法」（以後、「入管法」、詳細は第11章参照）の規定を根拠にしている。同法の第5条1項は日本に上陸できない外国人について定めており、1号から13号で、指定感染症の患者、一定の罪を犯した人、困窮者、麻薬等に関する法を犯した人など個別の事例が示されているが、その後に続く14号には、「前各号に掲げる者を除くほか、法務大臣において日本国の利益又は公安を害する行為を行うおそれがあると認めるに足りる相当の理由がある者」という一般的理由が書かれている。適切な対処方法がわからない新型のウイルスによる感染拡大を防止するために、同号を用いて国境の閉鎖という徹底的な水際対策が講じられたのである。そして、日本だけでなく、どの国も、同様の措置をとった。国際移住機関（International Organization for Migration: IOM）によると、2021年3月1日現在、計227の国、領域または地域が10万7483の旅行に関する措置を講じており、そのうちの2万9191が入国・入域制限、7万8292が健康状態やビザに関する条件付きの入国・入域許可であったという（IOM, Global Mobility Restriction Overview, Weekly Update, 1st March

2021)。私たちはみな、国境を閉ざし人の往来を管理する国家の権限を再確認する時代の証人となった。

2. 外国人の入国規制に関する国家の権限

ここで、国内法から国際法に目を向けよう。外国人の入国の許否は、一般国際法においては国家が広い裁量をもつ事項とされている。一般国際法とは、すべての国に適用する普遍的な国際法のことをいう。それに対して特別国際法とは、特定の国にのみ適用する国際法で、条約がこれにあたる。条約はそれに入っている国家のみしか拘束しないからである。一般国際法は、慣習国際法として存在する。条約のように明文の規定はないけれども、諸国がそのようにすることが法的な権利・義務であるとの信念をもって実行を積み重ねてきたルールが慣習国際法となる。つまり、外国人は自国以外の国に入国する権利はない、あるいは、国家は外国人を入国させる義務はない、そう明文で書いている条約はないが、長い間諸国家はそのような法的信念をもって行動してきたということである。

少し歴史を振り返ってみよう。宗教改革以前のヨーロッパは、カトリック教会、そして、その長であるローマ法王の権威が強大であった。15世紀の終わり、コロンブスがアメリカ大陸に到達したころに生まれたスペインのフランシスコ・デ・ビトリア（Francisco de Vitoria）は、国際法学者であり神学者でもあったが、スペイン人が同大陸に上陸する権利の有無について、キリスト教の普及という文脈から理論構成をして提示した。その中で、「アメリカの原住民がスペインの権力の支配下に入る合法的な権原」として彼が示した8つのうちの1つは、「自然社会および親交」である。「スペイン人は、彼らが原住民に害を与えず、また、原住民が彼らを妨げない場合は、当該問題となっている土地へ旅をし、そこに一時滞在する権利がある」と述べ、その根拠として2つのことを挙げている。それらは、第一に、「自然法または自然法から派生した法であり、自然の理性がすべての国民に対してうちたてたものとしての国際法（law of nations/*jus gentium*,「諸国民の法」とも訳される）であり、特別の理由なしに訪問者や外国人を悪く扱うのは非人間的なことであるとすべての諸国民に考えられているということ」、第二に、「すべてのものが共同であった世界の始まりのときから、誰もがどこへでも行きたいところに旅立ち旅することが許されていたのであり、このことは、財産の分割によってもなくなってはいない、なぜなら、その分割によって人間の間に広まっていた相互主義および共同の利用をなくすことは、人々の意図していたところではなかったから」ということである（Franciscus de Vitoria, “De Indis et de Ivre Belli Relectiones, being Parts of Relectiones Theologicae XII”）。

彼の主張は、アメリカ大陸というインディアンの土地でのスペイン人の上陸や活動の権利を正当化するための帝国主義的で一方的な主張ではあるが、そこには法的な根拠が示されている。すなわち、自然法から派生した国際法により、人間が地上の財産を共同利用することや、そのために他国へ旅することが認められているのだ、という認識が示されていることが読み取れる。

もう少し時代を下ってみよう。主権国家体制の確立の指標とされているのが、30年戦争の講和として結ばれた1648年のウエストファリア条約である。同条約によって、神聖ローマ帝国の各領邦はカトリックとプロテスタントのどちらの立場を選んでもよいものとされ、カトリック教会の絶対的な権威が失われた分、相対的に世俗の権威である国王の力が強くなった。18世紀に生きたスイス生まれのエメール・ド・ヴァッテル（Emer de Vattel）は、外交官として活動をし、理論的には国家主権概念を自由と独立により特徴づけた国際法学者である。主権概念の下で、国家は、その領域内では絶対的な権力をもち、対外的には独立してお互いに平等なものとしてとらえられるようになる。そのような主権国家の間の法となった国際法において、ヴァッテルは、人が他国を通過する権利について、次のような説明をしている。すなわち、私的所有は他の国民の無害通行の権利という制約も伴うのであり、相互の交通および通商ならびに他の理由のために、地球を通過し、交互に行き来する一般的な権利が認められなければならない。所有者は他の人に、有害で危険である場合を除いて、通過の権利を与えなければならず、これは義務である。さらに、ヴァッテルは、「市民が自国への忠誠の義務を放棄し、国を捨てる絶対的な権利をもつ場合」についても述べており、それは、市民が自国において自活できないとき、社会またはそれを代表する主権者が市民に対する義務を完全に果たし損ねたとき、国家の多数またはそれを代表する主権者が、社会契約がすべての市民を服従させることができない問題に関して法を制定しようとするとき、を挙げている。そして、人が他国に移住する権利の権原を、①自然から発生した権利、②国家の基本法、③主権者からの自発的な付与、④外国との条約、に見出しているが、これらの中の②③④は現在にも通じるものである。また、国家から追放されたり亡命したりすることは、人から人間としての人格を奪い去るわけではなく、したがって、そのものがどこかに住む権利を奪い去るものではないという。しかし、国家は、自然の自由によって、外国人を受け入れるか否かを決定できるのであって、外国人を入れることが明らかな危険または重大な困難を引き起こすであろうときは、その領土への外国人の入国を拒否する権利をもつのであり、亡命者は自由に国を選んで好きなところに定住する絶対的な権利はなく、彼は、その国の主権者に許可を願い出ねばならず、もし拒否されたらそれに従わなければならないのだと説明している。このように、ヴァッテルは、個人が移住する権利を自然も含めて複数の権原から導き出しながらも、外国人の入国を拒否する国家の権利によって、必ずしも個人は行きたいところに行けるわけではないことを最終的には強調している（E. de Vattel, *Le Droit des Gens, ou Principes de la Loi Naturelle, appliqués à la Conduite et aux Affaires des Nations et des Souverains*）。

その後、18世紀末の市民革命期に誕生した「人権」の概念は、移動の自由にもスポットライトをあてたが、革命期のフランスは、現実の状況を考えると、人々に移動の自由を簡単に認めるわけにはいかなかった。すなわち、「自由」の推進というフランス革命の理念から導かれる使命にもかかわらず、現実には革命側はフランスの国境付近に集結している国外への亡命者とその同盟軍を警戒しなければならなかったのである。1791年9月の憲法では「移動し、滞在し、立ち去る」自由の権利が規定され、また、パスポートを含むすべての規制を撤廃する法が成立したが、1792年にはフランス人と外国人両者に対してパスポートの保持を義務づける新たな法が制定された。その後のフランスでは、社会的市民権の出現、徴兵、労働市場への参入などの問題のために、自国民と外国人の区別の必要性が認識されるようになっていった。第一次世界大戦中は、フランスに限らずヨーロッパ各国で外国人は疑念と不信の対象となり、外国人の出入国規制の強化や身分証明書所持の義務化が行われた。初めは一時的なつもりであったそれらの措置が、結局は現在まで継続することとなり、「国家は、競合する権利の主張者である教会や私的な経済単位から、『合法的な移動手段の独占』を確保するのに成功し」、「国民と不法な侵入者になりうる者を効果的に峻別し、それぞれの移動を規制する」ことで発展してきた（トーピー、ジョン 2008『パスポートの発明――監視・シティズンシップ・国家』藤川隆男監訳、法政大学出版会、2頁）。この諸国家の実行が、上述のような現在の一般国際法を形成したといえよう。

3. 条約による受入れ義務

一般国際法上は、国家は外国人を入国させる義務はなくても、条約を結べば別である。日本は江戸時代の末期に、アメリカと日米和親条約、ついで日米修好通商条約を結び、貿易を行い、そのための人の受入れを認めることになった（写真1）。同条約の第3条には、江戸と大阪に、「亞米利加人只商賣を爲す間にのみ逗留する事」ができることが規定され、日本はアメリカ人をその限りで受け入れる義務を負った。このように、経済目的での人の受入れを約束することは、現在でも多い。たとえば、2018年に発効した「環太平洋パートナーシップに関する包括的及び先進的な協定（Comprehensive and Progressive Agreement for Trans-Pacific Partnership Agreement: CPTPP）」（TPP11協定）には、第12章に「ビジネス関係者の一時的な入国」のための規定がおかれ、それにより、日本は「短期の商用訪問者」、「企業内転勤者」、「投資家」、「資格を有する自由職業家」、「独立の自由職業家」、「契約に基づくサービス提供者」および「（「短期の商用訪問者」を除く）それらの者に同行する配偶者及び子」に対して入国および一時的な滞在を許可することを約束している。2008年に発効した日本とフィリピンの経済連携協定には、第9章として「自然人の移動」の規定があり、これに基づいて同国から介護福祉士や看護師の候補生が来日することとなった。普遍的な多国間条約としては、1995年に発効した世界貿易機関（World Trade Organization: WTO）協定の一部としての「サービス貿易に関する一般協定（General Agreement on Trade in

Services: GATS)」が、人の移動を伴うサービスの移動に関しても定めている。

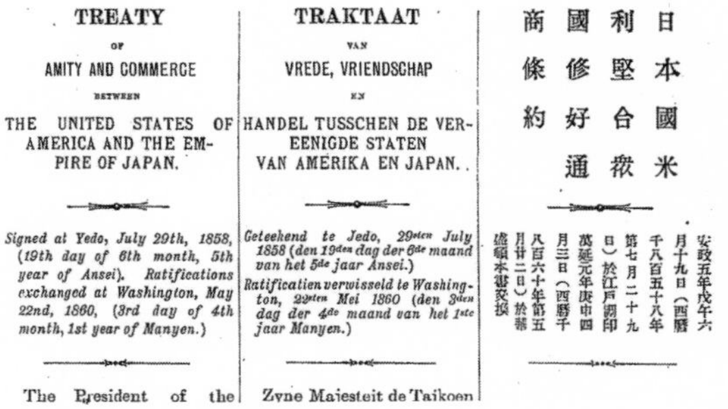

経済面以外でも、軍事的な同盟国の軍事要員の受入れや、歴史的な関係性をもつ国の国民に関しての約束をすることもある。たとえば、日米安全保障条約に基づいた「日米地位協定」は、第9条で、アメリカが、自国の軍隊の構成員および軍属ならびにそれらの家族である者を、日本の一般的な入国審査手続きを経ずに日本に入れることができると規定している。

TREATY
OF
AMITY AND COMMERCE
BETWEEN
THE UNITED STATES OF AMERICA AND THE EMPIRE OF JAPAN.

Signed at Yedo, July 29th, 1858, (19th day of 6th month, 5th year of Ansei). Ratifications exchanged at Washington, May 22nd, 1860, (3rd day of 4th month, 1st year of Manyen.)

The President of the

TRAKTAAT
VAN
VREDE, VRIENDSCHAP
EN
HANDEL TUSSCHEN DE VEREENIGDE STATEN VAN AMERIKA EN JAPAN.

Geteekend te Jedo, 29sten July 1858 (den 19den dag der 6de maand van het 5de jaar Ansei.)
Ratificatien verwisseld te Washington, 22sten Mei 1860 (den 3den dag der 4de maand van het 1ste jaar Manyen.)

Zyne Majesteit de Taikoen

日本國米利堅合衆國修好通商條約

安政五年戊午六月十九日（西曆千八百五十八年第七月二十九日）於江戸調印
萬延元年庚申四月三日（西曆千八百六十年第五月廿二日）於華盛頓本書交換

写真1　日米修好通商条約
同様の内容のものをオランダ、ロシア、イギリス、フランスとも締結した（安政五カ国条約、1858年）。
出典：国立国会図書館

さらに、人権条約による義務もある。「自由権規約」の第12条4項は、「何人も、自国に戻る（enter）権利を恣意的に奪われない」と規定している。この条約の実施機関である自由権規約委員会は、ここにいう「自国」という概念は、正式な意味における国籍に限られるものではなく、少なくとも、ある特定の国に関する特別のつながりまたは資格（claim）のために単なる外国人とは考えられない人の場合が含まれるといい、長期的な居住者をその例の一つとして挙げている。

「外国人」か自国民かという区別は、国籍が基準となる。たとえば、入管法では第2条で、外国人を「日本の国籍を有しない者」と規定している。国籍をもたない国に生活の拠点をもつ人もいるし、中には国籍国には一度も足を踏み入れたことがないという人もいるが、それでも、国籍をもっていなければ法的には外国人ということになる。上述の自由権規約委員会の見解は、国籍で判断すれば外国人であっても、国家は一定の人々には入国を認める義務を負うことを示したものだ（ただし、日本の政府と裁判所の同条項の解釈は同委員会とは異なる）。

注意してほしいのは、事実上、国籍がない人もいることである。以前はど

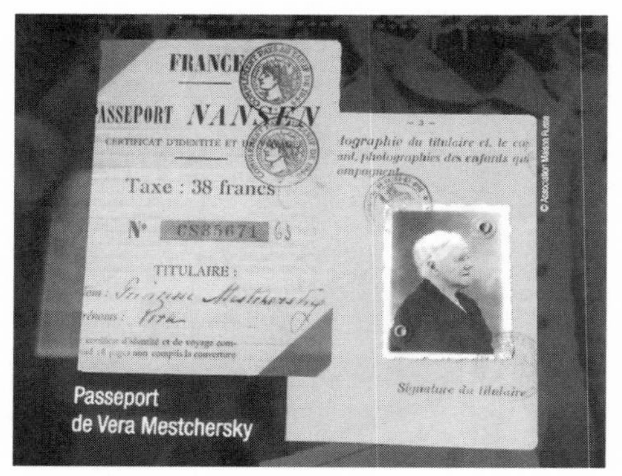

写真２　ナンセンパスポート（フランス移民史博物館の展示）
北極探検家としても有名なフリチョフ・ナンセンは、国際連盟の難民高等弁務官として、ロシア革命により無国籍となった難民のための身分証明書としてのナンセンパスポートを発行した。
出典：2020 年筆者撮影

こかの国籍をもっていた人であっても、その国がなくなったり、国家は存続していても革命などで政府が大きく変わったりしたときは、しばしば、改めて一定の手続きをしなければ国籍をもつことができない。たとえば、ロシア革命時に他国へ亡命した貴族等は無国籍状態であったし（写真 2）、それから 70 数年後にソビエト連邦が解体した後、バルト三国や中央アジア諸国では多くの無国籍者が生み出された。また、政府が一部の集団に対して国籍を剝奪したり認めなかったりすることもある。ナチの国籍剝奪令によるドイツ国外にいるユダヤ人の国籍の剝奪や、ミャンマーにおいて国籍付与の対象となる民族からロヒンギャが除外されたのはその例だ。無国籍ということは、入国や帰国が権利として保障されている国がないということでもある。「権利をもつための権利」として重要な「国籍に対する権利」は、世界人権宣言の第 15 条で認められており、また、国連では「無国籍者の地位に関する条約」（1954 年）や「無国籍者の削減に関する条約」（1961 年）が採択されている。

入国を認める義務とは異なるが、追放や送還、他国への引渡しが制限される場合もある。難民は、経済的な動機で他国に移動する移民とは区別され、一般的には「人種、宗教、国籍若しくは特定の社会的集団の構成員であること又は政治的意見を理由に迫害を受けるおそれがあるという十分に理由のある恐怖を有するために、国籍国の外にいる者であって、その国籍国の保護を受けることができない者又はそのような恐怖を有するためにその国籍国の保護を受けることを望まない者」（難民条約第 1 条（A）2）である（無国籍者も含まれるが、その場合は、国籍国の部分を常居国と読み替える）。難民条約には、難民を受け入れる締約国の義務は規定されていないが、ノンルフールマン原則の規定があり（第33条）、それにより自国の国境まで来た難民を生命または自由が脅威にさらされる恐れのある領域の国境へ追放または送還することは禁止されている。また、拷問等禁止条約も拷問が行われる恐れがあると信ずるに足りる実質的な根拠がある国への追放、送還、引渡しの禁止を規定しているし、自由権規約の第7条が定める拷問等の禁止も、同規約委員会によればノンルフールマンの義務を含むものである。

写真３　UNHCR駐タンザニア事務所（ダル・エス・サラーム）
タンザニアは1970年代から近隣のアフリカ諸国から多くの難民を受け入れてきた国である。
出典：2011年筆者撮影

2015年には、ヨーロッパでこれまで以上の難民や避難民がやってきて、「欧州難民危機」という言葉が連日メディアで流された。しかし、難民や避難民をヨーロッパ諸国以上に多く受け入れているのは、難民を生み出している国の近隣諸国である。難民条約は難民の定義や難民の待遇、ノンルフールマン原則などを規定しているが、国際社会による難民等の受入れに対する責任や負担の分担については規定がなく、また、拘束力のある別の条約もない。この問題は、これまでもしばしば国際社会で議論されてきたが、解決には至っていない（写真３）。

翌年９月に開催された移民および難民に関する国連総会で、「移民と難民のためのニューヨーク宣言」が全会一致で採択され、その後の２年間の政府間交渉を経て、2018年12月の国連総会で採択されたのが、「移住に関するグローバル・コンパクト（Global Compact for Safe, Orderly and Regular Migration: GCM）」および「難民に関するグローバル・コンパクト（Global Compact on Refugees: GCR）」である。後者では、難民受入れの負担と責任の分担に関して定期的に「グローバル難民フォーラム」を開催し、各国は自国が行う誓約と貢献を表明することが決められた。ただし、この両文書は法的な拘束力はもたず、前者では、「グローバル・コンパクトは、国家が自国の移住政策を決定する主権および国際法にしたがって自国の管轄権内で移民を統治する特権を再確認する」の文言も入れられ、この分野での国家主権が強調されてもいる。

4. ネーション、エスニシティ、人種

ここからは、国境の中をみていこう。国境を越えて移動した人は、その土地でマイノリティとなるだろう。国籍を基準とすれば、外国人としてその国の国民とは区別される。しかし、その者が帰化したり、出生地主義の国で生まれた二世、三世であったりしても、母語や文化、身体的特徴がマジョリティとは異なる人として認識されることが多いだろう。次節で、そのようなマイノリティの権利や処遇に関する国際法をみておきたいが、その前提として、本節では、ネーション、エスニシティ、人種という言葉の使い方について確認しておこう。

第1節で出てきた「ネーション・ステート」(「国民国家」) という言葉には、密接に関連する2つの意味があるだろう。1つは、前述したような、個人としての国民 (ネーション) と国家の直接の結びつきである。フランス革命は、それまでにあった身分制中間団体を解体させて、権力を国家に集中させた。他方で、人は身分への帰属によってではなく、個人として権利の主体とされるようになった。個人は、「まる裸で、集権的国家と向き合うことになった」のである (樋口陽一、1996『一語の辞典　人権』三省堂、36頁)。また、フランス革命は、フランス共和国に住む人はすべて等しくフランス人であるという考え方も生み出したが、それが2つ目の意味、すなわち、1つのネーションが1つの国家をもつという考え方につながる。この場合の「ネーション」をとりあえず「民族」と訳しておく。この考え方からは、ある民族が他の民族を支配するような帝国主義的国家は否定される。第一次世界大戦中にロシア革命直後のソ連でレーニンによって出された「平和に関する布告」およびアメリカのウィルソン大統領の「14カ条の平和原則」の両者に含まれていた「民族自決」原則は、敗戦国であるドイツ帝国、オスマントルコ帝

国、オーストリア＝ハンガリー帝国からの東欧諸国の独立を生み出した。その時はアジア・アフリカのヨーロッパ植民地の人々は自決原則の適用対象と考えられていなかったが、民族自決の概念は、彼らの民族解放運動の推進力となった。国連憲章では第1条の目的において「自決の原則」が明示され、1960年の植民地独立付与宣言の採択とその後の植民地独立付与宣言履行特別委員会の立ち上げが、憲章では「非自治地域」と呼称された植民地の人々の独立を促進させた。1966年には自由権規約および社会権規約の共通第1条に人民の自決権が規定され、自決は権利であることが確立された。

しかしながら、1つの国家が完全に1つの民族で構成されることは現実的にはほぼあり得ない。「民族」とは何かという問題についてはこれまでに多くの論者によって語られてきているが、画一的な定義はない。しかし、大まかにいえば、身体的な類似性や共通の言語や文化、歴史や生活様式を共有してきた経験などによって特徴づけられる集団といえるだろう。一定の歴史的な文脈のなかで生まれてきたネーション・ステートという概念は、決してただ1つの「民族」から構成されているわけではない。フランス革命が生み出したフランス人というネーションには、ブルターニュやアルザスなど周辺部に住む言語や文化が異なる人々が含まれていた。第一次世界大戦後に誕生した東欧諸国もそれぞれに少数民族を抱えていた（⇒第4章参照）。

そのような、ネーション・ステートの中のマイノリティの存在がクローズアップされはじめたのは、植民地の独立が進んでいった1960年代後半であり、そこで新たに用いられたのがエスニシティという概念である。エスニシティやエスニック・グループの定義も人により異なるが、多分にネーション（民族）に類似している。しかし、異なる点が一つあり、それは、ネーション（民族）は国家を志向し国家を形成しうる集団を意味することが多いが、エスニック・グループは必ずしもそうではないということだ。

ところで、もう一つ、一定の人間の集団をあらわすときに使われる言葉として「人種（race）」がある。生物学的な意味での「人種」にどのような意味があるのか、またはないのか、詳しくは第8章を読んでいただくとして、ここでは、第二次世界大戦後、この言葉に戦前までは含まれていた一つの意味が明確に否定されたことを強調しておきたい。すなわち、第二次世界大戦までは、人種とはしばしば優劣の意味を含む概念として用いられており、その優劣が、植民地化や差別を合法なものとしていた。しかし、戦後、差別との闘いをめざしたユネスコ（UNESCO, 国際連合教育科学文化機関）は1950年に専門家集団を招集して「人種に関する声明」を作成し、翌年には「人種の本質と人種の違いに関する声明」を作成した。これらの声明は、人種の生物学的差異は存在しないと断言し、人種優越の理論を否定し、人種は生物学的現象ではなく「社会的神話」であると強調した。優劣の差をもつ人種という概念自体が虚構であるというユネスコの主張にもかかわらず、人種差別や人種主義は戦後も生き延び、今日まで続く世界的な問題となっている。1965年に採択された「人種差別撤廃条約」には、「人種」の定義はないが、「人種差別」の定義はある。すなわち、「この条約において、『人種差別』とは、人種、皮膚の色、世系又は民族的若しくは種族的出身に基づくあらゆる区別、排除、制限又は優先であって、政治的、経済的、社会的、文化的その他のあらゆる公的生活の分野における平等の立場での人権及び基本的自由を認識し、享有し又は行使することを妨げ又は害する目的又は効果を有するものをいう」（第２条１項）と述べ、「人種差別」となる差別事由を広くとらえている。この条約の定義を使えば、現在、人種差別という場合は、民族的（national）または種族的（ethnic）出身による差別も含まれることとなる。

5. マイノリティの権利

マイノリティの保護は、国際法では古くから問題となってきた。ただし、第二次世界大戦以前は人権という観点からではなく、マイノリティ問題が国家間の問題を生み出すことを回避するためであった。第一次世界大戦後に独立した東欧諸国は、自分たちの国の中のマイノリティを保護する義務をさまざまな条約で国際的に負うこととなったが、その時に用いられたのは、エスニック（もしくは人種的）、宗教的および言語的マイノリティという言葉であった。民族的という言葉が用いられなかったのは、それにより、マイノリティが統治機能を行使しうることを意味する恐れがあったからである。近年でもクリミアのウクライナからの独立とロシアへの併合宣言など、一国の中のマイノリティの問題が国家間の紛争となっている事例はすぐに思いつくだろう。

クリミアの場合は、住民投票によって独立とロシアへの併合が宣言され、ロシアと条約を締結して併合されることをクリミアの人々が選んだのだから、彼らの自決権の行使として問題はないのではないかと思うかもしれない。しかし、国際法では、国家の一部の人民が分離独立する権利は保障されていない。国際法をつくるのは国家であり、国家の統一を損なうようなルールが認められないのは当然であろう。独立国家の中でマイノリティに認められる政治的な自決権は、自治であったり自分たちの代表を意思決定の場に送ったりして、その国の中での政治参加が保障されることである。

自決権が集団としての権利であるのに対して、マイノリティに属する個人には人権がある。自由権規約と社会権規約は、差別禁止を定める条項があるが、その対象は、国家の管轄権の下にいる人である。つまり、これらの条約の締約国は、自国民でも外国人でも無国籍者でも領域内にいる人すべてに人種、皮膚の色、性、言語、宗教、政治的または他の意見、民族的（national）または社会的出身、財産、出生または他の地位などいかなる種類の差別もなく権利を保障する義務がある。ただし、参政権を定める自由権規約第25条だけは、すべての「市民」という文言が用いられており、自国民への限定が可能となっている。

マイノリティのみを対象とした条約規定もある。自由権規約第27条は、「種族的（ethnic）、宗教的又は言語的少数民族（minorities）が存在する国において、当該少数民族に属する者は、その集団の他の構成員とともに自己の文化を享有し、自己の宗教を信仰しかつ実践し又は自己の言語を使用する権利を否定されない」と定めている。法的拘束力はないが、国連が1992年に採択した「民族的（national）または種族的（ethnic）、宗教的および言語的マイノリティに属する者の権利に関する宣言」は、国家に対して、マイノリティに属する者が、その特質を表現し、また彼らの文化、言語、宗教、伝統および習慣を発展させることを求めている。ヨーロッパには、ヨーロッパ評議会が採択した「地域的またはマイノリティ言語のためのヨーロッパ憲章」（1992年）や「民族的（national）マイノリティの保護のための枠組み条約」

（1995年）もあり、ヨーロッパ安全保障協力会議／ヨーロッパ安全保障協力機構（Conference on Security and Cooperation in Europe: CSCE/Organization for Security and Cooperation in Europe: OSCE）やEU（ヨーロッパ連合）にも関連文書がある。

マイノリティの中でも、先住民は特別の権利が保障されるべきと考えられており、国際労働機関（International Labour Organization: ILO）の「先住民および種族民（indigenous and tribal peoples）に関する条約」や2007年の国連の「先住民の権利宣言」などの国際文書では、先住民が土地に対する権利や固有の文化に関する権利などを有することが確認されている。

人権という観点からマイノリティの問題を考えた場合、単に差別が禁止されるというだけでは問題が解決しない場合がある。つまり、マジョリティにとっては問題のない政策であっても、少数者には受け入れがたいこともある。しかし、その政策がその国家にとっては基本的な価値に関連する場合、マイノリティにだけ特別の待遇を与えることは難しくなり、摩擦が生じる。

ここでは、フランスの国内法に対する自由権規約委員会の見解とヨーロッパ人権裁判所の判決を紹介しておこう。フランスにはライシテの原則がある。詳しくは第3章を読んでほしいが、ごく簡単にいえば、宗教は私的領域でのみ存在を許されるという考え方である。この原則の下で、2004年には「宗教的標章法」（第3章および第7章での「スカーフ禁止法」と同一の法）が、さらに2010年には、「公共の場所で顔を隠すことを禁止する法」が制定された 。前者によって公立学校でのシーク教徒のターバンやムスリムのヘッドスカーフなどの着用が、後者によって公道などにおいてムスリムのブルカやニカブの着用が不可能となり、これらは、自由権規約委員会とヨーロッパ人権裁判所という国際的な人権機関で審議の対象となった。後者は、ヨーロッパ47カ国に管轄権を有する地域的な人権裁判所である。興味深いことに、両者の見解は一致していない。

ヨーロッパ人権裁判所は「宗教的標章法」に関連する複数の訴えに対して、2009年に明らかに根拠がないとして不受理の決定を出した。たとえば、それらのうちの一つでは、同人権裁判所は、同法が他人の権利および自由の保護ならびに公の秩序の保護という合法的な目的を追求するものであると簡単に結論づけている（Ranjit Singh 事件）。それに対して、自由権規約委員会は、2013 年に、当時 17 歳のシーク教徒の男子学生からの申し立てに関して、申立人は学校でケスキ（小さなターバン）を着用して退学処分を受けたが、シーク教徒にとってケスキやターバンの着用は宗教的な標章というだけでなくその人のアイデンティティの不可欠な構成要素であり宗教的教訓であると述べ、同法が、自由権規約の第 18 条が保障する信教の自由を侵害しているという見解を出した（Bikramjit Singh 事件）。ヨーロッパ人権裁判所は、2014 年にフランスの 2010 年法についても合法の判断を下した。その事例は、申立人が、公共の場でブルカやニカブを着用したことにより同法違反の罰としてシティズンシップ・コースの受講を命ぜられたため、同法はヨーロッパ人権条約の第 9 条に規定される信教の自由に違反すると訴えたものである。しかし、同人権裁判所は、同条の保障する宗教の自由は、「他人の権利および自由の保護」のために制限されうることを理由に、2014 年のフランス法を条約違反とは判断しなかった。その理由として、フランスが「共生」の文脈で個人間の相互作用を特別に重要視していることや、公共の場で顔面を隠す人がいることは「共生」に悪影響を与えるという同国の主張が考慮され、最終的に公共の場で顔全面のヴェールの着用を認めるか否かは社会の選択であること、そして、2014 年の法は「他人の権利および自由の保護」の一要素である「共生」の条件の維持という目的と均衡がとれているという考え方を示した（S.A.S. v. France 事件）。

ここで問題となっているのは、平等な扱いが宗教的マイノリティに対してのみ影響を与えるという不平等な結果である。そのような事態に際して、フランスが示した自国の価値観からの逸脱を認めない強い意思、そして、それにお墨付きを与えたヨーロッパ人権裁判所と、逆にそれに異議を唱えた自由権規約委員会との見解の相違がみてとれる。自由権規約委員会の見解は、マジョリティによって行われる社会の選択に対して、人権という面からマイノリティを守ろうとしているように思える。他方で、ヨーロッパ人権裁判所は、現在のヨーロッパ諸国の考え方を反映しているようもに感じる。たとえば、イギリスは、エスニック・グループの活動へ国が資金援助を行ってきたり、学校行事やカリキュラムにおいて生徒の宗教や文化を尊重する政策がとられてきたりと、多文化主義の推進国として知られてきた。しかし、2011年に当時のキャメロン首相から、多文化主義は失敗であったという衝撃的な発言がなされた。同様のことはドイツのメルケル首相からも述べられていたが、それらの発言の背景には、自国で育った若者がイスラーム過激派の思想に染まりテロを起こしているヨーロッパの苦しい現状があった。

最後に、移住労働者に対する権利を規定する条約をみていく。1990年に国連で採択されて2003年に発効した「移住労働者保護条約」は、受入れ国に、正規に滞在している移住労働者のみでなく、非正規滞在の移住労働者に対しても、自国民と同一の報酬、社会福祉、医療サービスの権利等を保障する義務を課している。そして、正規の移住労働者にはさらに付加的な権利が与えられる。残念ながらこの条約の批准国は2021年現在55カ国で、移住労働者の受入れ先となる主な先進国は未加入である。

主権国家体制は、まだ続くであろう。それぞれの国家が国民国家の形成期に構築していった国のありようは、人の移動によって挑戦を受けている。個人の存在の重みが増し人権概念が発展するなかで、国家はその権限に一定の制約を受けながら、自己保存と自己形成を続けていくであろう。

❖参考文献

井上 俊・上野千鶴子・大澤真幸・見田宗介・吉見俊哉編 1996『民族・国家・エスニシティ』〈現代社会学 24〉岩波書店

キムリッカ，ウィル 2018『多文化主義のゆくえ――国際化をめぐる苦闘』稲田恭明・施 光恒訳、法政大学出版会

窪 誠 2006『マイノリティの国際法――レスプブリカの身体からマイノリティへ』信山社

サイニー，アンジェラ 2020『科学の人種主義とたたかう――人種概念の起源から最新のゲノム科学まで』東郷えりか訳、作品社

塩川伸明 2008『民族とネイション――ナショナリズムという難問』岩波新書

2 移動民の側から世界をみる
──「周辺」としていた土地や人を理解するためのフィールドワーク──

新原道信

Keywords 周辺，移動民，フィールドワーク

本章は、他者の背景（roots and routes）を識る旅・フィールドワークへの招待状である。いま私たちは、グローバル社会で生起する地球規模の諸問題（global issues）の背後にある原問題（underlying problem）を、わがことと感じる必要に迫られている。いままで、あまり見たくもない、考えたくもない、あるいは、そうしていたことにすら気づかずに、「周辺」へと押しやっていた土地や人の背景とその意味を考える工夫をしてみたい。「中心／周辺」「われわれ／かれら」といった枠組みで他者をとらえてしまう──そんな自分をどう創り変えていくのか。こうした問題意識から、ヨーロッパ・イタリアの中で「周辺」とされてきた地中海の島サルデーニャを取り上げる。固有の言語・文化・歴史・エスニシティなどの観点から「周辺」とされた土地、そこで出会った人々、移動民の側から世界をみることへと向かう。

1.「周辺」の問題？

私たちは、「いまここ」で、自分を中心とする身近な世界に暮らしている。他方で私たちは、惑星地球規模の「網の目」上に拡がる情報ネットワークによって、国家や地域の境界を越え、世界を「身近」に感じている。ニューヨークやパリ、ロンドン、サンフランシスコの街路を眺め、バリ島やカナリア諸島の砂浜やアルプスの山小屋を「覗き」込む。あるいは、地球上の至るところで起こっているさまざまな「事件」──気候変動、環境汚染、森林破

壊、貧困・格差、飢餓、感染症、民族紛争――を「目撃」する。山火事で火傷し悲鳴をあげるコアラやプラスチックゴミを食べて死んだウミガメから、地震や津波、銃撃戦の映像、衛生状態が悪く病気が蔓延する難民キャンプや、悪条件で働かされた上に突然解雇される外国人労働者の映像まで、すべてのニュースが同じ画面上を流れていく。

「いろいろたいへん」らしい。「かわいそうに」。自分ではない誰かが「問題を解決」するべきだ、いや自分も「なんとかしなければ」……結局どうしていいかわからない。自分で考えるには複雑すぎるし、「まあ自分は大丈夫かな」と思って、そのことを考えるのはやめておく。そして、最初ほどには驚かなくなり、「そのこと」は、「周辺」の問題へと分類されていく。しかし、それは、本当に「周辺」の問題、ひとごと（not my cause, misfortune of someone else）なのだろうか。

2. 社会学は「周辺」からの「人の移動」をどう理解してきたのか？

もともと「周縁／周辺（periphery）」は、ある社会の秩序を支える象徴や価値や信念を創造する「中心（center）」とは異なるものとして理解されていた。そして、文化の形成における質的な距離によって区分されていた「中心／周縁」は、地理的・空間的な「周辺」という視点が組み込まれ、従属理論や世界システム論により「周辺」は「中心」による支配の対象としても位置づけられた（矢澤修次郎 2011「中心と周縁」地域社会学会編『新版 キーワード地域社会学』ハーベスト社、138-139 頁を参照）。

他方で、人の「移動（migration）」は、周辺地域から中心都市へと異なるエスニシティが「移民として出て行く（emigrate）／入ってくる（immigrate）」うごきとして理解されてきた。「定住」の側にとって、中核都市への流入者は、「異人（stranger）」あるいは「故郷喪失者（homeless man, Heimatlose, déraciné）」となる（新原道信「移動とアイデンティティ」前掲『新版 キーワード地域社会学』216-217 頁を参照）。都市は、地方出身者、移民や難民、出稼ぎ（外国人）労働者、知的な亡命者のみならず、エスニシティ、ジェンダー、さまざまなタイプの越境者たちがもつ異質性・多様性の「出会いの場」であった。

しかし、現代の都市（そして地域）は、境界線によって仕切られたある特定の空間から脱領域的に、地理的領域を超えたコミュニティが立ち現れる場、地球規模で「国民」「市民」といった枠からはみ出す人々の存在が可視化する場となりつつある（新原道信「領域」前掲『新版 キーワード地域社会学』130-131頁；横浜国立大学都市科学部編 2021『都市科学事典』春風社の項目群「移動と定住のなかの都市」所収の新原道信「「出会いの場」としての都市」166-167頁および他の項目を参照）。

こうしていま、社会学は、「移動と定住」について、〈移動が一度きり一方向のものではなく、循環的・再帰的側面を持つ〉という移動論の側から、社会そのもののうごきをとらえなおす必要に迫られている（アーリ、ジョン 2015『モビリティーズ――移動の社会学』吉原直樹・伊藤嘉孝訳、作品社；古城利明・新原道信・広田康生編 2006『地域社会学講座 2　グローバリゼーション／ポスト・モダンと地域社会』東信堂所収のメルレル論文「世界の移動と定住の諸過程」63-80頁および「第Ⅱ部　移動から見た地域社会」を参照）。

「周辺」の意味も問い直されている。ヨーロッパによる「新世界発見」を節目として、「植民地化」や中核都市への「労働力」調達の場とされてきた「周辺」では、実は、人間と文化の絶えざる混交・混成・重合（「クレオール化」）による創造が起こっていたことの意味が問われている（グリッサン、エドゥアール 2000『全-世界論』恒川邦夫訳、みすず書房を参照）。「周辺」とされた土地、移動させられた人々の背景（roots and routes）を少しでも理解し、そこからみえてくる世界がどのようなものになるのか。この問いかけは、地球規模の諸問題に直面し、自らもまた「周辺」化しつつある私たちにとって、わがこと（cause）となりつつある。

3.「周辺地域」についてのイメージは？

筆者は、2節で述べた問題意識から、人の移動とエスニシティを研究テーマとしてきた。図1にあるように、固有の言語・文化・歴史をもち、国家の「中心」からみるなら「周辺」「辺境」とされる地域、特定のエスニック

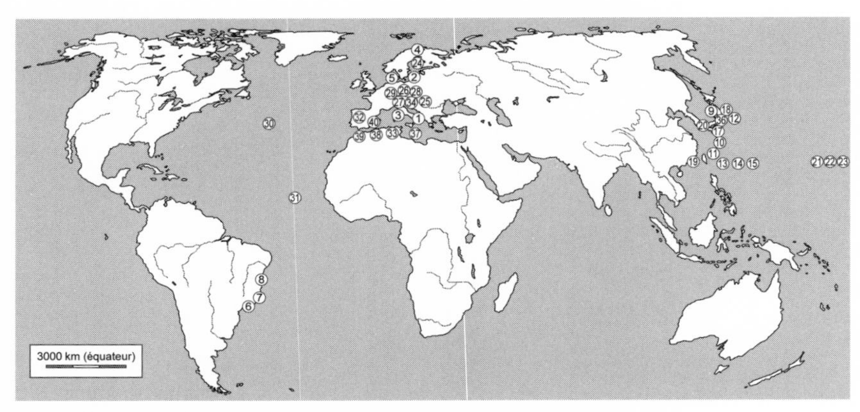

図１　「周辺地域」のフィールドワーク
①サルデーニャ ②ケルン ③コルシカ ④エステルスンド ⑤ロスキレ ⑥サンパウロ ⑦リオデジャネイロ ⑧エスピリット・サント ⑨川崎・鶴見 ⑩奄美 ⑪沖縄 ⑫対馬 ⑬石垣・宮古島 ⑭竹富島 ⑮西表島 ⑯南北大東島 ⑰周防大島 ⑱神奈川県の多文化・多言語混成地区 ⑲マカオ・香港 ⑳済州島 ㉑サイパン ㉒テニアン ㉓ロタ ㉔オーランド ㉕イストリア（イタリア・スロヴェニア・クロアチア） ㉖トレンティーノ＝アルト・アディジェ ㉗ヴァッレ・ダオスタ ㉘フリウリ＝ヴェネツィア・ジュリア ㉙アルプス山間地（スイス・イタリア・ドイツ・オーストリア） ㉚アゾレス ㉛カーボベルデ ㉜リスボン ㉝リーフ地方（モロッコ） ㉞トリエステ ㉟ゴリツィア ㊱立川・砂川 ㊲ランペドゥーザ ㊳セウタ ㊴メリリャ ㊵ジブラルタル
出典：共同研究者・鈴木鉄忠が作成した地図に筆者が加筆修正

集団が暮らすとされる地域、そしてアジアや南米からの移民やインドシナ難民の人たちが暮らす東京や神奈川の地域、アフリカからヨーロッパへの移民・難民の「玄関口」となった地域などでフィールドワークをしてきた。

訪れた場所の多くは、「移民」や「難民」が旅立った土地、旧植民地、あるいは、移動してきた人たちが混成・混住する地域だった。フィールドワークは、文字通り、野外（フィールド）での仕事（ワーク）、学問の「野良仕事」とでも言うべきもので、〈あるき・みて・きいて・しらべ・ふりかえり・考え・書く〉ことを基本としている。そのなかで、自分とは異なる理解の在り方――歴史や文化、自然観、宗教、生活の哲学、倫理的価値観、死生観、経済観念、政治の感覚など――をもった人たちの生活の場に居合わせ、こころを寄せ、声を聴き、要求の真意をつかみ、さまざまな領域を行き来し、〈人のつながりの新たなかたち〉を模索してきた（新原 1997; 新原 2011 を参照）。

これまで、「旅」してきた土地や人について話をすると、「そんな周辺にも人が住んでいるんですね」とか、「貧しい土地なんでしょうね」「飛行場ありますか」とか聞かれるので、学生の人たちにはよく、「周辺」という言葉にどんなイメージをもっているかを聞いてきた。イメージは大きく二つに分かれている。

①市や地域を単位とした場合、「中心都市である東京で生まれ育った」という学生からは、「周辺」の地域やそこから移動する人々についてはあまり考えたことがなかったという返事が返ってくることが多い。イメージとしては、「辺境」「辺鄙（へんぴ）」「閉鎖的な空間」などがあり、東京以外のすべての地域という意見も見られた。「中心都市に位置する自分たち」と「自分たち以外（「中心都市以外の地域に暮らす、あるいはそこから中心都市にやって来る人たちすべて）」という区分があり、ひとくくりにされた後者についてはあまり具体的イメージをもたない。そこには素朴な「自民族中心主義（エスノセントリズム）」的な要素も見られる。

②日本を単位とした場合、日本の「周辺」は、東アジアや東南アジア諸国となる。「周辺」とは「発展途上国」であり、「都市的生活と切り離された貧しい地域、さまざまな意味でのマイノリティが暮らす土地」といったイメージである。ここには、産業化や発展の段階によって「中心（中核）／半周辺／周辺」といった区分がなされる点で、世界システム論的な思考といえるかもしれない（前掲、矢澤 2011 を参照）。

イメージを語る際には、「辺境、僻地、辺境、辺鄙、周縁、端、地の果て（boundary, frontier, edge, bound, confine, etc.）」、あるいは「国境地域、境界地域、紛争地域、奥地（borderland）」といった言葉も使われている。ここでは、国民国家、国家間の関係を前提として、中心都市と周辺地域のある中核国家と周辺国家（半周辺の国家を間にはさむ場合もある）といった「中心／周辺」の枠組みによって、世界あるいは国際社会をみていることとなる。

4.「周辺の人」についてのイメージは？

どうして旅立つ（移動する）のか？　何を感じているのか？

「周辺の人」についてのイメージ、どうして旅立つ（移動する）のかについても、これまで学生に聞いてきた。「周辺」には、「豊かさから排除されている人たち」や「社会的マイノリティ」が多く暮らしている。経済的貧困や、飢餓、犯罪、差別が横行しており、古い伝統や価値観に縛られている。それゆえ、よりよい経済的条件を求め、あるいは「閉塞した空間」から抜け出し新たな価値観に出会うため旅立つのだ。その人たちは、より「自由で安全で豊かな社会で快適に暮らしている」のだから、移住した国の人々に感謝しているはずだという。ここでは、国際労働力移動としてとらえられる貧しい地域から豊かさを求めての自発的な移動が想定されている。

他方で、少数ではあるが、シリアやアフガニスタン、アフリカや中南米などの紛争地域で、あるいは気候変動などによって自国で安心して暮らすことができなくなり、ヨーロッパやアメリカへと旅立ったのではないかという意見も見られた。とはいえ、開発にともなう森林破壊や砂漠化、ダムや基地の建設などによる非自発的な移動、あるいは、気候変動、環境汚染、森林破壊などによる環境難民については、なかなか想像力の範囲には入ってこない。

社会学には、「社会的マイノリティ」「マージナル・マン（marginal man）」「家郷喪失（homeless mind）」などの言い方があるが、ここでは、「定住」の側から「移動」をみるという視点が非意識的に前提とされている。こうした言葉でとらえられる人々は、世界の「周辺地域」から中心的な都市にやって来た「外国人」をさす場合が多い。ここでの「外国人」とは、実は、「外国-人」（他国の国籍と市民権を有する人間）というよりも、「外-国人」である。居住する国家、国民社会の内で、正統な「国民」とはみなされず（たとえ法的には国民であったとしても）、市民的権利から排除され、社会福祉や社会政策の対象としては、社会の危険を増大させる「問題の人物」とされる。

とりわけ、社会不安が増大したときには、突然「治安強化」の対象とされ、差別や偏見による過剰反応の標的とされる。つまりは、「犯罪者なのではないか、日本での永住権を得るために日本人と結婚したがっているのではないか」といった「外-国人嫌い（ゼノフォビア）」が顕在化する。ここには、「中心／周辺」さらには「われわれ／かれら」という区分が存在している。

私たちが暮らす都市や地域（living society/city, community and region）では、日本の地方出身者だけでなく、移民や難民、エスニシティ・ジェンダー・宗教・言語・文化など、さまざまな点で、異質性や複数性を内に秘めた人々が働き暮らしている。ビルの掃除、車体や電子機器の製造工場、野菜の収穫、海産物加工、等々、自分がふだん買い物をする店の棚に並ぶ品物や、その店が入ったビルのメンテナンスは、なかなか私たちの視野には入ってこない。

実際のところ、私たちの身近な場所に、「いまここ」で働き暮らす人々がいる。たとえば、日本で生まれ無意識に日本の言葉遣いや所作を身につけたカンボジア人女性やクルド人男性、あるいは、パキスタン人男性と結婚しムスリムとなった日本人女性の子どもが暮らし、同じ列車やバスに乗っている。「○○人」あるいは「エスニシティ」といった分類からはみ出るような、多面性や複数性をもった人々は、何を感じているのだろうか、この時代、いま居る場所を、どうみているのだろうか。

ここで思い浮かぶのは、これまで数十年にわたって親交を結び、前述図1のフィールドワークをともに行ってきたイタリア人大学教授のアルベルト・メルレル（Alberto Merler）の言葉だ。ある日のこと、メルレルは、ブラジル・ポルトガル語とイタリア語の双方で書かれた一篇の詩を筆者に手渡し、朗読した。

> 「彼」はその土地の言葉をよく学び言葉を正確に選び話している。しかし、彼の言葉の的確さにもかかわらず、どこかいつも、その土地で暗黙の内に認められている考えやものの見方からは「はみ出して」しまっている。相手がそのことに気づいても気づかなくても彼にはこの欠落がわかっている。どの土地にいても「正しい音」を発することができない存在だと。まわりの人は、なぜ悲しそうにしているのかと聞く。悲しいのではない。しかし寂寥（せきりょう）は常に在る。友人たちも、子どもたちも、そして

愛する伴侶も、完全には「彼」がもつ欠落の意味を理解し得ない運命を生きることの憂鬱だ。異質な他者とともに、友として、何かを創ることへの希求は、同時に「彼」への理解を得ることの不可能性を内包しているのだ。

このときあらためて、メルレルという移動民の背景（roots and routes）を識ることが、いま私たちにとって「自明」の世界を見直すことにつながると感じた。

5. ヨーロッパとイタリアの「周辺」？

気づかぬうちに「周辺」としている土地や人と、どうしたら深いところで出会えるのだろうか。そう考え、フィールドワーク（他者を「識る」旅）をしてきた。一つ一つの木や草花、岩がもつ意味、都市や地域に住む人の暮らし、ものの感じ方や考え方、一つ一つの土地がもつ固有の意味など、少しずつ身体の内側に、異なる土地や人が入ってきて、根付き、芽吹くようなフィールドワークだ（新原 1997 を参照)。「中心／周辺」「われわれ／かれら」という思考態度を手放す機会を筆者に与えてくれたのは、地中海の島サルデーニャであり、そこで出会ったメルレルだった。

ヨーロッパは、アメリカや日本と並んで、「移民や難民が押し寄せる中心（中核）国家」である（と読者諸氏はイメージする)。そのヨーロッパの内部に分け入ってみると、そこにはまた「中心」と「周辺」が存在している。図2にあるように、ヨーロッパの「中心」は、世界都市ロンドンを中核とするイングランド中南部、ベネルクス三国、フランクフルトを中核とするライン川流域、アルプスを南下して、ミラノを中核とするイタリア北部とされてきた。イタリアは、通常、スペイン、ポルトガル、ギリシアなどとひとまとめにされ「南欧」としてくくられる。イタリアの中でも、イタリア半島の南部、シチリアやサルデーニャなどの島嶼部は、ギリシアやバルカン半島の諸地域と並んで、ヨーロッパの「周辺地域」ということになる（バスク、カタルーニャなどは、言語・文化、歴史などの固有性をもつ地域だが経済的にも発展し、少し

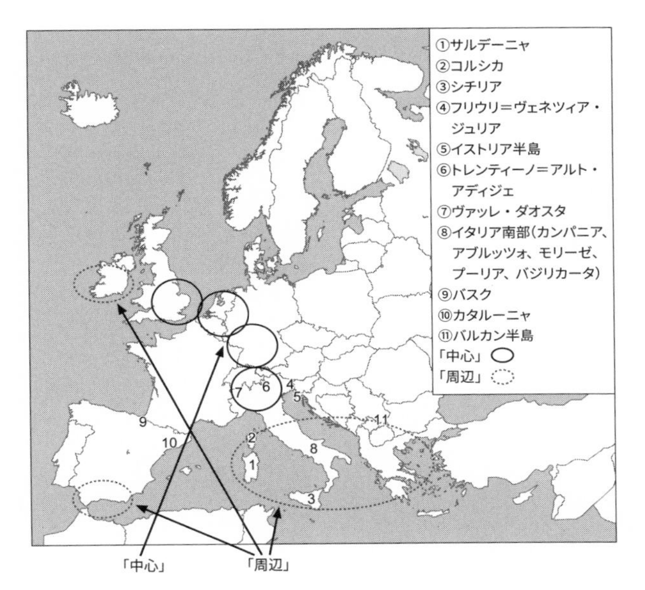

図２　ヨーロッパとイタリアの「周辺」
出典：共同研究者・鈴木鉄忠が作成した地図に筆者が加筆修正

異なる位置づけとなっている）。

イタリアは、20の州で構成され、国境地帯に位置するフリウリ＝ヴェネツィア・ジュリア州（イタリア・オーストリア・スロヴェニアの間国境地域）、トレンティーノ＝アルト・アディジェ州（イタリア・オーストリア・スイスの間国境地域）、ヴァッレ・ダオスタ州（イタリア・フランス・スイスの間国境地域）、島嶼部のシチリア州とサルデーニャ州が、一定の分野での立法権も有する特別自治州となっている。イタリアには、イタリア国家の旧領土や旧植民地からの避難民の子孫、南米やヨーロッパへのイタリア系移民の子孫、アルメニア人、パレスチナ人、スイス人、中国人、マグレブ人、ソマリア人、エリトリア人、リビア人、ギリシア人、アルバニア人などの旧移民・難民、そして、アラブ、アフリカ、アジア、東ヨーロッパなどからの新移民・難民、その他、イスラーム教徒、仏教徒、プロテスタント、ギリシア正教徒、等々の宗教的マイノリティが存在している。

コルシカの南に位置するサルデーニャは、地中海ではシチリアに次ぎ2番目の面積を有する島である。しかしながら、イタリア統一後の最大の国内問題であった南北の格差、「イタリア南部問題」においても、同じく島嶼部であるシチリア、あるいは、同じく地中海の島嶼部であり、フランスにとっての地域問題であるコルシカほどには、学者や政治家から注目されることはなかった。1861年にイタリア統一を実現する母体となったのがサルデーニャ王国であったのだが、この王国の首都はイタリア北部の都市トリノであり、サルデーニャ島は王国の領土でしかなかった。これは何を意味しているのだろうか。

「中心／周辺」という理解のなかには、イタリア南部という「周辺」にもまたナポリやパレルモなどの「中心」があり、サルデーニャは、「周辺」のなかでもさらなる「周辺」であったということになる。

6. さらなる「周辺」としてのサルデーニャ？「難民」の街サッサリ？

イタリアにとってのさらなる「周辺」であるサルデーニャには、ヌラーゲと呼ばれる巨石建造物をつくった「先住民」がおり、それ以前にも、巨石墳墓をつくったさらなる「先住民」がいた。この土地に、フェニキア、カルタゴ、ローマ帝国などが植民都市を建設し、5世紀には、モーリタニア人、ピサ人とジェノヴァ人、バレアレス、アラゴン、カタルーニャからの移住者、地中海でイスラームの覇権が強大化した時代には、地中海の諸地域からの「難民」がやって来ていた。図3を見ていただきたい。

16世紀にはポルトガルから、18世紀にはチュニジアのタヴァルカ地方から、19世紀にはアルバニアから、ポンツァ島から漁師の集団が、ムッソリーニ（Benito Mussolini）の時代には、ヴェネト地方などイタリアのさまざまな地域から、1947年には、ダルマツィアとイストリアからフェルティリアへと「引き揚げ」者がやって来た。コルシカからは、とりわけ15世紀から18世紀にかけて人の移動があり、その痕跡は、サッサリ、カステルサルド、ガッルーラ地方に多数存在している。サルデーニャを代表する思想家アントニオ・グラムシ（Antonio Gramsci）の出自は、1821年にギリシアから亡命した、アルバニア系ギリシア人であった。現在では北アフリカのマグレブ諸国からの「移民」に加えて、中国人などのアジア系の人々、さらにはサハラ砂漠以南の地域紛争によりやって来た「難民」たちが流入してきている。

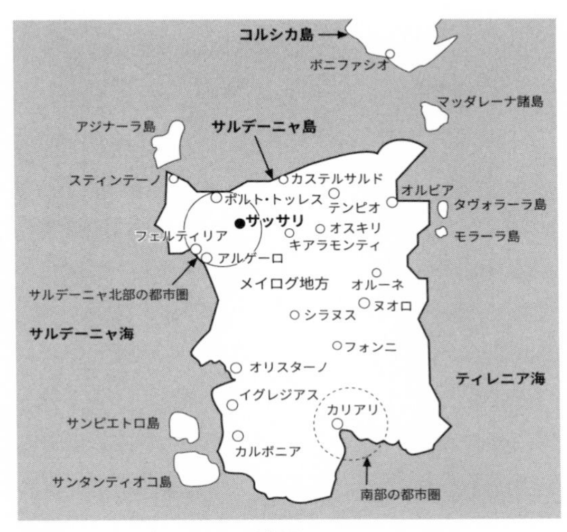

図３　サルデーニャの地図
出典：共同研究者・鈴木鉄忠が作成した地図に筆者が加筆修正

州都は、サルデーニャ島南部に位置し、フェニキアの植民都市に由来するカリアリだが、この南部の都市圏ともう一つ、北部の都市サッサリを中核とする都市圏が存在している。では、ヨーロッパのなかの「周辺」のさらなる「周辺」とされたサルデーニャの「中心」からはずれた場所にある小さな「中心」であるサッサリとはいかなる都市なのだろうか。

図４を見ていただきたい。サルデーニャ北部の中核都市サッサリの起源は、ヨーロッパ中世初期（11〜12世紀頃）に「イスラーム教徒による海からの襲撃」を回避するために、古代ローマの植民都市トゥッリス・リビソニスの住民が内陸部に避難して来たことに由来する。サッサリは、1294年にサルデーニャで初めて固有の都市憲章を有する自治都市となった。14世紀初めに、城壁が築かれ、その一部はいまでも残存している。16世紀には、地中海島嶼部の大学として有数の伝統と歴史を有するサッサリ大学が創設された。19世紀後半になって、旧市街の外部に、イタリア北部ピエモンテの都市を参考にした都市計画によって、規則正しく大通りが建設され、新市街が誕生した。1934年、ムッソリーニの時代には、城壁の「周辺」部であった原野との間にあるモンテ・ロゼッロ峡に橋が建設され、都市計画によって、労働者住宅・学校・教会・広場が建設された。

サッサリには「政治階級」と言われる支配層が存在してきた。イタリア・

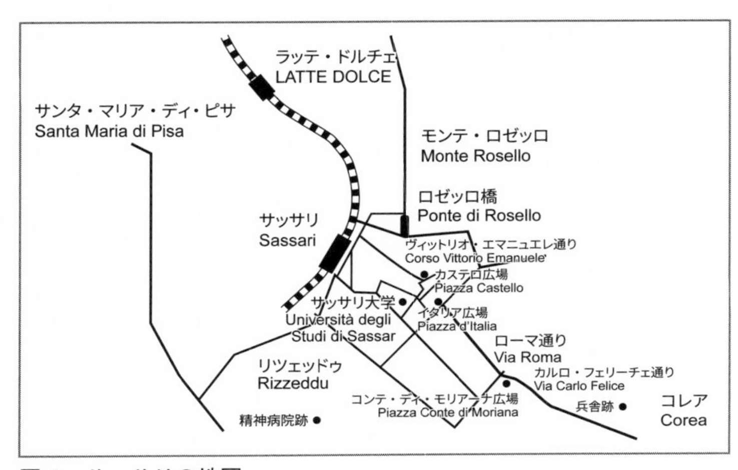

図４　サッサリの地図
出典：共同研究者・大谷晃が作成

ヨーロッパを代表する多くの政治指導者、首相、大統領、学者、医者、裁判官、弁護士、作家、芸術家、ジャーナリストを、いくつかの家系から輩出しており、彼ら／彼女らはいずれも、サッサリ出身、地元の名門アズニ古典高校あるいはサッサリ大学法学部出身などの条件を満たしている。サッサリの支配層をはじめとする都市ブルジョア層の多くは、イタリア広場からローマ通りの先の新市街に暮らす。彼らからみれば、ムッソリーニ時代の遺物でもある「ロゼッロ橋の向こう」は、「周辺」かつ“異物”、「本当のサッサリではない」地域となる。そしてまた、州都カリアリと並びサルデーニャの中心都市であるサッサリの「周辺」である内陸部の村々などは、こうした都市生活者の視野には入ってこない（むしろ身近に感じるのはローマやミラノ、パリであったりする）。

「橋の向こう」に位置するサンタ・マリア・ディ・ピサ地区は、もともとピサの封建領主が領有していた土地であり、第二次世界大戦後、戦地や旧植民地からの「引き揚げ」により住宅が不足し、「引き揚げ」者や避難民、退役軍人家族や、旧市街（歴史的中心街）から強制退去させられた貧困層の「受け皿」として開発された。近年では、地区内のコムニタ（薬物依存や精神疾患など種々の困難を抱える若者の治療と社会復帰のための治療共同体）がアフリカ系の「移民・難民」を受け入れ、「新たな社会問題」となっている。

最初のサッサリについての筆者の理解は、都市憲章を有する中世以来の自治都市、政治・経済・学術・文化などの各方面でイタリア・ヨーロッパに人材を輩出した都市といった見方だった。しだいにそれは、「難民によって建設された都市」――中世から現在に至るまでさまざまなかたちで移動する人々がやって来て、出会い、暮らし、また旅立った場所――として理解されなおすこととなった。「難民の街」として建設された中世都市サッサリに、第二次世界大戦後、旧植民地であったリビアやイストリアから「引き揚げ」者が帰って来て、さらにアフリカからの「移民・難民」がやって来ていたことになる。つまりは、“多重／多層／多面”の「移民・難民」が集い出会う街という理解に変わっていったのである（新原 2007; 新原編 2019 を参照）。

7. 移動民がみる世界

こうしたものの見方――「周辺」としてひとくくりにしてしまっていた土地や人の内実を理解していく視点を与えてくれたのが、前述の図 1 に記した各地への旅／フィールドワークをともにしてきたメルレルだった。いまでもメルレルから、「最初会ったときは、世界システム論的な見方で、日本の周辺である沖縄と、イタリアの周辺であるサルデーニャを比較して、人の移動とエスニシティを比較研究したいとか言っていたよね」とからかわれる。たしかに彼のおかげで、その後多くの出会いがあり、理解の転換が起こったことを認めざるをえない（詳しくは新原 1997; 新原 2011 を参照）。

メルレルは、どのようにして、こうした敏感さを獲得したのだろうか。行動をともにするようになってから少しずつわかってきたことだが、彼自身が、典型的な“移動民（ホモ・モーベンス）”であった。ここでの移動民とは、たったひとりで“異郷／異教／異境”の地に降り立ち、そこで生き抜く力をもち、自らのアイデンティティをつくり変えつつ移動していく人のことである。

1942 年にイタリア北部のトレンティーノ＝アルト・アディジェ州トレントで生まれ、貿易商の父の選択によりブラジルに一家で移住し、サンパウロで青年時代を過ごした。サンパウロ大学大学院を修了後、セネガルに始まり、アフリカ、北アメリカ、ヨーロッパの各地の大学で教育活動を行い、イタリアに「帰還」し、サッサリ大学で献身的に教育・研究活動を行った。メルレルは、幼少期より、父親に連れられヨーロッパや世界の各地を歩き、ブラジルで父が経営する農園で、使用人たちといっしょに肉体労働をすることも多かった。その中で、都市ブルジョアの世界、農民の世界、貧困層の世界、ヨーロッパでの体験など、自分の内側に、いくつもの“社会的文化的な島々”が出来たのだという。イタリア文化圏に加えてポルトガル文化圏、そして近くにあるスペイン文化圏とフランス文化圏へのひろがり。しかもそれらの文化圏について自分中心／自国中心ではないところからみることができるという強みを彼はもっている。

メルレルは、イタリア語、ポルトガル語、スペイン語、フランス語などを母語のように使いこなす。書いたものがもし難しいとすれば、それは理論や叙述の方法の問題ではなく、彼がこれまで移動民として蓄積してきた記憶と経験、彼の背景（roots and routes）がもつ深さとひろがりによるものであろう。個々の要素が異質なものとしてバラバラにあるのでなく、ただ絡み合って複雑なだけでもない。それは、さまざまな社会的文化的な衝突と出会いによって紡ぎ出された重合性とでも言うしかないものだ。彼によれば、個々の草花が、一つの秩序、なんらかのまとまりを構成している生け花のようなものとして自分の身体やこころがつくられているのだという。

彼はまた、政治的社会的な「難民」でもあった。軍事政権下にあったブラジルで大学生活を送ったメルレルは、彼の恩師や友人も国を離れ、軍部による彼への弾圧がすぐそこまでやって来ていた。家族は、息子の安全を考え、ブラジルを離れた方がよいと判断した。ブラジルとセネガルの文化交流の一貫として開始された大学教員の交流のブラジル側の最初の人間としてセネガルに派遣され、そこからブラジルにもどることなく、世界各地を移動した後、イタリアに「帰還」する。しかし、「イタリア人」であるはずの彼は、ブラジルよりもむしろイタリアにおいて、「異人」として扱われた。イタリアの学者たちは、自分たちとは異なる智の形成過程をもつ若者に恐怖を感じ、どう評価していいのか戸惑い、なかなか門戸を開かなかった。彼にとっては、

“異郷／異教／異境”の地であるサルデーニャのサッサリ大学で専任の教員となり、その後はイタリア内外の有力大学からの誘いがあったが、サッサリでキャリアを全うすることとなった。

この間、彼は、チリから1973年9月11日のチリ・クーデターでヨーロッパに亡命し、ハンガリー、ボルドー、サッサリに滞在した文学者で、詩人パブロ・ネルーダ（Pablo Neruda）の盟友でもあったヘルナン・ロヨラ（Hernán Loyola）をはじめとした亡命知識人の受入れ先の確保に尽力した。いままた、前述のサンタ・マリア・ディ・ピサ地区の地域住民とともに、旧「引き揚げ者」や新旧の移民・難民も含めて、「異質性を含み混んだコミュニティ」の創設に取り組んでいる（新原編 2019 参照）。

8. 他者の背景（roots and routes）、その意味を識る旅へ

メルレルとは、サルデーニャの内陸部や沿岸部、ドイツ、スウェーデン、デンマーク、ブラジル、沖縄、北海道、川崎、横浜・鶴見、京都、マカオ、済州島、トレンティーノ・アルト・アディジェ、イストリア、フリウリ・ヴェネツィア・ジュリア、アルプス山間地、アゾレス、カーボベルデ、ランペドゥーザ、メリリャ、セウタ、ジブラルタルなどへの旅をともにした。そして、いくにんものもうひとりのメルレルたち――その衝突・混交・混成・重合の歩み（composite route）を少しでも理解したいと思わせる移動民たちに出会ってきた。「周辺」としてきた「かれら」のことが「それは私のことがらでもあるのだ」と思える瞬間があった。「私」のなかの異質性や複数性に気づくことで、実は「他者」がきわめて身近にいた人であることに気づく旅だった。

たとえば、メルレルとの出会いの後、日本に帰国し、インドシナ難民やイラン、南米からの「移民」、中国からの「帰国者」とされる若者たちと親しくなり、不思議な友情が生まれた（新原編 2016 を参照）。この“旅”はまだ続いている。2018年、アフリカからの難民の「玄関口」となっていたイタリア最南端の島ランペドゥーザで出会った人々は何を想い、何に怒り、いかなる願望を抱いていたのか。モロッコ領内のスペインの「飛び地」メリリャで

出会った人々は、ヨーロッパへの人の移動を遮断するために建設された「壁」をどう思うのか。ヨーロッパとアフリカの言語・文化・宗教の衝突・混交・混成・重合の歩みの「生き証人」である自分たちの背景をどう考えているか、まだまだいくつも探求しなければならないこと、語らねばならないことがたくさんある（新原編 2019; 新原ほか編 2020 を参照）。

メルレルと筆者は、これまでの旅・フィールドワークをふりかえり、移動民の背景（roots and routes）、その固有の生の軌跡の意味を表す言葉として、以下の文章を二人で書いた。

> 私たちは、人間の知性が、抽象的な思考を生み出すことを知っている。しかし、それと同時に、私たちの身体は、この惑星地球という生身の存在に深く根をおろしている。こうして私たちは、記憶をたくわえ、その記憶を何度も何度も練り直していく――家族についての記憶、前の世代の記憶、どんな家に住んでいたのか、故郷はどんなところだったのか、どんな気候のどんな場所で育ってきたのか、少年時代、青年時代、青春をどのように過ごしてきたのか、誰と出会い、誰を愛し、誰を憎んだのか。どんな空の下で人生の意味を学んだのか、人生の方向を定める星座をどのようにつくったのか。どんな森、荒野、山の頂、雪、河や海で私たちは出会い、自分を、他者を識ったのか。
> 私たちは、こうした追憶のフィルターとレンズによって、私たちのなかに深く根付いた生身の現実の意味を学び、問いを発する。複合し重合する私は、厳格に存在しているかのように見える「境界線」をあまり気にすることもなく、いまとなっては慣れ親しんだ境界の束をこえていく。そして、自らの旅の道行きで獲得した固有の見方に従いながら、いくつもの異境を越え、「厳格な境界線」の限界を抜け出ていく。たとえ「ノーマルではない」「違っている」「マイノリティだ」「不適応だ」と言われても、異境を旅する力とともに生きてゆく。
> 仮想の「正常さ」や「画一性」から見たらしっくりこない社会文化的な島々として、たとえこの真剣なコンチェルトの試みが、トータルには理解されていないとしても、より多くの人の耳に、この不協の多声が届く

ことを願いつつ。　　　　　　　　　　　（メルレル・新原 2014: 86-87）

この言葉は、とりわけ、非自発的に移動せざるをえなかった人たち、そして、同じ場所にいるのに、国境線が移動したり、開発計画や事故で環境やコミュニティが破壊された「いながらの移動民」へのエールとなっている。中心的な都市に中心的な人がいるわけでなく、周辺的な地域に周辺的な人がいるわけではない。「中心／周辺」「われわれ／かれら」という思考や制度の枠組みのなかで、分類され固定され、等級づけられる。それでもなお、現代社会のあくなきシステム化からすり抜け、染みだし、無理解のなかで、それでも他者を「識る」ことをあきらめきれない移動民の子どもたちへのエールとして、この言葉をイタリア語と日本語で書いた。

そしてまたこの言葉は、これまで「中心都市」でふつうに暮らしていると思っていたのが、突然、身近な場所が“異郷／異教／異境”となっていくプロセスに直面している「あなたたち」にも向けられている。日々の暮らしのなかで、周囲をよく見てほしい。誰かが「いまここにいる」ということには、いかなる背景があるのだろうか。他者がもつ生の軌跡をていねいに理解しようとすることで、関係性の束である自分のこともていねいに理解していけるはずだ。自分とは異なる背景をもつ人と出会うこと、あるき・みて・きくこと、しらべ・ふりかえり・ともに考えることをあきらめずにやってほしいと願っている。

❖参考文献

新原道信 1997『ホモ・モーベンス――旅する社会学』窓社

新原道信 2007『境界領域への旅――岬からの社会学的探求』大月書店

新原道信 2011『旅をして、出会い、ともに考える――大学で初めてフィールドワークをするひとのために』中央大学出版部

新原道信編 2016『うごきの場に居合わせる――公営団地におけるリフレクシヴな調査研究』中央大学出版部

新原道信編 2019『“臨場・臨床の智”の工房――国境島嶼と都市公営団地のコミュニ

ティ研究』中央大学出版部
新原道信・宮野 勝・鳴子博子編 2020『地球社会の複合的諸問題への応答の試み』中央大学出版部
メルレル，アルベルト・新原道信 2014「海と陸の“境界領域”――日本とサルデーニャをはじめとした島々のつらなりから世界を見る」新原道信編『“境界領域”のフィールドワーク――“惑星社会の諸問題”に応答するために』中央大学出版部、79-92 頁

PART 2

第2部
世界の移民とエスニシティ

3 フランスの移民と教育課題

池田賢市

Keywords 共和国，宗教，イスラーム

フランスは移民の国であり、多文化な国である。しかし「多文化主義」の方針はとっていない。「フランス的統合」といわれる独自の論理で、複数性の上に立つ単一性を維持しようとしている。その方法は「公私の峻別」といわれる。このときに「問題」となったのがイスラームを象徴する「スカーフ」であった。学校でのスカーフ着用は、公的領域への私的属性の流入として、法的に禁止されることになった。しかし、学校現場では、移民の子どもたちばかりではなく、社会的経済的要因により困難を抱える子どもたちへの具体的な対応が求められている。教育（実践）論として、私的領域に国はかかわりをもたないとする非宗教性（ライシテ）の原則をどう解釈していけばよいのか。解くべき課題は本当に「宗教の問題」なのか。「共和国」という政治手法の中に（無自覚的に）組み込まれた排除的側面に着目した「移民」教育論が必要なのではないか。

1. フランスにおける「移民」の定義

日本でのイメージとは異なるかもしれないが、フランス共和国は「移民の国」である。古くはスペイン、ポルトガル、イタリアといったヨーロッパの国々からの移民を、また1960年代以降は旧植民地であった北アフリカ諸国をはじめ東南アジアなどからの移民を多く受け入れてきた。フランスは、いろいろな人々が混じり合う「るつぼ（creuset）」の国なのである（なお、本章

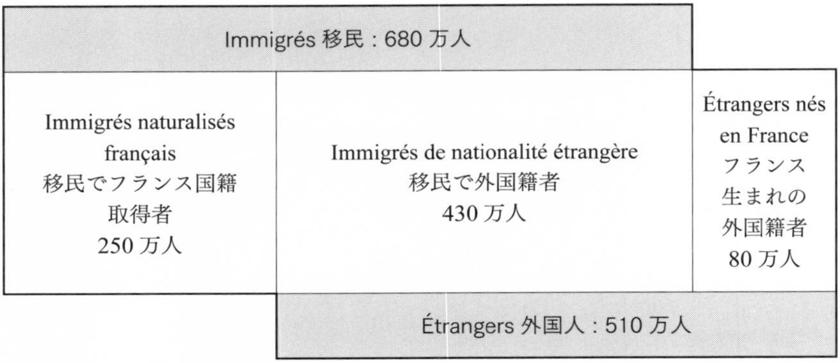

Immigrés 移民：680 万人

Immigrés naturalisés français
移民でフランス国籍取得者
250 万人

Immigrés de nationalité étrangère
移民で外国籍者
430 万人

Étrangers nés en France
フランス生まれの外国籍者
80 万人

Étrangers 外国人：510 万人

図１　移民・外国人の定義と人口
出典：INSEE, L'essentiel sur...les immigrés et les étrangers juillet 2020（https://www.insee.fr/fr/statistiques/3633212，2021 年 7 月 9 日閲覧）より作成

で「フランス」と表現する場合、海外県・領土を除いている）。

フランスの全人口は約 6700 万人。その中で「移民」の人口は約 10% の 680 万人である。「移民」とは、外国人（フランス国籍ではない者）として外国で生まれ、現在フランスに居住している者を指す。つまり、出生した場所とその時の国籍に着目した概念である。ただし、住民として生活する過程でフランス国籍を取得した者もいるため、すべての移民が外国籍なのではなく、また、外国籍であってもフランスで生まれている場合は移民ではない（つまり、移民＝外国人というわけではない）。この両概念のおよその人口とその関係を整理すると図１のようになる。

2. フランス的「統合」原理

このような「多様」な人々からなる国をどのように統合していくのか。その方法もまた多様であるが、少なくともフランスは「多文化主義」をとらず、「共和国原理」といわれる方法で統合を成し遂げようとしている。

この「原理」は、まず、個人を民族、人種、宗教、出身国などのカテゴリーから切り離し、分解され原子化された「ニュートラル」な個人としてみることから始まる。そして、このような個人どうしの契約関係において国家の成立をとらえようとする。これは、フランス独特の「統合」のとらえ方だとされている。以下の説明がこのことをよくあらわしている。

> 統合のフランス的モデルは、人々の間の未分化、つまり、その普遍性に基礎を置く。各人は、その属しているコミュニティから独立した存在とされる。統合は、外国人が権利と義務の平等において国民社会に参加することを想定している。外国人はその特殊性を保持するが、その権利・義務を行使する際にそれが考慮されることはない。共和国は、個人においてのみその権利を承認するのであり、そのコミュニティとの結びつきについてはかかわりをもたない。国家は中立なのであり、権利を承認された個人の選択の自由という原則を立てているのである。各コミュニティを基盤とした権利・義務の尊重は、個人をそのコミュニティに閉じ込めることとなり、それは分断の要因となり、ゲットーや分離そして排除の論理となる。フランス的統合は、その特殊性がどのようなものであっても、多様な人々の国民的コミュニティへの統合を可能とするものである。（Haut Conseil à l'intégration, 1995, *Lien culturels et intégration*, La Documentation française, p.19）

共和国は、「一にして不可分」のものなのであり、この統合状態においては、個人は「市民（citoyen）」と呼ばれることになる。そして、その連帯によって公的時間空間を機能させようというのがフランス「共和国」の原則ということになる。なお、1977 年には、当時の移民労働者庁（Secrétariat d'État aux travailleurs immigrés）が、『新しい移民政策』と題する報告書を出し、金銭的目的で働く労働者としてではなく、共和国を支える市民として移民をとらえることを重要課題とした（この背景には、70 年代における移民への帰国奨励政策の失敗がある点は注意しておく必要がある）。

3. 前提としての「公私の峻別」

公的に個人の属性が問われないからこそ、誰でも自由に社会参画し、その連帯によって国を形成していける、という筋立てでフランスという国は動いている。だからこそ、フランスは「寛容の国」だといわれることもある。

しかし、このような「統合」が成り立つためには、「公私の峻別」が生活の前提となっている必要がある。

私的領域は、自由の領域として完全に守られていなくてはならず、その生活のあり方がどのようなものであろうと、それが公的に問題にされることはない（もちろん、犯罪は別だが）。何を考え、何を信じ、何時に起きて、何を食べて、どんな習慣をもとうがまったく問題はない。

一方で、公的な問題にかかわるときには「市民」として社会に参画していくことになる。そのときには、自らの属性を前面に押し出すことは控えなければならないとされる。フランス革命によって勝ち取った自由・平等・友愛という共通の政治的理念の下、ひとつの共同体の形成を決意した人々が「市民」なのであり、それは一体のものとみなされ、価値多元的な存在としての個人とは区別される。「市民」とは普遍的なものであり、また抽象的であるともいえるだろう。

そして、このような「市民」を育てる公的時間空間が「学校」なのである。したがって、生徒自身の私的生活空間における諸属性は校門のところで置いてこなくてはならない。すべての者に開かれた教育機会の平等、すなわち、すべての者に市民になることを保障するには、この条件が満たされなければならない、という論理である。

4. 学校制度の概観

ここで、フランスの学校制度について簡単にその特徴を確認し、そのあとに移民の子どもたちへの教育政策の流れを整理したい。

全体としての学校体系は、小学校は5年間、中学校（コレージュと呼ばれる）4年間、高校（リセと呼ばれる）3年間で、その上に大学と（フランス独特のエリート養成機関として有名な）グランゼコールなどの高等教育機関が続く。「落第」が制度化されているため、年齢と在籍学年とが常に一致しているとは限らないが、順調に進めば、義務教育期間の最後の年齢である16歳で高校1年生ということになる。現在、多くの国の義務教育制度の原則は年齢主義（ある一定の年齢までは就労させず教育への権利を保障していくこと）である。したがって、フランスには日本のような高校入試は存在しないことになる（進路指導により高校を決定）。なお、日本の場合、15歳までという年齢と中学校終了時の年齢とが一致しているため、中学卒業が義務教育終了の要件だと誤解されやすい。

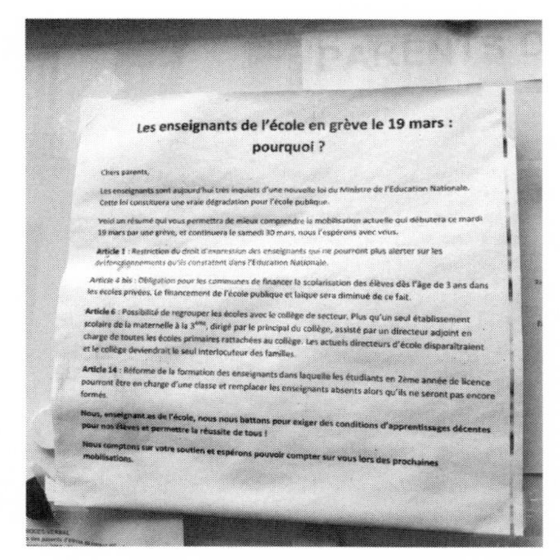

写真1　ストライキ予告
小学校の入り口には、保護者に対して教員のストライキの予定とその理由が張り出されていた（パリの移民集住地域にて）。
出典：2019年著者撮影

フランスの義務教育期間は、これまで6〜16歳とされていたが、2019年9月の新年度から変更され、開始年齢が3歳からとなった。もし日本であればかなりの議論となる改革だが、もともと小学校入学前の保育学校への就学率がおよそ97%であったため、むしろ実態に制度的保障がなされた形になったといえる。しかしながら、移民集住地域においては、貧困問題などを背景に保育学校への就学率はけっして高くはなく、子どもたちの低学力が問題となっていた。今回の改革には、早い段階から義務教育を開始することでこの学力格差を埋めていこうとする意図がある。なお、義務教育だけではなく大学に至るまで、原則として授業料は無償である。

日本と比較してフランスの学校教育を語る際に特徴的なのは、教員の働き方についてかもしれない。たとえば、これはフランス社会全体の特徴でもあるが、教員によるストライキがごく普通に実施されている。学校に行くと、入り口の掲示板にストライキの予定やその理由などを書いた紙が貼られていることはしばしばである（写真1）。

教育の仕事は授業をすることであり、日本でイメージされる生徒指導のようなものは、原則としては職務に含まれない。とはいえ、生徒指導が必要ないというわけではない。そこで、それを専門とする教員が配置され、役割分担の下、学校全体として子どもたちの様子を把握するという方法をとっている。授業担当の教員は、とくに中学校や高校になると、自分の授業の時間にのみ学校に来て、それが終われば帰るといった勤務が普通である（もちろん、種々の会議が設定されている日もある）。のちにみるように、移民および移民にルーツをもつ子どもたちの生活実態との関連で教育をどうとらえていくかという課題に際して、このような教員の働き方が問題となってくる。

5. 移民の子どもを対象とした教育政策の変遷

1960年代後半から（植民地のあったアフリカ諸国の独立や第二次世界大戦後の経済発展を支える労働力需要の高まりなどを要因としつつ）移民が増加し、その子どもたちの学校への受入れが問題となりはじめた。そこで、まずとられた政策は、1970年から本格的に実施された「入門学級」（これは初等教育での呼び名であり、中等教育段階では適応学級といった）という特別学級の設置である。フランス語を母語としない移民の子どもたちは、ここで半年から1年程度の間、フランス語の集中的な教育を受け、そののちに普通学級に移行することになった（ただし、この特別学級で学ぶかどうかは家庭の選択による）。同時に、彼らの出身言語・文化についての教育（1973年から開始）も、基本的には、学校の正規のカリキュラムの中に位置づけられるようになった。

この2つの施策は、一見すると、一方は同化主義的であり、他方は異文化尊重的であると映るが、いずれも、「移民（にルーツをもつ者）」の側に問題を見出し、「移民」のみをターゲットに、その「能力」に変化を求める施策であるという点では同根であったといえる（なお、現在は、移民専用の特別学級は廃止され、ユニットとして「取り出し授業」をする形態になっている）。

しかし、1980年代に入ると、「移民」かどうかということが問題のポイントではなくなる。子どもたちがどのような社会環境にあるか（社会的、文化的、経済的要因）に着目して教育政策が考えられるようになっていく。そのときのキー概念は「恵まれない・不利な（défavorisé）」環境への着目であった。つまり、「移民」だから学習に困難を抱えているというよりも、「フランス人」の子どもも含め、その社会的環境に要因を見出そうとしたわけである。そこで「ZEP（zone d'éducation prioritaire, 教育優先地域）」という政策がとられることになった。貧困等のさまざまな指標によって一定の地域を指定し、そこに教育的資源を集中させていこうとしたわけである（このZEPについても、今日ではその発想は生かしつつも、地域指定のあり方などを見直し、その形を変えている）。

さらに、1990年代以降は、「生活」に着目した教育政策や実践も顕著になる。その一つとして、「生活リズム」「学習リズム」といった言い方で表現される施策がある（リズム政策）。これは、子どもたちが学習しやすいように学校の中を変えていこうとするものである。たとえば、朝の早い時間帯は、子どもたちがまだ完全には目覚めていないことを教師が認識した上で、少しずつ学習へと移行させ、午前中はとくに集中力を要するような教科（数学やフランス語など）を配置していくといった、1日単位での工夫。1週間単位では、連続した学習によって疲労しないように中日の水曜日を休みにする（あるいは午前中のみの授業にする）などの工夫（もともとフランスは学校5日制であり、宗教を背景とした価値教育を公教育では実施しないため、日曜日のほかにもう1日を休みとして家庭教育に充てる発想で制度化）。そして、年単位では、細かく休みを入れていくことで疲労から子どもたち（そして教員も）を守り、そのことが学力向上にも有益であるとの認識の下、原則として7週間学習し2週間休むという「7-2リズム」で学年暦をつくるような工夫。もちろん、これらの施策は「移民」のみをターゲットにしたものではない。すべての子どもたちの学習環境の改善として、そして、貧困等の社会的環境要因によって学習から離脱しやすい子どもたちを念頭に置いた、社会的な排除に対する闘いとして位置づけられている。

6. 宗教をめぐる課題

個人の生活のあり方は私的領域に属するため公的には問題にしない、というのが「共和国原理」のポイントなのであるが、いま確認したように、教育政策においては、むしろ、その個人の具体的な「生活」に着目していくことが（その実効性についての議論はあるものの）実践的課題として重要視されてきていることがわかる。そこで問題となるのが、「宗教」である。より具体的には「イスラーム」への対応をめぐる問題ということになる（写真２）。

信仰は私的領域に属するため、自由が保障されている。ただし、あくまで「私的領域」に限られる。したがって、共和国「市民」を育成する公的機関である学校に宗教的所属が見えている状態で持ち込まれようとする場合には、強く拒否されることになる。このような「非宗教性」の原則は、「ライシテ（laïcité）」といわれる。

写真２　パリ中心街にあるモスク
建物の一部はカフェおよびレストランとして一般に開放され、多くの観光客が訪れている。
出典：2015 年著者撮影

フランス革命 200 年祭の 1989 年に一つの「事件」が起こる。イスラームの「スカーフ事件」といわれる。パリ郊外のクレイユ市の公立中学校で３人の女子生徒がイスラームを象徴する（頭髪を覆う）スカーフを着用して登校し、そのまま授業に出席しようとした。しかし、校長はスカーフを外すよう要求し、出席を禁じた。フランス各地でスカーフは問題化し、登校禁止や退学処分も起こるなどの「事件」となった。「ライシテ」の原則は、公的時間空間から宗教（的なもの）を排除することで多様な者の社会参画を平等に保障しようとするものであるため、学校側からみれば、スカーフは宗教的属性に関する個別的主張と映り、共和国の存立をも脅かす「事件」なのであった。また、女性を抑圧的・従属的地位に置くものとしてスカーフ着用に反対する議論もこれに重ねられもした。一方で、平等を保障するはずのライシテの原理により特定の者の（教育への）権利が侵害されるという結果になったことも確かである。こうして、校門のところでスカーフを外させるかどうかでフランス世論は完全に二分されることになった。教育大臣が通達を出し、また、裁判にもなった。

布教や扇動などを伴わないかぎり、スカーフ着用自体は表現の自由であり、問題はないというのが司法の判断であったが、学校現場の混乱は続いた。そこで、大統領直属の委員会がつくられ、2003年12月11日、委員長の名を取って通称「スタジ報告」といわれる報告書が提出される。そこでは、学校の性質とアイデンティティの問題が次のように語られている。

> 学校は、知識を伝達し、批判精神を形成し、自律性や文化的多様性への開放、そして人格の開花を保障し、将来の職業に準備し、市民を形成するのである。こうして、学校は、共和国のなかで共に生きる（vivre ensemble）明日の市民を育成するのである。…〔中略〕…共和国の学校は、単なる施設利用者を受け入れているのではなく、教養ある市民になるべき生徒を受け入れているのである。…〔中略〕…公平に知識の伝達を保障するために、特別な規則に基づいた、特別な場所が必要なのである。学校は、一般社会から隔絶されたものであってはならないが、しかし、生徒は、「社会の激しさ」から守られなければならない。確かに学校は聖域ではないが、学習のためには現実の社会から一定程度の距離を置く必要がある。ところが、あまりに多くの学校で、アイデンティティの葛藤が暴力の要因となり、個人の自由を侵害し、公的秩序を混乱させている。…〔中略〕…今日の問題は、もはや良心の自由の問題ではなく、公的秩序の問題であると考える。
>
> （Le Monde紙、2003年12月12日付より抜粋）

フランス「共和国」形成のためには、あらゆる所属やその影響から「解放」された「市民」が必要だという論理に基づけば、「スカーフ」をめぐる問題はアイデンティティではなく、社会的な秩序維持の問題に見えるだろう。しかし、個人を「自立した実体、他の個人からも周囲の社会環境や自然環境からもはっきりと断絶し分離した実体」とみなし、「肉体も感情ももたず、その生活空間とアイデンティティの源泉となる歴史的、文化的、伝統的、家庭的条件から完全に自立して、自由意思を貫徹する」存在として想定すること（センプリーニ、アンドレア 2003『多文化主義とは何か』三浦信孝ほか訳、白水社、100頁）には無理があるのではないか。

なお、スタジ報告が「秩序」の問題を際立たせた背景としては、フランス社会全体の「道徳的」危機もある。学校内での生徒による教師への暴力が多く報告されるようになり、「ある生徒たちは、どうして規則や学校が要求することを尊重しなければならないのかを理解していない」状態であり、したがって、「困難をかかえる学校にあっては、教育（instruire）の前に社会化（socialiser）が必要となっている」といわれていたことも指摘しておかねばならないだろう（Rebaud, Claude et al., 1998, *L'établissement citoyen: Les établissements scolaires dans la cité*, Hachette, p.75）。

7.「スカーフ禁止法」の問題点

こうして、2004年3月15日、フランス政府は「スタジ報告」に基づいて、学校内での宗教的標章（シンボル）の着用を禁止する次のような法律を制定した（教育法典への以下の条文の追加）。

> 公立初等学校、コレージュ、リセにおいて、児童生徒が宗教的所属を目立つように（ostensiblement）表明する標章（signe）および服装の着用は禁止される。学校内規は、懲戒手続きの実施に先立って児童生徒との対話を行うことを求める。

ここでは、宗教的な標章を「目立つ」かどうかで判断しようとしている。そもそも「目立たないように」髪を覆う手段はなく、したがって「スカーフ」はそれ自体で、どのような意図で着用しているかを問われることなく「違法」な存在となってしまう（小さい十字架は服の中に隠せば問題はないとされる）。条文にはイスラームのことが直接的に書かれてはいないが、これは実質上、「スカーフ禁止法」なのである。対話を重視せよとの但し書きはあるものの、懲戒処分の対象であることも明記されている。

なお、2013年には、すべての公立学校で、ライシテに関する教育を徹底させる方針が示され、宗教上の理由で学習内容に異議を唱えることなども禁じている。

このようにイスラームの「スカーフ」は宗教的シンボルとして公的時間空間からの排除の対象とされているわけだが、本来、アイデンティティに関する事柄には「無関心」を貫くからこそ「共和国」は「寛容」であり得たのではないのか。また、少なくとも、「目立つ」かどうかといった見た目上の問題として処理してよいのかどうか。

しかし、その着用意図に関心を向け始めるとすれば、さらに問題が広がってしまう。なぜなら、服装に関して「目立つ」何かを身に着けていた場合、それに宗教的意図があるかどうかを確認する作業が必要になってしまうからである。「スカーフ」はイスラームを示すものとして一般に理解されているとしても、それ以外にもさまざまな宗教的シンボルはあり得るのであって、それらを公的にチェックしていく必要が出てきてしまう。このこと自体が信教の自由への侵害になっているのではないか。もちろん、フランスの「ライシテ」についてはその歴史的意義や法的解釈などについての詳細な検討が必要であり、表面的解釈は危険である。とはいえ、少なくとも、この法規定は、子どもたちの生活への理解を基盤とした教育実践を阻む機能を担ってしまうだろう。スタジ報告にあったように、学校に一定の「閉鎖性」を認めていくとすれば、なおさら排除の実態が見えにくくなっていくのではないか。また、もともとフランスの学校教育は伝統的に「知育中心」といわれており、子どもたちは、そのアイデンティティの核になる部分としての生活のありようを顧みられることなく学校生活を送ることになるだろう。

さらにここに、差別問題が重なることになる。市民として平等に社会参画を果たしていくためには、学校教育を通して「資格」を取得し、職業に就くことが必要となる。しかし、平等な社会参画を保障するはずの学校が、ライシテの原則のいわば逆機能によって、かえって平等や自由に制約をかけることになっている。かつ、実態としても、移民（にルーツをもつ者）への差別が根強く存在し、フランスで生まれ、フランスの教育を受け、フランス社会に実質的に同化して生活しているにもかかわらず、就職の機会が平等には開かれていない。とすれば、これへの異議申し立てはむしろ必然である。

このような視点に立つとき、イスラームの「スカーフ」は多義的となる。それは、フランス社会の差別構造を告発する機能を有することにもなる。つまり、敬虔なる信者としてスカーフを着用している場合だけではなく、自分たちを排除しようとするフランス社会への抵抗のシンボルとして着用されている場合もある。あるいは、両親からの外出許可を得やすくするための方法として着用している場合もありうる。フランス社会が自ら有する排除機能に自覚的にならないかぎり、「スカーフ禁止法」は、「共和国」側からのイスラームへの一方的な断罪となる。

8. 教育課題と共和国原理とのズレ

このような状況にあっては、もはや学校は、子どもたちの生活の文脈から離れて存在することはできないだろう。政治理念（あるいは政治的解放の原理）として「公私の峻別」が機会均等や自由の保障の前提として機能すると宣言することは可能かもしれないが、そのことがそのまま人々の生活を私的なものとして公的なものから分離できたということにはならない。学校教育を通して本当に平等な「市民」の形成を行おうとするのであれば、むしろ、さまざまな「属性」を受け止めた上での実践づくりが求められるはずである。

フランス「共和国」にとっては、スカーフに象徴されるイスラーム問題はあくまでも宗教問題である。しかし、果たしてそれは本当に「宗教の問題」なのだろうか。国家のあり方（差別構造）の問題が、見かけ上、宗教の問題にみえているだけなのではないか。あるいは、そのようにカムフラージュされているのではないか。

「公私の峻別」という生活は、イスラームという宗教の特性上困難なのだといった言い方がなされることがある。それぞれの宗教の特性に着目すれば、そのような議論も成り立つかもしれない。しかし、その説明方法であれば、宗教に関することに限らず問題化することは可能である。公と私に分裂して生きることが、理念としてではなく、具体的人間にとって可能かどうか、ということである。国家としての成立要件を公私の峻別に求めるとしても、そのことと各個人がそれぞれの生活を公と私とに分けて過ごすようになるということとは別事象である。

おそらく「共和国」原理を前提にするなら、学校で養成すべき人間像とは、かつて19世紀から20世紀への転換期において社会学者のデュルケームが述べたように、一つの人格の中に個人的存在と社会的存在とをもった人間ということになるだろう。そして、その社会的存在を学校教育によって形成していく、すなわち、教育作用を「社会化（socialisation）」としてとらえれば、かなりすっきりとした人間形成プロセスを思い描くことができる。

しかし一方で、実際の生活が具体的に生きている人間によって成り立っているかぎり、仮にアイデンティティとしての宗教性や民族性というとらえ方が可能であったとしても、それは固定した特徴として理解されるべきではなく、ダイナミックな動きのなかで常に変化しうるものとして理解していかなくてはならない（Vieillard-Baron, Hervé, 1997, De l'origine de l'ethnie aux fabrications ethniques en banlieue, *Migrants-Formation* 109: 24-47 を参照）。このような指摘は、実は1990年代を通して移民をめぐるさまざまな論考の中でなされてきていた。このことは、「生活リズム」の施策等にみられたように、子どもたちの具体的な生活状況を反映させた学校改革の動きと重なる。

フランスの移民をめぐる教育問題は、学校現場での現実的な課題と共和国の理念とがズレているところに見出される。この「ズレ」は、宗教問題としてイスラームをとらえているかぎり解消されることはないだろう。「移民」は、フランスという国家のあり方と人間としてのあり方との分裂を厳しく問い、その分裂の中でしか権利や自由が保障されないこと自体の問題性を指摘しているのである。その矛盾とそれに伴う抑圧状態に学校現場はかろうじて反応しつつあった。しかし、21世紀に入り、再び「宗教の問題」によってその問題と課題設定が封印された形になっているのではないか。

最後に、若干ではあるが、「風刺画」をめぐる事件にふれておきたい。

2015年1月に、ムハンマドの風刺画を載せた（以前からさまざまにイスラームを揶揄してきていたのだが）週刊新聞「シャルリ・エブド（*Charlie Hebdo*）」の本社にイスラーム過激派のテロリストが押し入り、警官含め12人を殺害した事件があった。また、2020年10月には、授業でムハンマドの風刺画を見せた教師が殺害された。フランス国内ばかりでなく世界的にも「表現の自由を守れ」といった世論が盛り上がった。

もちろん、暴力に与するわけではないが、しかし、通常、風刺は、強い権力をもって人々を抑圧する側に対する社会的弱者の抵抗手段ではなかったのか。フランスには風刺画の伝統があるといわれる。それは、権力への抵抗という意味ではなかったのか。フランスにおけるイスラームは明らかに差別されており、弱者の位置に追い込まれている。そのイスラームがなぜ風刺の対象になるのかをしっかりと問うておかなくてはならない。移民をめぐる問題は、どういう問いを立てるかという問題でもある。

❖参考文献

池田賢市 2001『フランスの移民と学校教育』明石書店
池田賢市 2016「揺らぐ『共和国』と市民形成――岐路に立つフランスの挑戦」佐藤 学・秋田喜代美・志水宏吉・小玉重夫・北村友人編『グローバル時代の市民形成』〈岩波講座 教育 変革への展望7〉岩波書店、185-215頁
島埜内恵 2020「フランスにおける『出身言語・文化教育（ELCO）』プログラムの実態――二国間協定締結国に焦点をあてて」『比較教育学研究』第60号、47-68頁
園山大祐編 2016『岐路に立つ移民教育――社会的包摂への挑戦』ナカニシヤ出版
ドゥブレ，レジス・樋口陽一・三浦信孝・水林 章 2006『思想としての〈共和国〉――日本のデモクラシーのために』みすず書房
フランス教育学会編 2009『フランス教育の伝統と革新』大学教育出版

4 ドイツ史のなかの人の移動
──「難民」がつなぐ歴史と現在──

川喜田敦子

Keywords ドイツ，難民，庇護権

今日のドイツは、多くの難民を受け入れていることで知られる。外国人排斥を唱え、難民受入れに反対する政治勢力も存在するが、「〔移民や難民を〕歓迎する文化」を合言葉として、多くの市民が難民を支援する活動に携わっている。この姿勢はドイツの歴史的体験に支えられている。ドイツは歴史的に多くの移民を東欧や新大陸に送り出してきたが、とりわけ第二次世界大戦期には、ナチ体制下での亡命、ナチの民族移住政策の枠内での「民族ドイツ人」の呼び戻しと非ドイツ系住民の排除・殲滅、戦後処理のなかでの領土割譲にともなうドイツ系マイノリティの強制移住など、大規模な人の移動の震源地となった。これらのできごとがもたらした多大な犠牲は、ドイツの歴史認識に今日も強く刻まれている。本章では、この歴史を振り返るとともに、この経験が、その後のドイツの難民受入れに今日に至るまでどのように影響を与えているのかを考えることにしよう。

1. ヨーロッパの「難民危機」とドイツ

「私たちは多くのことを成し遂げてきました。私たちにはできます！」

これは、ヨーロッパがいわゆる「難民危機」に揺れた2015年夏、記者会見に臨んだドイツの首相アンゲラ・メルケル（Angela Merkel）の言葉である。メルケルは、ドイツの憲法（基本法）に明記された「人間の尊厳の不可侵」

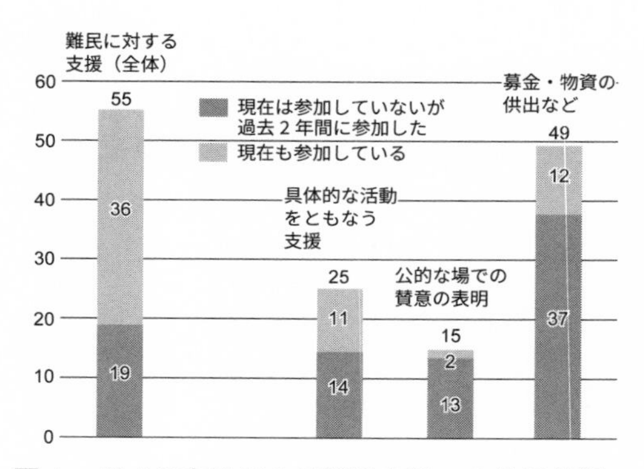

図１　ドイツ市民による難民支援への参加状況
出　典：Bundesministerium für Familie, Senioren, Frauen und Jugend (ed.) 2017, *Engagement in der Flüchtlingshilfe Ergebnisbericht einer Untersuchung des Instituts für Demoskopie Allensbach*, p.11.

（第１条）と「庇護権」（第16条）を引き合いに出しながら難民を受け入れる姿勢を明確にし、ドイツにはそれができるはずだと語ったのである。

2015年に約48万人、翌16年には75万人に迫る難民を受け入れたドイツでは、国外からドイツに来る移民や難民を歓迎する態度こそがドイツの文化だという自負と期待をこめて、「〔移民や難民を〕歓迎する文化（Willkommenskultur）」という言葉がさかんに使われるようになった。17年に行われた調査によれば、16歳以上の人口の55%が、15年以降の２年間に、なんらかの形で難民を支援する活動に携わったとされる（図１参照）。支援の形態は募金が最も多いが、難民支援活動に実際に携わった経験のある市民に限定しても、その数は人口の４分の１にのぼる。

難民を大量に受け入れることに反対する声が国内にないとはいえない。ドイツでは、「西洋のイスラム化に反対する愛国的欧州人（Patriotische Europäer gegen die Islamisierung des Abendlandes: PEGIDA）」を名乗る団体が、2014年10月以来、ドイツの移民政策や難民庇護政策に反対してデモや集会を繰り返している。旧東ドイツの大都市ドレスデンで始まったPEGIDAの活動は他都市にも広がりを見せており、「難民危機」を契機に、排外主義的な動きはドイツで確実に支持を広げたといわざるをえない状況である。このように世論は二分されているが、少なくともドイツ全体が排外主義に急速に傾いていく様子は見られず、ドイツは今もEU（ヨーロッパ連合）加盟国のなかで最も多くの難民を受け入れている。

この背景には、難民を受け入れることに対する歴史的な責任という意識が存在する。したがって、今日のドイツにおける難民への対応を理解するためには、ドイツ史上のさまざまな人の移動を大きな歴史のうねりのなかでみていく必要がある。本章では、ドイツにおける人の移動について歴史をさかのぼって概観するなかから、その歴史的経験が、今日の難民問題をめぐるディスコースにどのような形で影響を与えているのかを考えることにしよう。

2. ドイツ史のなかの人の移動

歴史を振り返ると、ドイツは移民を送り出してきた時期が長い。ドイツ史上の人の移動のなかでも、中世に始まる東欧への移住は長期にわたり、19世紀に新大陸への大規模な人の流れが生じるまで、国や境界を越えた人の流れは主として中東欧、南東欧に向かった。

東欧への移民は古くは12〜14世紀にさかのぼる。神聖ローマ帝国から東欧に移住した農民、騎士団、修道会、鉱夫、手工業者、商人などが、移住先の地に異なる文化と新しい技術をもちこみ、新しい村や都市を建設した。これが「東方植民」と呼ばれる現象である。ポーランドからバルト海沿岸にかけての地域がこの時期の主たる移住先だった。今日のチェコ、ハンガリーの一部にも古くからドイツ語を話す人々の植民が進んだ。

これに対して、ルーマニア、旧ユーゴスラヴィアなどの南東欧には、近世以降に植民が進んだ地域が多くある。たとえば、第一次世界大戦後にハンガリー領からルーマニア領に変わったバナートに少数ながら今日も居住するドイツ系マイノリティは、18世紀にマリア・テレジアの下で進められた植民政策によって南西ドイツから移住してきた人々である。ルーマニアとウクライナにまたがる地域に位置するブコヴィナではドイツ人居住地の歴史はさらに新しく、この地域にドイツ人が移住したのは18世紀末だった。

ロシアでも、代表的なドイツ人居住地はいずれも18世紀後半以降に形成された。そのうち、エカチェリーナ2世が奨励し、1760年代にヴォルガ川流域に移住した人々はヴォルガ・ドイツ人と呼ばれた。ヴォルガ・ドイツ人は20世紀初頭には200を超える村落を形成し、ソ連時代にも1930年代後半までは自治共和国を維持した。

ドイツ人が移住した先はヨーロッパ大陸内だけではない。19世紀から20世紀前半にかけては、ヨーロッパから新大陸（とくに北米）に向けて大規模な労働力の移動があった。この時期、ドイツやオーストリア＝ハンガリーは、新大陸への労働力の重要な供給元の一つだった。1680年代から1800年にかけてドイツ語圏から東欧への移民が約74万人だったのに対して、1816年から1914年にかけてアメリカに渡ったドイツ系移民は約550万人にのぼった。

状況が大きく変化したのは第一次世界大戦以降のことである。二度の世界大戦の時期は、人の移動という観点からみると、国外への移民の減少、ドイツ系の人々のドイツへの還流、強制性をともなう移住の増加という3つの動きに特徴づけられる。

1919年から32年までの間にドイツから国外に移住した移住者は約60万人だった。それに対して、第一次世界大戦の敗戦によって領土を大きく失ったドイツでは、他国に割譲された旧ドイツ領から国内へ約100万人が移住した。フランスに割譲されたアルザス・ロレーヌからの移住者は23年までに約15万人、ポーランドに割譲されたドイツ旧東部領からの移住者は25年半ばまでに約85万人を数えた。

ドイツ系住民のこの移動は、ヨーロッパ全体で1000万人に迫る規模で展開した国外移住の動きの一部だった。戦間期の東欧・中東欧では、民族自決の原則が重視され、言語と文化を共有する同質な国民からなる国民国家の理念が追求される一方で、現実には国内に多数の民族マイノリティを抱える国家が建設されていった。この矛盾を解消するために、たとえばギリシアとトルコの間では総計180万人近いマイノリティ住民の交換が合意された。ユーゴスラヴィア、ルーマニア、ブルガリアのムスリムもトルコへの移住を迫られた。また、ドイツだけでなくオーストリアやハンガリーも、敗戦によって失われた領土から、その地に新たに建設される国家でマイノリティとなる住民を多数受け入れた。

3. ナチ体制下の民族移住政策

この状況のなか、ドイツでは、ドイツ系マイノリティが東欧で抑圧にさらされているという認識が強まってその保護に関心が寄せられるようになり、さらにナチ時代には、ドイツ系マイノリティの呼び戻しが積極的にはかられるに至った。すなわち、ナチ・ドイツは、ポーランド、チェコスロヴァキアの一部地域を併合し、ドイツ国籍をもたず、ドイツ帝国外でマイノリティとして生活していた東欧のドイツ系住民（当時のドイツの用語で「民族ドイツ人」と呼ばれた）をそこに移住させようとしたのである。

「帝国へ帰ろう」と呼ばれた民族ドイツ人のこの帰還計画を遂行するために、ドイツと諸外国の間では協定が結ばれた。ソ連との間では、1939年9月の独ソ国境・友好条約付属議定書で、ソ連がドイツ占領下ポーランドのロシア系住民を、ドイツがソ連権益下の民族ドイツ人をそれぞれ引き取るという合意がなされた。18年以来イタリア領となっていた南ティロールでも、同年10月の独伊間の協定に基づき、個々の住民が移住か残留かの意思決定を迫られ、オーストリア併合によってドイツ領となったティロールやケルンテンに約7万人が移住した。民族ドイツ人の移住のためには、その後、各国との間でさらに14の協定が結ばれた。ソ連・東欧各地から「東部編入地域」（第二次世界大戦開戦後、ドイツに併合されたポーランド西部地域）に「帰還」した民族ドイツ人は44年には75万人にのぼった。

しかし、ナチが計画したのは「民族ドイツ人」の移住だけではなかった。民族ドイツ人の移住の前提となっていたのは、彼らを迎え入れる土地を確保するために、民族ドイツ人の受入れ先となる東部編入地域にそもそも居住していたポーランド人、チェコ人、ユダヤ人、ロマなどのドイツ人以外の現地住民を「移住」の名の下に追放することだった。

1939年10月、親衛隊全国指導者ハインリヒ・ヒムラー（Heinrich Himmler）が「ドイツ民族性強化全権」に任命されると、「民族ドイツ人」を東部編入地域に入植させるための「東部総合計画」の立案が始まった。当初、東部編入地域のみを対象としていたこの計画は、ドイツの占領地域が拡大するにつれてポーランド総督府領、独ソ開戦後に制圧したポーランド東部地域、バルト諸国、さらにはソ連の一部地域に至るまでに拡大された。

約500万人のドイツ人の移住・入植を企図するまでに膨れ上がったこの計画では、現地のスラヴ系住民は追放されるか、殺害されるか、ドイツ人のために奴隷労働をさせられることになっていた。ユダヤ人については、ナチ体制成立後に大量の出国が生じていたが、第二次世界大戦の開戦後、ポーランド総督府領、仏領マダガスカルなど特定の地域を居留区として定め、そこにまとめて移住させる計画が立てられた。しかし、これらのユダヤ人移住計画はいずれも頓挫し、この間、行き場を失うユダヤ人の一時的な受入れ先としてウーチ、ワルシャワ、クラクフ、ルブリン等に大規模なゲットーが建設されていった。しかし、独ソ戦の長期化の見通しが明らかになるとともにユダヤ人の追放先の当てがなくなると、追放政策は絶滅政策へと切り替わっていった。占領下に置かれたポーランド各地に建設された絶滅収容所では、ヨーロッパ各地からユダヤ人やロマが集められ、殺害されていった。

ドイツ人のためのドイツをつくることをめざした民族ドイツ人の帰還政策と東部総合計画は、ドイツ人以外の民族を排除することを前提とするものであり、最終的にそれはユダヤ人の大量虐殺に至るまで急進化していくことになったといえる。

4. ドイツ系住民の「追放」

すでにみたように、民族的マイノリティを排除することで国内の民族構成を単一化しようとする発想は、ナチに特有のものだったわけではない。マイノリティの移住を通じて国民国家を創り出すことが地域の安定につながるという考え方は、20世紀前半のヨーロッパでは広く共有されていた。第二次世界大戦終結直後の時期には、この思想に立ち、東欧各地で多くの住民移動が生じた。

たとえば、第二次世界大戦の開戦後に独ソ両国によって分割されたポーランドでは、旧領土のうちカーゾンライン以東の東部地域がソ連領とされ、それを補塡するためにドイツ東部領の一部がポーランドに割譲されるという大きな領土変更があった。ソ連領となったポーランド旧東部地域からのポーランド系住民の移住は、ウクライナ、リトアニア、白ロシア・ソヴィエト社会主義共和国との間でそれぞれ結ばれた住民交換協定に従って行われた。これらの地域から移住させられたポーランド系住民は少なく見積もっても210

万人に達し、戦後のポーランド国民の10%に及んだ。他方、ポーランドに住むウクライナ系住民のうち約50万人が住民交換協定に基づいてウクライナに移住した。そのほかにも、第二次世界大戦終結直後のヨーロッパでは、チェコスロヴァキアからハンガリーに追放された人々（10万人）、ユーゴスラヴィアからイタリアへ逃げた人々（31万人）、ブルガリアからトルコへ追放された人々（10万人）など、さまざまな人口移動が同時多発的に生じた。第二次世界大戦は、第一次世界大戦をしのぐさらに大規模な住民移動と、ヨーロッパにおける民族秩序の再編をもたらしたのである。

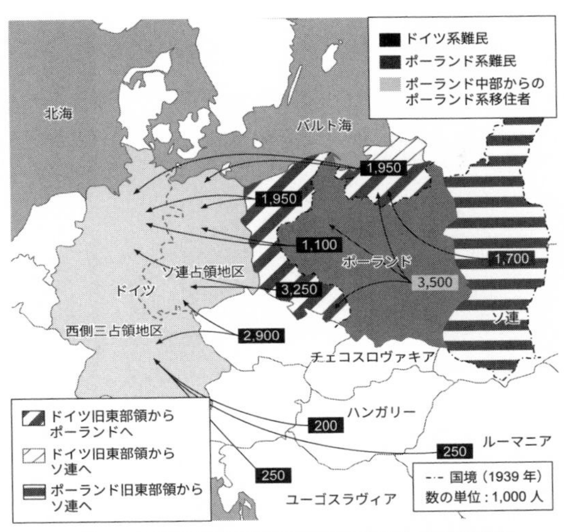

図２　第二次世界大戦後の国境変更と住民移動
出典：筆者作成

第二次世界大戦後の住民移動のなかでも最大規模で展開されたのがドイツ系住民の強制移住だった。敗戦によって、ドイツは国土の4分の1にあたる東部領をソ連・ポーランドに割譲した。これにともない、割譲された地域を含む東欧一帯から、そこに住む約1200万人のドイツ系の住民が、ドイツの残された領土へと強制的に移住させられたのである（図２参照）。過酷な条件の下、多大な犠牲者を出したこの移住は、ドイツでは「追放」と呼ばれる。この強制移住を経験した人々は「被追放民」と呼ばれ、戦後のドイツの人口の15〜20%を占めた。

被追放民は東西ドイツに統合されていくことになるが、第二次世界大戦後の国境変更を「暫定的」なものとみなす西ドイツでは、故郷への帰還を願う被追放民の声が、ドイツ旧東部領の領土返還要求を正当化するために政治的に利用され続けた。この問題は、東西ドイツの統一にともなって国境が最終的に確定する1990年まで尾を引くことになった。

5. 基本法と庇護権

第二次世界大戦後のドイツにおける国外からの流入者——とくに難民——への対応は、こうした歴史的背景に強く規定されてきた。1949年に西ドイツが建国されたとき、基本法には、政治信条等のために祖国で迫害を受ける人々を政治難民として受け入れ、庇護を与えるとの規定が設けられた（第16条2項)。これがいわゆる「庇護権条項」である。

「庇護（Asyl)」とは、保護を求める個人に対して国家が与える保護のことである。逃げる者が保護される場としての「アジール」の歴史は長く、古代にまでさかのぼるが、今日的な意味での「庇護権（Asylrecht)」は、国民国家が成立する途上にあった19世紀のヨーロッパにおいて、さまざまな政治的迫害が生じるなかで成立した。この時期のドイツ語圏の諸邦は、政治的迫害を逃れようとする人々をむしろ生み出す側であり、政治的な迫害を理由とする他国からの移民の受入れや保護には消極的だった。

ドイツが政治難民を受け入れるようになったのは、革命を機にロシアから大量の政治難民が流出し、「難民の世紀」が幕を開けた第一次世界大戦後のことだった。敗戦と革命を経て共和制となったヴァイマル共和国時代のドイツでは、送還法（1929年）のなかに、政治的な理由による送還の求めには応じないという規定が設けられ、ドイツ最大の州であるプロイセン州では、外国人の取扱いに関する警察命令（32年）のなかに、政治難民に庇護を与える義務が明記されるにいたった。しかし、33年にアドルフ・ヒトラー（Adolf Hitler）が政権を掌握すると、ドイツは再び政治難民の庇護に消極的になっただけでなく、自国から——ユダヤ人もそうでない者も含めて——大量の亡命者を出すことになったのである。

西ドイツの基本法に庇護権条項が制定されたことは、世界人権宣言（1948年）に「すべて人は、迫害を免れるため、他国に庇護を求め、かつ、庇護を受ける権利を有する」（第14条）という規定が置かれたことと軌を一にしていた。ナチ時代に多くの人々が迫害を受けて全世界に逃れた経験をふまえて庇護権条項が基本法に導入されたことには、アメリカ占領政府の意向が働いていたが、庇護権条項は——人間の尊厳の不可侵を定めた基本法第1条と並んで——、ナチ体制崩壊後に建国された西ドイツが、人権を尊重し、ナチの過去から距離をとることを象徴的に示すものとなった。

6. 冷戦下の越境者たち

基本法の庇護権条項は、冷戦が顕在化し、ドイツの東西分断の固定化が現実のものとなるなかで、東ドイツ（ソ連占領地区）から逃れてくる人々を受け入れることを想定して設けられた規定でもあった。

実際、1950年代から60年代初頭にかけて、東西ドイツ間には大きな人の流れが生じた。東ドイツから西ドイツへの大量出国である。東ドイツは無許可での出国に罰則を設けたが、東ドイツ市民の西側への流出は止まらず、50年代の出国者は年平均20万人を超えた。そのうちの少なからぬ割合が、東欧から強制移住させられ、いったんは東ドイツに迎え入れられたドイツ系住民だったといわれる。人口減少は国力低下につながるため、東ドイツは国境封鎖に向かい、61年にベルリンの壁がつくられたことによって、この人の流れは押し止められた。なお、基本法に庇護権条項を設けるにあたって強く念頭に置かれていた東ドイツからの出国者だが、「東ドイツからの難民の受け入れに関する緊急法」（50年）が定められたことで、当初の見通しとは異なり、彼らは「庇護申請者」としてではなく、「ソ連占領地区難民」という特別なカテゴリーで西ドイツに受け入れられることになった。

同様のことは、東欧からのドイツ系移民にもいえる。戦後初期の「追放」が一段落した後も、東欧社会主義圏からのドイツ系住民の出国は続いた。東欧諸国では残留するドイツ系住民に対して同化政策がとられたが、西ドイツではこれは「民族差別政策」とみなされ、東欧諸国でドイツ系マイノリティに対する迫害が続き、出国をやむなくする「圧力」が生じているものと認識された。これにより、東欧からのドイツ系移民もまた、西ドイツに特権的に受け入れられることになった。西ドイツで「帰還移住者」と呼ばれた彼らは、緩い要件でドイツ国籍を取得することができた。「帰還移住者」の数は1970年代後半から上昇を始めるが、それまでも、多い年には年間3万人程度が西ドイツに受け入れられていた。

なお、「ソ連占領地区難民」と「帰還移住者」は、法的にはともに「被追放民」の下位区分にあたる。西ドイツは、「追放」されて東欧から移住した者をドイツ人とみなすという規定を基本法（第116条1項）に設けていたが、さらに連邦被追放民法（1953年）で、52年3月末までに西ドイツに移住した者を「被追放民」と規定し、これに加えて、「追放」が終了した後に移住してくる「帰還移住者」、東ドイツから逃亡してくる「ソ連占領地区難民」も「被追放民」のカテゴリーに入るものとして位置づけたのである。

7. 現代ドイツの難民と庇護申請

東ドイツと東欧から流入するドイツ人およびドイツ系の人々は合計すればかなりの数にのぼったが、庇護申請をせずとも西ドイツに受け入れられる体制が整えられたため、基本法制定から30年近くにわたって、基本法第16条2項を利用する庇護申請者の数はそれほど伸びなかった。庇護申請者のほとんどは東欧社会主義圏からの難民だったが、平均して年間2000～3000人程度であり、1970年代半ばまでは年間1万人を超えることはほぼなかった（図3参照）。

状況が変わりはじめたのは1980年代以降である。その背景には、レバノン内戦、イラン革命、トルコでの軍事クーデターなど、中東情勢の緊迫があった。80年代に目に見えて増加しはじめた庇護申請者数は、85年には年間10万人を超え、さらに東欧社会主義圏の体制変革のなかで大量の出国者が生じたことで、90年代初頭にはついに年間40万人を突破するにいたった。

国外から流入する庇護申請者や帰還移住者の数が急増した1990年代初頭に、東西統一を経たばかりのドイツでは排外主義が顕著に強まった。外国人に対する暴行や殺人、極右勢力の活発化が国内に衝撃を与えるなか、ドイツは、帰還移住者の受入れ制限（93年）、庇護申請者の受入れ制限（94年）などによって国外からの流入者の抑制に向かった。

規定改正によっていったんは減少した庇護申請だが、世界情勢の不安定化とともに、2000年代後半から申請数が再び伸びはじめた。難民の主な出身国はシリア、イラク、アフガニスタンなどである。ドイツで継続的に生活支援を受けている難民の数は、10年以来、増加の一途を辿っている。とくに15年には難民の流入は約48万人に達して1990年代初頭のピーク時に並び、2016年にはついに75万人に迫る勢いとなった。ただし、17年以降は、流入する難民の数は下降傾向にある。

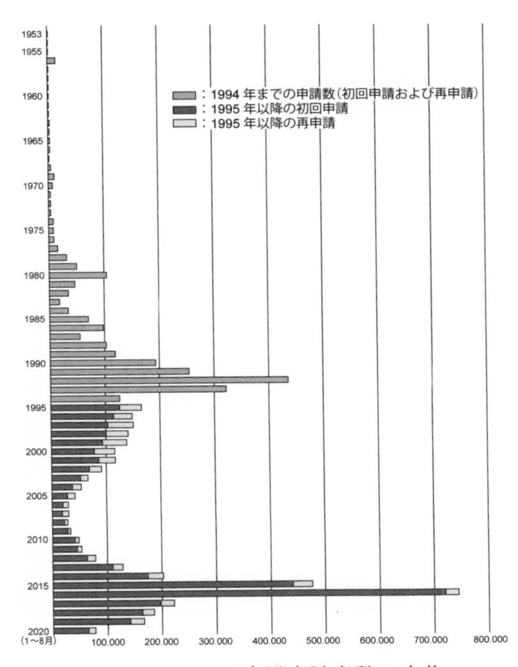

図３　ドイツにおける庇護申請者数の変化
出典：Bundesamt für Migration und Flüchtlinge, *Aktuelle Zahlen zu Asyl*, Ausgabe: August 2020, p.5 をもとに作成

第二次世界大戦後、現在に至るまでの庇護申請者数の推移を振り返ってみよう。1953年から2020年までの間の西ドイツおよび統一ドイツの庇護申請者数は総計約590万人である。そのうち、1989年までの庇護申請者数が約90万人（16%）であるのに対して、90年以降の庇護申請者数は約500万人（84%）にのぼる。2019年末時点の統計では、ドイツの人口約8320万人中、庇護申請者は約184万人、うち審査中の約27万人を除き、申請が許可された者は約136万人（期限付が約109万人、無期限が約27万人）、申請が却下された者は約21万人である。

8. 難民がつなぐ歴史と現在

ここまで、移民・難民をめぐるドイツの歴史を振り返ってきたが、この歴史的経験は、今日のドイツ社会における難民受入れをめぐる言説にどのよう

写真1　被追放民憲章を記念する銘板
1950年8月5日にシュトゥットガルトで被追放民の集会が開催され、「故郷被追放民憲章」が発表された。
出典：Wikimedia Commons

な影響を与えているのだろうか。それを考える手がかりになるのが、「6月20日」という日付である。

6月20日は「世界難民の日」である。もともとは、アフリカ統一機構（Organization of African Unity: OAU）難民条約の発効を記念する「アフリカ難民の日」だったが、2000年の国連総会の決議により、この日は「世界難民の日」となった。ヨーロッパがいわゆる「難民危機」を迎えることになる前年、庇護申請者数がすでに目に見えて増加しつつあった2014年に、ドイツではこの日を「逃亡と追放の犠牲者を記念する日」とすることが閣議決定された。

「逃亡と追放の犠牲者を記念する日」が制定されたのは、もとを正せば、2011年に連邦議会で採択された「故郷被追放民憲章60周年――和解を成し遂げる」という決議による。この決議は、8月5日を被追放民のための記念日とすることを求めたものだった。なぜ8月5日なのか。それは、被追放民が西ドイツで結成した諸組織の代表が、1950年の8月5日に「故郷被追放民憲章」を発表し、「復讐や報復」は行わないと表明したためである（写真1参照）。連邦議会決議は、「故郷被追放民憲章」は戦後ドイツの成功の重要な前提であり、ヨーロッパの統合と和解に向けた第一歩となった記念碑的文書だとして、かつて憲章が出された8月5日を「追放被害者のための連邦記念日」にしようとしたものだった。

しかし、ドイツ人の東欧からの「追放」は、それが生じた第二次世界大戦終結直後から今日に至るまで一貫して、ドイツでは扱いの難しいテーマである。「故郷被追放民憲章」は、故郷に居住する権利は人間が神から与えられた不可侵の権利だと謳いあげたが、「故郷への権利」というこの考え方は、西ドイツでは、敗戦によって失われたドイツ旧東部領の返還要求と結びつけられた。被追放民の組織は、領土返還を主張する西ドイツ最大の圧力団体であり、「追放」を執行した東欧諸国への批判の急先鋒であったため、東欧諸国からは今なお強く警戒される。また、右翼と親和性が強く、幹部にナチの過去をもつ者が多数いたことから、ドイツ国内でも忌避感を抱かれることが少なくない。

憲章が被追放民の被害意識を色濃く反映する一方で、ナチ体制下でのドイツ人の罪とその責任に言及していないことにも批判がある。「追放」は、第二次世界大戦において加害国であったドイツの被害体験である。「追放」の被害者を想起することで加害の記憶が相殺されることを恐れる人々の懸念は根拠のないものではない。たとえば、かつてチェコスロヴァキアからの被追放民を多く受け入れたドイツ南部のバイエルン州では、9月第2日曜日が「逃亡、追放、移送の被害者」のための州独自の記念日になっている。バイエルン州首相の公式声明によれば、これは東欧からのドイツ人の「追放」を記念するための日である。ここで問題になるのは、「移送（Deportation）」という語が、ナチ体制下でユダヤ人を収容所に送ったことを指して使われる言葉だということである。その語が、この記念日の名称のなかでは──ユダヤ人大量殺害とは無関係に──ドイツ人の東欧からの「追放」を指すためだけに用いられている。「移送の被害者」というカテゴリーに入れることによって被追放民とユダヤ人を等置しているかのようでもあり、また、自国の被害をもって加害を相対化しようとする意図が透けて見えるかのようでもある。

「追放」の被害者のための記念日を連邦レベルで制定するという決議が2011年に連邦議会で採択された後、この決議は、歴史家をはじめとする国内外の学者らの大きな批判を呼んだ。決議の形のまま記念日が制定されれば、ポーランドやチェコの反発は避けられなかったと思われるが、連邦政府が選んだのは、8月5日ではなく6月20日だった。日付を変更し、「世界難民の日」に重ねることで、ドイツ人の「追放」をナショナルに記念する日ではなく、ドイツ人の「追放」を意識しつつ今日の世界の難民に思いを馳せる日にしたいという連邦政府の姿勢が示されたことになる。歴史と今をどう響き合わせるのか、自国を世界のなかにどう位置づけていくのかが問われるなかで、国内からも国外からも理解を得ることのできる解決の道が選ばれたといえよう。

記念日が導入された初めての年、2015年6月20日に当時の大統領ヨアヒム・ガウク（Joachim Gauck）が行った演説のなかでは、記念日が制定されるまでにあった批判や論争をふまえて、この記念日の意味が慎重に考量された。まずは、歴史と現在の関係についてガウクがどう説明したのかから見ていこう。

> 今日の難民は、ナチ独裁下で迫害を受けた人々の政治的な子孫であるだけでなく、戦争末期の被追放民の子孫であるだけでもない。彼らは、19世紀にこの地で迫害され、貧しさに苦しんだ人々とも似ている。ドイツもかつては移民の国だった。…〔中略〕…移民たちは、困難から、政治的抑圧から、宗教的不寛容から逃れた――今日の難民や多くの移民と同じだ。

ガウクはさらに、「かつて逃亡を余儀なくされ、追放された人々について思い起こすことが、今日、逃亡を余儀なくされ、追放された人々についての理解を深めることを願う」と述べた上で、かつて貧しく荒廃した敗戦後のドイツに何百万人もの被追放民を受け入れたことを引き合いに出しながら、経済的に繁栄し、政治的にも安定した今日のドイツが難民を受け入れることの意義を理解できないなどということがあろうか、と問いかけた。人の移動をめぐるドイツのさまざまな歴史的経験を、幾重にも、今日の難民に対する共感に結びつけようとしていることがわかる。

演説では、「追放」という第二次世界大戦の被害の過去をどのように想起するかについても語られた。ガウクは、ドイツ人の「追放」をめぐる想起がともすれば感情的になりがちな困難なものだと認めた上で、「われわれはドイツ人の罪を小さく見せようとはもはや考えなくなり、だからこそ、ドイツ人の苦しみについても――再び――思い起こすことができるようになったが、そこに至るまでには何十年もの年月がかかった」と述べた。これは、被害の過去について論じることは、加害を意識することの上に立って初めて許されるという立場を明確にしたものといえる。

しかし、こうした姿勢がいつまで保たれうるかについては、必ずしも楽観できるわけではない。新型コロナウイルス感染拡大の影響により記念日の式典が中止となった2020年には、政府を代表して内務大臣ホルスト・ゼーホーファー（Horst Seehofer）がメッセージを公開したが、それは、ドイツ人の「追放」の記憶を保とうという呼びかけにほぼ終始した。そこには、自国の加害と被害に向かう意識のバランスをぎりぎりのところで保とうとするガウクの慎重さは見られない。

写真２　AfDの集会に反対する人々のデモ
ベルリンのブランデンブルク門前で2018年5月27日に行われたデモ。ブランデンブルク門の反対側で開催されているAfDの集会に対抗しようと市民が集まった。
出典：Wikimedia Commons

それどころか、近年のドイツでは、右派政党「ドイツのための選択肢（Alternative für Deutschland: AfD）」の急進右派勢力の筆頭であり、憲法擁護庁による監視対象ともなっているビョルン・ヘッケ（Björn Höcke）のように、加害の記憶を継承する責任を全うしようというドイツ社会の基本合意に公然と異を唱える、従来は考えられなかったような政治勢力すら現れはじめている。AfDはもともとは反ユーロを掲げていた政党だが、「難民危機」の時期に反難民を主張して支持を伸ばした。

ドイツをヨーロッパという地域全体の協調のなかに位置づけていくことも、人権尊重の立場から難民を庇護することも、民主主義という国家の根本原理も、ドイツではナチの過去に対する反省的態度と強く結びついている。反ヨーロッパ、反難民という主張がナチの過去をめぐる反省的態度への反発と結びつくのはその意味で当然のことであり、同時にこれは「ナチ後」の国家として出発した戦後ドイツの基本合意を覆しかねない危険性を帯びた動きだといえる。

それだけに、市民のあいだには、彼らを危険視して、これに対抗する動きも生じている（写真２参照）。2020年2月にPEGIDAが通算200回目の記念デモを運動の発祥の地ドレスデンで行ったときには、特別ゲストとしてAfDのヘッケが招待されて参加し演説したが、この日のドレスデンには2500人もの人々がこれに抗議して集まり、対抗デモを行った。排外主義は勢力を強めているが、それに対抗する市民の動きも活発である。

ドイツにおいて、難民というテーマは、今日の大問題であると同時に、自国の歴史的経験を否応なく想起させるテーマでもある。自国史のなかの難民のかつての苦しみに思いを馳せることで今日の難民への理解と共感が呼び起こされる。他方、自国の被害ばかりに目を向けていては、自国が生んだ難民が忘れ去られることになり、ひいては庇護権を規定していた重要な柱であるはずの、ナチの過去への反省に支えられた人権尊重の理念がかすむ恐れさえ生じる。このせめぎあいは、第二次世界大戦の記憶が、大戦終結から75年を経て今なお重要な意味をもつ社会であるからこその葛藤といえるのかもしれない。そこにおいては、安易なナショナリズムに流れることを自戒する言説が一定の力を保ち続けているが、この歴史認識のありようは、今までにない挑戦を受けてもいる。

❖参考文献

川喜田敦子 2016「ドイツ史のなかの人の移動──移民排出国から移民受入国へ」森井裕一編『ドイツの歴史を知るための50章』明石書店、46-52頁

川喜田敦子 2019『東欧からのドイツ人の「追放」──二〇世紀の住民移動の歴史のなかで』白水社

Dräger, Marco, 2015, Ein Hoch auf Flucht und Vertreibung? Zur Einführung des neuen Gedenktages am 20. Juni, *Aus Politik und Zeitgeschichte* 25: 49-54.

Herbert, Ulrich, 2015, Flucht und Asyl. Zeithistorische Bemerkungen zu einem aktuellen Problem, in: Zeitgeschichte-online, Dezember 2015（https://zeitgeschichte-online.de/themen/flucht-und-asyl, 2020年11月21日最終閲覧）

Oltmer, Jochen, 2016, Wie ist das Asylrecht entstanden?, in: Zuwanderung, Flucht und Asyl: Aktuelle Themen（https://www.bpb.de/gesellschaft/migration/kurzdossiers/224641/wie-ist-das-asylrecht-entstanden, 2020年11月21日最終閲覧）

5 人の移動がつくったアメリカ合衆国
──人種とジェンダーの視点から──

松本悠子

Keywords 人種，ジェンダー，帰化法

本章では、アメリカ合衆国（以下、アメリカ）に限定して、「人の移動」がどのように受入れ側の国家や社会のあり方に影響し、さらにそれが定着した人々にどのような影響を与えたのかを考えてみたい。アメリカでは、その成り立ちから、「人の移動」の歴史は、エスニシティだけではなく、人種認識をめぐる歴史でもあったため、強制移動によって連れてこられた人々と多様な移民集団がどのように人種として認識されたのかを概観する。とくに、1790年の帰化法のその後の歴史に焦点をあて、移民にとって「白人」であることがどういう意味を歴史的にもってきたかを整理する。さらに、人の移動にジェンダーの視点を加えることによって、母国および受け入れたアメリカ社会のジェンダー規範と人種の境界が移民のジェンダー関係にどのような影響を与えたのかをまとめる。最後に、現代の移民の状況を付け加える。

1.「人の移動」がつくったアメリカ合衆国

北米大陸への最初の「人の移動」は16世紀以降の、探検家、商人、そしてイギリス人を中心とする入植者の到来である。17世紀以降、イギリスを主とする植民者の流入で13の植民地が建設され、イギリスとの独立戦争の後、1783年アメリカは独立を達成した。

独立後、現代に至るまで、アメリカには世界各地から多くの移民が流入してきた。この移民の流入の歴史は、大きく2つの波に分けることができる

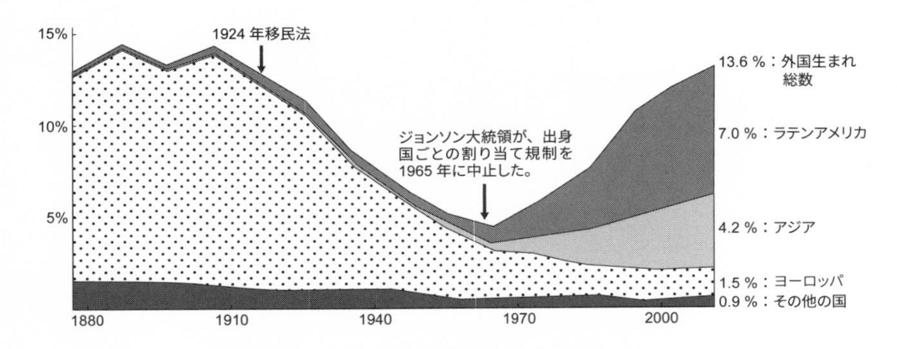

図１　アメリカの外国生まれの人口（1880 年から 2018 年）
出典：U.S. Census American Community Survey ; グラフは *New York Times,* August 18, 2018 p.23 から作成

（図１参照）。第一の波は、19 世紀初頭から 1920 年代までの移民の流入であり、第二の波は 1960 年代後半以降である。本節では第一の波を概観する。1820 年から 1900 年までの間に、約 1900 万人の移民がアメリカに到着した。1920 年のセンサス（国勢調査）では、アメリカの人口の 14 〜 15% が外国生まれであった。図１からもわかるように、その大半はヨーロッパ諸地域からである。ヨーロッパからの移民の流れは、さらに２つに分けられる。19 世紀後半までは、移民の多くは西欧および北欧から大西洋を渡ってきた。図２に見られるように、1840 年代から 1860 年代までの移民の出身地域の上位 3 地域は、アイルランド、ドイツ、イギリスである。これらの地域からは、その後もコンスタントに移民が流入するが、それを上回る勢いで、1880 年代ぐらいから、南欧、東欧から移民が流入しはじめた。図３に見られるように、1891 年から 1910 年に入国した移民の約 6 割が東欧、ロシアとイタリア出身である。ユダヤ系の移民に関しても、19 世紀半ばにはドイツからの流入が主流であったが、19 世紀末には、東欧、ロシアからの流入が大きく上回っている。さらに、19 世紀後半には、太平洋からも移民が流入した。ヨーロッパからの移民と比較すれば、数は少ないが、中国、日本、さらにアジア地域からアメリカをめざす人の流れがあったのである。また、地続きの国境を越えて、19 世紀後半にはメキシコからの移民も加速していた。

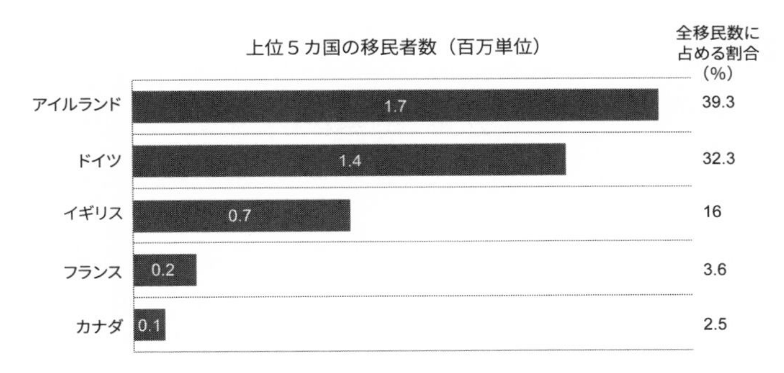

図2　アメリカへの移民の出身国（地域）（1841 年から 1860 年）
出　典：Immigration and Naturalization Service, U.S. Census 1975 Annual Report (Washington D.C.,1976) Appendix 2 から作成

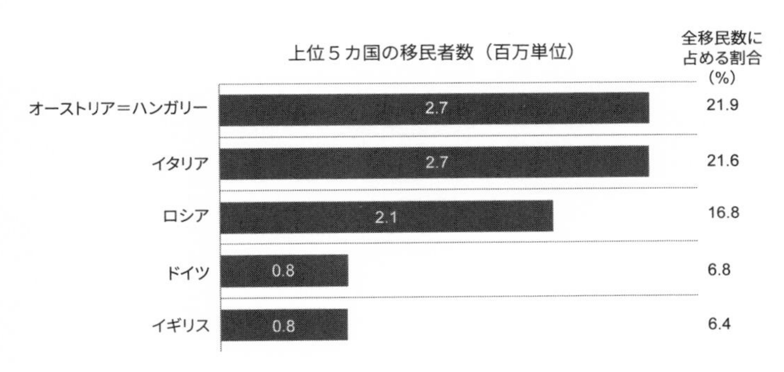

図3　アメリカへの移民の出身国（1891 年から 1910 年）
出典：同図 2

2.「黄金の扉」

(1) アメリカの理念

「……貧しく、自由の息を求める者たちの群れを、嵐に追われ、家のない人々を私のもとに送れ。私は黄金の扉のそばに我が灯を掲げる。」これは、ニューヨークの自由の女神像設立募金のために書かれたユダヤ系アメリカ人女性詩人エマ・ラザラス（Emma Lazarus）の詩の一部である。この詩は、自

由を求めて旧大陸から来る人々を受け入れるというアメリカ像を自由の女神に託したものだが、1886年に自由の女神が完成した当初、実はそれほど自由の女神と移民は結びつけて考えられていなかった。しかし、1892年に自由の女神像の立っている島の近くのエリス島に入国管理局ができると、自由の女神は大西洋を渡ってきた移民たちが最初に目にするアメリカとなった。20世紀に入ると、いつでも「黄金の扉」を開いている自由の国アメリカ、「移民の国」アメリカの象徴としての自由の女神という言説が大幅に増加する。1936年、フランクリン・D・ローズベルト（Franklin D. Roosevelt）大統領は、自由の女神50周年の式典において、移民こそアメリカの自由を示すと演説し、1945年には、ラザラスのこの詩は、銅板に刻まれて女神像の正面に飾られた。このような「移民の国」アメリカという言説は、貧しい移民がアメリカに来て自力で成功することができるという「機会の国」という神話とあわせて語られるようになった。さらに、アメリカでは誰でも成功できるから社会的流動性が高く、ヨーロッパのような階級対立がないというアメリカの理念と結びついていた。アメリカこそ母国では特権を得られなかった貧しい人々を受け入れる民主主義的な理想の社会であるという理念が、アメリカの国民統合の要の一つとなったのである。

(2) 扉を閉じる

このような理念は、当然のことながら、実態とは異なっている。アメリカに上陸した多くの移民たちにはさまざまな困難が待ち受けていた。とくに19世紀後半以降現代までアメリカへの移民の多くは、ポグロムなど政治的、社会的迫害から逃れてきた一部の人々を除くと、労働移民である。彼らは、工場の不熟練労働者、農業労働者、サービス業（家事使用人など）などに従事することからアメリカでの生活を始めているが、賃金も低く、その雇用は不安定であった。19世紀後半において、移民の社会的上昇には2世代以上かかったと推計されている。

さらに、19世紀末以降、連邦政府は、アメリカをめざす移民を「望ましい」か「望ましくない」かの基準で選別し、「望ましくない」移民を制限するために、移民法を連発し、入国管理体制を整備した。1924年移民法では、

19 世紀末から急増した南東欧系の移民は「望ましくない」、という前提のもとに、南東欧系の移民の流入が少なくなるような出身国割り当て制度をつくり、出身国別に移民の人数の上限を規定した。同法では後述するようにアジアからの移民も禁止している。まさに、「移民の国」の神話が広く行き渡り始めた 20 世紀前半に、「黄金の扉」は一旦、ほぼ閉じられたのである。

しかし、「移民の国」の神話は、アメリカ国民を統合する理念として、その後も人々を惹きつけている。1964 年、ケネディ（John F. Kennedy）大統領は、彼の死後に出版された『移民の国』という小さな本の中で、アメリカは故郷において特権をもてなかった人々が集まってつくられた「民主主義」の国であると主張し、出身国割り当て制度を廃止する移民法の準備をした。1986 年の自由の女神百年祭においても、自由の女神を最初に見てアメリカに入国した移民たちがアメリカを繁栄させた、という趣旨の華やかなショーが催された。アメリカの統合理念の主要な要素の一つになったという意味でも、「人の移動」はアメリカをつくったといえよう。

3. 人の移動と人種認識

(1) 強制移動と人種

アメリカの統合理念としての「移民の国」の神話の構築の歴史の裏には、人の移動がつくったもう一つのアメリカ建国の歴史があった。それは、アメリカにおける人種認識の歴史である。アメリカの歴史は、ヨーロッパからの入植者の流入だけでなく、強制的な「人の移動」で始まった。先住民の場合、各部族はそれぞれ異なる言語と文化をもっていた。しかし、植民地側は先住民をひとまとめにして「野蛮な人種」としてのアメリカインディアンという負のイメージをつくったのである。アメリカ独立宣言は、先住民を「残忍な蛮族」と名指し、生命、自由、幸福の追求が保障される「万人」に入れなかった。その後、19 世紀末までのインディアン討伐戦争で多くの命が失われ、生き残った先住民は先祖伝来の土地から保留地に移動させられ、アメリカにいながらアメリカ社会から隔離された他者の集団とされたのである。先住民に無条件にアメリカ市民権を付与したのは、1924 年のことである。このような先住民の歴史も、「人の移動」の一つの形として考えるべきであろう。

もう一つの強制的な移動の結果である近代奴隷制は、人種奴隷制、つまり、アフリカを起源とする人種に属す人々を奴隷にする制度であり、「白人」は、奴隷にはしないことが前提であった。しかも、アメリカの特徴は、ヨーロッパ諸国の植民地の奴隷制と異なり、自由を標榜して独立した国の中に、1863年まで奴隷制が存在したことである。1863年の奴隷解放宣言当時、アメリカには約400万人の奴隷がいたという。その結果、奴隷制を基盤とする支配、被支配の関係を維持するためにも、黒人を他者化し、「劣った人種」とすることが必要であった。その後、南北戦争を経て奴隷制が廃止され、黒人に市民権が与えられたのちも、南部の人種隔離体制だけでなく、北部社会においても職や住居における人種差別が続いた。2010年代以降繰り返し起こっている「黒人の命も大切だ（Black Lives Matter）」の運動が「制度的人種主義」を告発しているように、公民権運動を経て半世紀以上たっても人種認識は深くアメリカ社会に根を下ろしている。

人種認識あるいは人種分類は、生物学的には意味をもたない（⇒第8章3節参照）。1978年、国連総会は、人種と人種差別に関して、「人種および民族間の優劣を論じる理論には科学的根拠はなく、倫理的に誤りである」と宣言している。しかし、社会的には、人種分類は、人々を統合する際の包含と排除の仕組みに使われてきた指標の一つであり、多数派集団がその集団の境界の外に位置づけた他者集団に対して負の要素および否定的イメージを作り出してきたのである。アメリカの場合、その境界は、「白人」と黒人および先住民の間だけでなく、「白人」と「非白人」の間にも構築されてきた。その最も象徴的な法律が、1790年の帰化法である。「人の移動」で成立しているアメリカでは、誰を市民すなわち国民として認めるかが国家の成立と存続のために重要な問題であったが、1790年の帰化法では、「自由白人」だけが、アメリカの市民権を求める権利をもつと定められたのである。

(2)「白人性」の主張

このようなアメリカ社会では、新来者は、絶えず人種の境界を意識せざるをえなかった。法的には「白人」であるにもかかわらず、ヨーロッパからの移民も、実際の社会の中で「白人」と認定されるかどうか、必ずしも自明ではなかった。たとえば、1840年代以降大量に流入してきたアイルランド移民は、ニューヨークなどの都市部において、家事奉公人、人夫、煉瓦積み労働者などの社会階層の底辺の職を、まだ当時北部には少数しか存在しなかった自由黒人と奪い合うこととなった。カトリック教徒であることも手伝ってアイルランド移民に対する排斥運動が起こるなか、アイルランド移民に対して「アイルランド系黒人（Irish nigger）」といった人種蔑視的な呼称が使われ、労働の現場では「アイルランド人応募お断り」といった貼り紙が出された。一方で、黒人を「黒いアイルランド人」と呼ぶ表現もあり、アメリカ社会は人種の境界をその当時の社会最下層の人々にあてたのである。ニューヨークでは、1863年にアイルランド移民と黒人の対立を発端とする暴動があったが、多くの研究が、この暴動によってアイルランド移民が黒人との差異を強調し、自らの「白人性」をアメリカ社会に主張した、と論じている。このような人種認識をつきつけられたのは、アイルランド移民だけではない。19世紀末、イタリアやギリシアからの移民も、やはり、白人ではないことを示唆する蔑称で揶揄され、仕事を見つける困難にも直面した。ヨーロッパからの新来移民は、それぞれのエスニシティをめぐる対立や偏見に悩まされていた。しかし、それ以上に、法的に「白人」でも、アメリカ社会において、人種の境界線上に置かれ、自らの「白人性」を主張せざるをえなかったのである。

(3)「白人」と「非白人」の狭間で

「白人」であるかどうかの認定に翻弄されたもう一つの人の移動は、メキシコからの移民の流入である。1845年のテキサス併合に続いて、アメリカはメキシコとの戦争に勝利し、カリフォルニア、テキサス、アリゾナ、ニューメキシコの領土を獲得した。その際、この地域に住んでいたメキシコ人（先住民を除く）は、法的に「白人」として市民権が与えられたのである。その結果、19世紀後半以降、新たに国境を越えてきたメキシコ移民も法的には「白人」とみなされた。しかし、メキシコや中南米の人々は、外見上は多様な肌の色と骨格をもっている。しかも、後から来た移民は、メキシコでは貧しい労働者であり、アメリカの領土獲得当時に住んでいたメキシコ系の人々とは社会階層が異なっていた。そのため、農業労働、鉄道建設、鉱山労働などの仕事に従事したメキシコからの移民は、同じ労働でも賃金が他の労働者よりも低いなど、明らかにアメリカ人労働者とは異なる扱いを受けた。19世紀末には、いくつかの州で、メキシコ移民が市民権を取れないようにする法律を提案する運動が起こり、また、出生届や死亡届にメキシコ系を有色として記載するケースも見られた。カリフォルニアやテキサスでは、法的には人種隔離は認められていないが、商業施設などで、黒人、アジア系とともに実質的な人種隔離の対象となった。法的には「白人」であっても、メキシコからの移民は、日常生活において、「非白人」とみなされたのである。

4. 帰化不能外人

(1) 思い出された帰化法

メキシコ移民の例で明らかなように、1790年の帰化法における「自由白人」の基準は、19世紀半ばには、揺らいでいた。南北戦争後の憲法修正第14条も考慮すれば、「白人」でなくともアメリカ市民権をもつことが可能になっていたのである。にもかかわらず、19世紀後半から流入が増加したアジアからの移民に、1790年の帰化法が字義通りに適用されたのであった。このことはアメリカへの人の移動に人種認識が重要であったことのさらなる証であろう。1952年移民法で廃止されるまで、アジアからの移民は、「白人」ではないという理由をもとにいわゆる「帰化不能外人」と認定され、市民としてアメリカ社会に参加することが阻止されたのである。20世紀前半、帰化の申請が認められなかった多様なアジアからの移民は、繰り返し裁判に訴えた。しかし、その裁判は、訴えた個人を「白人」かどうか認定する場となり、多くの場合、「白人ではない」から帰化の申請はできないという判決に終わったのである。日本移民の場合は、1922年のオザワ訴訟がその代表的な例である。インド＝ヨーロッパ語族という科学的根拠があると論じたインドからの移民は、「一般の知識」すなわち周りの人が見て肌の色が白くないという理由で、「非白人」とされた。ただし、ヨーロッパ出身者以外の移民がすべて帰化を拒否されたわけではない。中東地域からの移民に関しては、判例の揺れが大きく、シリアからの移民の裁判（1915年）では「白人」と認定されたが、1928年のアフガン系の移民は白人ではないと裁定されたのである。一連の裁判は、人種の境界がアメリカ社会への参入の壁になっていたこととともに、「白人」の境界がそれほど厳密なものではなかったことも明らかにしている。「人の移動」がアメリカ社会の基盤となる人種の境界の基準を揺るがしながらも、移動してきた人々は人種の境界を常に意識しなければならず、時にその境界が越えがたいものであったことが、この帰化法の歴史を通して見えてくるのである。

(2) 入国制限

さらに、アジアからの移民は、移民法の積み重ねのなかで、入国そのものを禁止されるようになった。最初に出身地域を特定して移民禁止を行った法律が、中国人移民排斥運動の高まりを受けて定められた1882年の中国人移民禁止法である。日本からの移民は、1907年のセオドア・ローズベルト（Theodore Roosevelt）大統領と日本との紳士協定で、日本側が自発的に移民の送出しを制限することとなった。1917年の移民法では、「アジア移民禁止区域」が設けられ、インド、東南アジア、アフガニスタン、ロシアの一部、ポリネシア諸島などの地域からの移民は入国できないことになった。さらに、1924年移民法では、「帰化を認められない人」は入国を禁止するという条文のもとに、アジアで最後まで残っていた日本と朝鮮半島からの移民が禁止された。アジアからの移民全体に対する壁がつくられたのであり、彼らは日本語で意味する「民族」あるいはエスニシティを超えた「人種」としてみなされたのである。

このような人種の境界は、アメリカ生まれの移民第2世代にも影響をもたらした。憲法修正第14条が定めた出生地主義によって、親がどこの出身であろうとも、アメリカに生まれた彼らはアメリカ市民と認められた。しかし、ときに、市民であるにもかかわらず「血の継承」の問題が彼らを他者化することになったのである。そのような移民に対する視線が明確に示されたのが、太平洋戦争開始直後の1942年に始められた日系人の「強制収容」である。ハワイや西海岸などの日系人の多いところは戦略拠点であり、日系人が戦争遂行に障害を与える可能性があるため転居をさせる、というのが理由であるが、単なる立ち退きではなかった。鉄条網に囲まれた収容施設に強制的に移動させられたのである。戦時において、敵性外国人を監視したり強制退去させることはどの国でも行われていた。しかし、アメリカの場合、収容の対象が「日本人を祖先にもつすべての人」であったことが重要である。戦争開始以前、市民権をもつアメリカ生まれの二世はアメリカに忠誠を誓うことをさまざまな組織を通じて表明していたにもかかわらず、同様に強制収容の対象となったのである。

5. エスニシティとジェンダー

(1) ジェンダーと人の移動

アメリカに来た移民は、来た時期や出身地域によって経験が異なっていたが、男性と女性でも経験が異なっていた。移民の男女の比率は、ユダヤ系など一部を除いて、概ねどこからの移民においても男性の比率が高かった。たとえば、20世紀初頭において、女性は、移民第1世代の30%であった。アジアからの移民はさらにその傾向が顕著であり、1890年代の中国人移民人口の男女比は、27対1であり、20世紀初頭においてインド移民の女性はインド生まれの人口の1割に満たなかった。その理由としては、迫害を逃れて家族で故郷を脱出したユダヤ系移民を除いて、多くが労働移動であり、出稼ぎを当初の目的としていた移民が多かったことが挙げられる。定住することを決意し、ある程度生活が落ち着いてから家族を呼び寄せることが多かったため、女性は遅れて移動してきたのである。また、中国の場合は、妻は夫の家を守り親に仕えなければならないという規範に従って、中国に残る事例も多かった。

(2) 入国審査とアメリカのジェンダー規範

入国しようとした女性たちは、男性とは異なる経験をすることになる。移民の妻や婚約者たちは、入国審査において、アメリカの社会規範の壁に直面した。結婚は、国民国家の最小の統合の単位であるが、アメリカの規範における結婚は、お互いのコミュニケーションを確認した上での異性婚であり、核家族を形成することであった。それに対し、たとえば、ムスリムの人々は、アメリカからみれば、「不道徳な」一夫多妻主義の信奉者であり、入国の際、厳しく質問された。1907年移民法では、一夫多妻主義者の入国が禁止されたのである。また、親が決めた見合い結婚や、子どもの時に婚約する習慣も、アメリカ側の判断では「野蛮」であった。この具体例が、写真の交換だけで結婚する日本の写真花嫁である。第一次世界大戦前、日本移民女性の3分の2は写真花嫁として入国していた。日本人および日本移民は、写真花嫁を日本の習慣である見合い結婚の延長線上にあると考えていたであろう。しかし、一度もお互いに顔も合わさずに結婚することは、日本移民の排斥運動が高まるなかで、非難の的になった。一つには、実際は労働力や売春婦の流入の偽装ではないか、という疑いであったが、いま一つは、コミュニケーションのない結婚は「アジア的野蛮」であるという主張であり、結局、1920年写真花嫁の移住は停止された。1924年の移民法の条文にも、「妻および夫なる語は、代理結婚すなわち写真結婚による妻または夫を包含しない」と定められたのである。

単身で入国しようとした女性は、さらに厳しい目にさらされた。19世紀後半から20世紀前半のアメリカのジェンダー規範では、理想的な女性は妻および母として、経済的にも社会的にも男性に依存すべきであり、家庭を守り子どもを育てるべきであった。したがって、単身で身を立てることができる労働経験や技術を申告すると、男性の場合と異なり、理想的な女性のあるべき姿から逸脱されているとみなされ、疑いの目が向けられた。シングルマザー、未婚の妊婦、あるいは男性の引受人がいない、などの女性には、入国管理局において厳しい質問が浴びせられた。時には、「公的負担になりそうな人（likely to become public charges: LPC）」の可能性があるとして入国拒否されたのである。

さらに、女性が単身で入国しようとすると、売春目的、すなわち「不道徳な行い」をするためにアメリカをめざしたのではないか、という疑念がもたれた。19世紀末から20世紀初頭には、欧米で売春禁止運動が行われ、1904年には、婦女売買取締りに関する国際協定が、ヨーロッパ13カ国で結ばれている。そのような背景のなか、1910年には、アメリカにおいて、「白人奴隷」取引法（マン法）が制定された。不道徳な目的で州を越えて、あるいは国際的に女性を移動させることは連邦犯罪となった。ここで、「白人奴隷」という言葉に注目したい。ヨーロッパからの女性の場合、悪徳取引業者によって売春のために女性の人身売買が行われているという認識であり、あくまで女性たちは被害者であり、救済の対象であった。ところが、アメリカ特有の人種認識から、同じ売春目的を疑われても、アジアおよび中南米からの女性は、「自発的に」売春をするという言説が行き渡った。1870年には、カリフォルニア州で「モンゴル系（中国系、日系）の女性を犯罪あるいは不道徳な目的のために入国させることを防ぐ法律」が制定された。中国系の女性を中心にアジアからの移民女性は売春婦であるというステレオタイプがつくられたのである。さらに、20世紀前半には、単身の移民女性に対して、入国後も入国管理局が監督権をもっていた。1907年移民法では3年間の監督を規定している。監視の間に「不道徳な行い」があった場合、国外追放もできたのである。実際には、国外追放されたという記録は少数であったが、女性を通して「外から持ち込まれた不道徳」という排外主義の論拠となった。

(3) エスニック・コミュニティとジェンダー

経済的困難と、アメリカ社会による疎外から、移民は、エスニック・コミュニティに拠り所を求めた。職場や居住地域も同じ地域からの出身者で集まることが多かったため、同じ言葉を話し、同じ教会に属し、互助組織をつくり、故郷の酒や食料を調達できる商店やレストランに通い、故郷とのネットワークを構築することができるエスニック・コミュニティが発展したのである。ニューヨークにおいて観光地として残されているリトルイタリーや現在も活発なチャイナタウンなどはその代表例であろう。

しかし、エスニック・コミュニティにおいても、男女ではアメリカでの経験が異なっていた。男性は、英語を習得し、アメリカに適応し、社会的上昇をめざすことが求められたが、一方で、男性には故郷の親族も含めて家族を守る責任が重くのしかかっていた。他方、女性は、エスニック・コミュニティの中で維持された母国の家族規範やジェンダー規範に生活を規定された。若い女性の場合、教育の機会は男性に優先的に与えられ、家族への貢献を第一に求められた。たとえば、イタリアからの移民の場合、女性は母国にまでつながる大家族のネットワークの中に組み込まれていた。強い父権を中心とする家父長制の構造の中で、夫や父親は妻や娘にはできるだけ家庭外での仕事をさせず、娘にはコミュニティの中での結婚を求め、行動を規制したのである。

移民女性の期待された役割は、どのエスニック・コミュニティにおいても、故郷の伝統文化を守り、継承させることであった。故郷の食習慣や祝祭を維持し、教会や人々の集まるネットワークの世話をすることは女性の領域であった。逆にいうならば、外のアメリカ社会との接点は、男性に比べて少なく、移民第1世代の女性の中には、英語を話せないまま一生を終えることも多かったといわれる。

さらに、家族だけでなく、エスニック・コミュニティの緊密なネットワークによって、女性の振る舞いは厳しく評価されたのである。たとえば、ロサンゼルスの日本移民コミュニティでは、男性が飲酒や売春などに関わることは許容されていたが、女性が不道徳とされる行いをした場合、日本語新聞に掲載され、社会的制裁が科された。メキシコ系のコミュニティやフィリピン移民コミュニティにおいても、女性の品行がそれぞれの移民集団の評判につながるとされ、家族は娘の行動が厳しく監視されていたという。ただし、娘にしてみれば、公教育でアメリカを経験し、家庭の経済援助のために工場労働などに従事せざるをえなかった。完全にアメリカ社会を遮断することは不可能であり、両親やコミュニティとの葛藤があったことは、移民を題材にした多くの小説や映画で知られている。

(4) アメリカ化

19世紀末から20世紀初頭の多様な地域からの移民の到来によって、アメリカ社会は国民統合に対する危機感を抱いた。アメリカ政府とアメリカ社会は、対応策の一つとして、「アメリカ化」運動を推進した。教会や民間団体だけでなく自治体、そして第一次世界大戦時には連邦政府が主導した「アメリカ化」運動は、市民権教育や英語教育など学校や職場でも行われたが、家庭にいる女性たちにも接近しようとした。「アメリカ的生活様式」を身につけることが「アメリカ化」の重要な基準だとみなされていたからである。ミドルクラスの女性を中心にした活動は移民の住居に半ば押し掛けて、アメリカ的な食事や育児などの「アメリカ的生活様式」を指導し、清潔さの必要性など公衆衛生教育をしようとしたのである。ただし、「アメリカ化」運動のターゲットは、多くの場合、ヨーロッパからの移民と、法的には市民権を取ることができるメキシコ移民が中心であった。宣教活動などによりアジア系の移民への接近もないわけではなかったが、帰化不能外人は、ここでも境界の外側に置かれたのである。いずれにしろ、アメリカのジェンダー規範と故郷のジェンダー規範の間に置かれた女性たちは、「人の移動」の引き起こす摩擦を男性とは異なった形で体験していたと考えられる。

6. 現代アメリカにおける移民の流入

(1) 1960年代後半以降

アジアからの人の移動のうち、中国からの移民に関しては、太平洋戦争中アメリカが中国を支援していたために、戦時中に中国人移民禁止法は撤廃された。1952年移民法では、数はわずかではあるが、日本からの移民も許可され、帰化不能外人の規定は廃止された。さらに、1965年の移民法で出身国別割り当てが撤廃され、家族の呼び寄せも認められた。その結果、1960年代後半以降、第二の移民流入の波が押し寄せたのである。図1からもわかるように、1920年代までとは異なり、圧倒的に中南米とアジアからの移民が多くなった。2018年の人口の約13.7%が外国生まれであり、その内訳は、メキシコ出身者が一番多く、約4分の1を占めている。しかし、近年アジアからの移民も急増し、図4に見られるように、2018年に在住する移民の出身国の上位4カ国は、メキシコ、中国、インド、フィリピンであった。現在もアメリカは移民の国なのである。確かに、1920年代までのような出身地や人種、ジェンダーによる明白な選別は行われていない。かわって、ビザを細分化し、発行を厳密にすることによって、アメリカは「望ましい」移

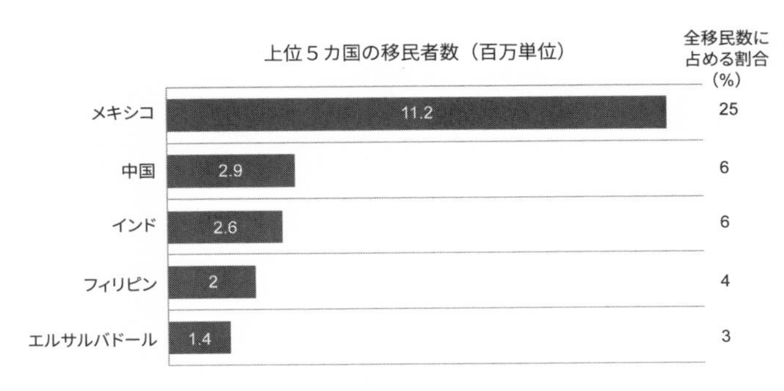

図4　アメリカへの移民の出身国（2018年）
出典：Budiman, Abby, 2020, "Key findings about U.S. immigrants" Fact Tank (August 20, 2020) から作成

民を選別するようになっているといえよう。

(2) 多文化主義

1960年代の黒人の公民権運動の高揚と1964年の公民権法の制定は、レッドパワー（先住民）、ラティーノ／ナ（中南米系）の運動、アジア系の組織された運動を活発化させることとなった。このことは、アメリカ社会に刻まれた人種の境界と人種認識が、依然として人々の生活に深く影響していることを物語る。ラティーノ／ナは、メキシコ系が6割以上を占めるが、他の中南米諸国や、プエルトリコの出身者など、政府から与えられた名称としてのヒスパニックをほぼ包含する。当然のことながら、この集団の中は一様ではなく、政治的対立も見られるが、一方で、ブラウンパワーという、アメリカ社会による人種分類を引き受けて自らの主張をする活動も盛んに行われたのである。アジア系は、出自となる国々の言葉や文化があまりにも異なり、また、地政学的にも出身国や地域の間には多くの対立や抗争の歴史がある。したがって、戦前には、中国系の人々も日系の人々も、アジア系というアメリカ社会から与えられた分類のもとに共同のアイデンティティやコミュニティを築くことはなかった。しかしながら、1960年代以降、アジア系としての共通の差別などの体験や、各出身地域の集団では少数で声が小さいことから、戦前にアジア系と一括りにされた移民の二世、三世が、戦略的にアジア系アメリカ人としての集団をつくったのである。

アメリカ社会によってつくられた人種分類を引き取って各人種集団が運動をした結果、多文化主義という考え方が主張されるようになった。各文化集団の尊厳と集団間の平等を尊重することがアメリカ社会にとって必要であるという考え方である。この場合の文化集団は、ほぼ人種を基盤とした集団であり、そのような考え方は、皮肉にも、集団間の差異を強調するために戦略的ではあるが、人種本質主義に陥る危険を孕んでいた。集団で存在と権利を主張し、力を保とうとすると、その集団に属性を固定されてしまう可能性があったのである。このような多文化主義的主張と多文化主義が国民統合を不可能にするという批判の間で、アメリカ社会は、依然として人種を意識しながら揺れ動いている。

⑶「第三世界」の輸入

1960年代後半以降の中南米、アジア諸地域からアメリカへの人の移動も、高度な技術のためのビザ保持者以外、安い労働力を提供してきた。1942年から1964年まで続けられた連邦政府との契約で、メキシコから労働者が期間限定で雇用されたブラセロプログラムはその典型であろう。とりわけ、経済のグローバル化が進むなかで、アメリカの企業はアメリカの外に安価な労働力を求めたのであるが、同時にサービス業などアメリカ国内において必要な安い労働力を新来の移民に依存した。20世紀後半の移民が「第三世界の輸入」と言われる所以である。とりわけ、介護、家事手伝い、子守などのサービス業を担う移民の多くは女性であった。

1960年代以降の新来移民の多くが「非白人」であるため、経済的格差は、そのまま人種の境界を示すことにもなった。たとえば、2019年の合衆国統計局の報告では、貧困率以下で生活している人の割合が、全体の人口比では約14%であるが、黒人人口では約25%、ヒスパニック人口では21%であった。アジア系に関しては、6.3%と低いが、内訳を考えるべきであろう。たとえば、1990年代、ラオスおよびカンボジア出身者の約半数が貧困、ベトナム生まれの第1世代の半数、第2世代の4分の1弱が貧困という報告がある。しかし、他方、多くの高学歴移民がアジアから流入して、IT産業などを盛り上げている。そのため、アジア系の場合は、集団内の格差を考慮する必要があるのである。2020 年のコロナのパンデミックの状況でも、非白人マイノリティの罹患率が大幅に高いことが報道されている。このことは、彼らの多くがいわゆる「エッセンシャル・ワーカー」として最前線で働かなければならず、一方で医療保険に十分加入できていない現実を反映しているのである。

この「第三世界の輸入」の最も可視化された事象が、非合法移民である。非合法移民とは、密入国やビザが切れた後の不法滞在者を指す。ピュー研究センターの推測では、2017 年現在、約 495 万人のメキシコからの非合法移民がアメリカに滞在している。ただし、メキシコからの非合法移民の推定数は同年の不法滞在者の約半数しか占めていない。他の地域からの不法滞在者も一定数いるわけだが、メディアや政治家の言説により非合法移民とはメキシコ系というステレオタイプがつくられていることは指摘しておく必要があろう。

アメリカへの非合法移民の最大の原因は故郷における困窮であるが、アメリカの雇用者にとっても、安い賃金で働かせ、保障を一切しなくてすむ非合法移民は、都合のよい労働力であった。経済のグローバル化の中、経済格差を原因とする世界的な人の移動が続いているが、アメリカへの非合法移民もその移動の一環なのである。20 世紀後半にはメキシコや中南米からの非合法移民が増加し、取締りが強化された。1986 年の移民法など、厳格な処罰とともにすでに定着している人々に対する合法化処置を提案する法律も繰り返し制定されているが、問題は解決されていない。合法ではない以上、法律に従うことが当然ではあるが、大規模な摘発による家族離散などによって非合法移民は厳しい現実にさらされているのである。トランプ大統領の政権下に建造が進んだといわれる国境線上の壁も、最終的な解決をもたらすとはいえないであろう。

7. 人の移動と「他者化」

黒人女性のノーベル賞作家トニ・モリスン（Toni Morrison）は、2016 年の講演で「生まれながらの人種差別主義者はいない。……講義や教育ではなく、前例によってわたしたちは『他者化』を学ぶのである」と指摘し、黒人は奴隷制時代以来、長く「よそ者」とみなされてきたと論じた（モリスン、トニ『「他者」の起源』荒このみ訳、集英社新書、2019年、34頁）。本章で論じてきた歴史事象に加えて公的レベルの「他者化」の例をさらに挙げるならば、19世紀後半から1967年まで多くの州（1913年の時点では41の州）で制定されていた異人種間結婚禁止法も主流社会と「他者」の境界を如実に示していた。同法は、黒人あるいは非白人と白人との結婚を禁止する法律であるが、結婚というもっとも私的な関係に法的介入を行い、「非白人」が「他者」であることを一般の人々に日常生活のレベルで認識させたのである。法的には公民権が保障されているはずの21世紀においても、モリスンが論じているように、人種による「他者化」は続いていると思われる。完璧な英語を話すアメリカ生まれのアジア系アメリカ人が「英語がうまいがどこからきた」としばしば聞かれることも、「他者化」が継続している証左であろう。

人の移動の歴史を論じるとき、移民の側のエスニシティの確立、あるいは受入れ国側の同化統合か排斥か、という議論が多い。しかし、受入れ国内での「他者化」の視点も重要ではないだろうか。アメリカのように目に見える「人種」という基準ではなくとも、新来者の集団を何世代にもわたって「他者化」してきた歴史をもつ国は多いからである。

❖参考文献

ガバッチア，ダナ・R 2015『移民から見るアメリカ外交史』一政（野村）史織訳、白水社

川島正樹編 2005『アメリカニズムと「人種」』名古屋大学出版会

貴堂嘉之 2018『移民国家アメリカの歴史』岩波新書

中野耕太郎 2015『20世紀アメリカ国民秩序の形成』名古屋大学出版会

松本悠子 2007『創られるアメリカ国民と「他者」──「アメリカ化」時代のシティズンシップ』東京大学出版会

村田勝幸 2007『「アメリカ人」の境界とラティーノ・エスニシティ──「非合法移民問題」の社会文化史』東京大学出版会

6 変容する「中国」の多様性と複雑性

及川淳子

Keywords 「中国」,「中国人」,「中国」から移動する人々

本章は、急速に変化する「中国」について基礎的な知識をふまえ、その多様性や複雑性を読み解くことを課題としている。

具体的には、「中国」「中国人」「中国語」の概念を整理し、それぞれの用語から「中国」を立体的に浮かび上がらせた。次に、ノーベル文学賞作家の高行健と莫言を例に、「中国文学」と「華語語系文学」の共通点と相違点を概説した。また、「華僑」「華人」「華裔」の定義と、それらを取り巻く環境や意識の変化には「中国」の変容が影響している点を指摘し、政治的理由から外国への亡命を余儀なくされた事例として、1989 年の六四・天安門事件や「香港国家安全維持法」(国安法) 制定後の香港を例に概説した。

「中国」は極めて速いスピードで変容している。そして、「中国」をどのように見つめるべきかという私たちの知識や視座も、常に問われている。本章では、「中国」について理解を深めるためのポイントについても考察した。

1.「中国」について学ぶための視座

「中国」について学ぶ際に、どのような点に留意すべきだろうか。基本的な知識を身に付け、ステレオタイプのイメージにとらわれず、事実に即して実態を理解することが必要だ。誤解や偏見をなくし、理解を深めるために、私たちはどのような視座をもつべきだろうか。本章では、急速に変化する現代の「中国」について、基礎的な知識をふまえて、その多様性や複雑性につ

いて読み解いていきたい。

筆者は大学で「現代中国事情」などの講義科目を担当しているが、新学期の初回授業では、いつも「ゾウ」と「カエル」の例えを話すことにしている。中国は巨大な「龍」に例えられることが多いが、「ゾウ」と「カエル」の方が現代の中国について理解を深める手掛かりになるだろう。

まず、中国を「ゾウ」に例えてみよう。「群盲象を評す」という言葉がある。「多くの盲人が象をなでてみて、各自の手にふれた部分だけで象の全形を推定するように、凡人は物事の一部にとらわれて、大局的な展望・判断ができないことのたとえ」（『故事俗信ことわざ大辞典』小学館）と解釈されている。「ゾウ」の鼻だけ、あるいは耳だけを触っても「ゾウ」の全体をとらえることができないように、中国に関する断片的な理解では全体像を描くことは難しい。

次は、「カエル」に例えてみよう。新興工業国における技術発展について、「リープフロッグ（カエル跳び）」という表現がある。段階的な発展を飛び越して一気に最先端の技術に到達するスピード感を、カエルが勢いよく飛び跳ねる様子に例えている。たとえば、電話を例にすると、黒電話からプッシュホン、大型の自動車電話から携帯電話、そしてスマートフォンという具合に、技術は段階的に進化した。だが、後発の新興国では、そのようなプロセスを経ずに最新の技術を導入し、イノベーションのスピードを加速させることが可能だ。現在、AIなどのハイテク技術で世界をリードするようになった中国は、まさに「リープフロッグ」の「カエル」のように勢いよく飛び跳ね続けて、急速なスピードで発展している。

中国について学ぶ際には、「群盲象を評す」という教訓に学び、「リープフロッグ」を意識して、自らの知識や考察は限定的なものだと自覚することが必要だ。その上で、自らのアンテナを高く、広範囲に張り巡らせて、中国の最新事情をとらえ、理解を深める必要があるだろう。

2.「中国」と「中国人」

(1)「中国」の多様性

ここでは、まず「中国」に関する基本的な知識を確認しておきたい。中国

表1　中国の行政区画

直轄市	北京市、上海市、天津市、重慶市
省（台湾を含む）	黒竜江省、吉林省、遼寧省、青海省、甘粛省、陝西省、四川省、貴州省、雲南省、山西省、河北省、山東省、河南省、安徽省、江蘇省、湖北省、湖南省、江西省、浙江省、福建省、広東省、海南省、台湾省
自治区	内モンゴル自治区、広西チワン族自治区、チベット自治区、新疆ウイグル自治区、寧夏回族自治区
特別行政区	香港特別行政区、マカオ特別行政区

出典：筆者作成

の歴史は四千年、あるいは五千年ともいわれるが、現在の「中国」、つまり中華人民共和国についていえば1949年に建国されたので、その歴史は七十余年である。

ここでは、表1の中国政府が規定する行政単位を見てみよう。

注意すべきは、中国政府が規定する行政区に「台湾省」が含まれていることだ。1945年に日本と中国は戦争を終結させたが、当時の「中国」は、中国国民党政権が率いる中華民国だった。その後、中国国民党と中国共産党の国共内戦を経て、1949年に中華人民共和国が成立すると、蔣介石率いる中華民国政府は中国本土から台湾に撤退した。1971年、国連で中華人民共和国が「中国」の合法的代表権を獲得したことにより、中華人民共和国と中華民国は「一つの中国」の正統性をめぐって対立し、中華民国は国連を脱退することになった。このような歴史的経緯により、中国の行政単位では現在もなお中華人民共和国統治下の「台湾省」が明記されている。

国連を脱退した中華民国を正式な国家として承認する国は少なく、近年、中国の外交圧力によってその数はさらに減少している。日本を含めて中華人民共和国と正式な国交を結ぶ国は、「一つの中国」を支持する立場から、中華民国ではなく「台湾」という地域の通称を用いている。そのほか、「中華台北（チャイニーズタイペイ）」は、オリンピックなどの国際スポーツ大会で使用される名称であることも覚えておきたい。

現在、「中国」は中国共産党政権が統治する中華人民共和国を意味する。しかし、どの時代や地域でとらえるか、国家としての正統性や「一つの中国」をめぐる歴史や国際政治などの問題を俯瞰すれば、「中国」は実に多様な姿となって浮かび上がる。

⑵「中国人」アイデンティティ

「中国人」を法的に定義すれば、中華人民共和国の国籍をもつ国民、公民である。ここでは法的な議論ではなく、文化やアイデンティティの面から、果たして「中国人」とは誰なのか考えてみたい。

中国の文化では、日本語で言うところの「血縁」「友人縁」「地縁」が重視される。家族や親族などの「血縁」のほかに、友人や知人などの人的ネットワークが極めて重要な役割をもつ社会だが、それに加えて出身地に対する愛着や同郷出身者同士の意識や関係性を表す「地縁」という視点も不可欠だ。たとえば、中国出身で日本に長年居住し、日本国籍を取得した場合でも、「中国人」として自己紹介する人が多い。その場合、出身地としての地理的「中国」と、自らのルーツやアイデンティティの拠り所である文化的「中国」が、「中国人」という言葉に含まれる。

また、中国語の「北京人」「上海人」などの呼称は、出身地について地理的に説明するだけでなく、出身地に対する愛着やプライドも内包し、同郷出身者に対しては親近感や連帯意識を示唆するもので、まさしくアイデンティティに直結する。日本でも各地方の方言や食文化などは多種多様だが、広大な中国では、それらの差異はさらに大きく鮮明である。中国出身者と交流する機会があれば、出身地について話題にすることをお勧めしたい。人々の生活を身近に知り、中国の文化や社会の多様性と複雑性を感じることができるだろう。

特別行政区である香港の場合は、複雑なアイデンティティの問題がある。1840年のアヘン戦争によって香港はイギリスに割譲され、1997年に中国に返還されるまでイギリスの統治が続いた。返還以前、香港の住民はイギリス連邦の香港市民という位置づけで、「香港人」「中国人」という文化的アイデンティティを保持していた。香港返還後、「香港人」は名実ともに「中国人」になったが、返還後50年間は高度な自治を保障すると謳った「一国二制度」の実態が変化し、香港政府や中国共産党政権に対する市民の抗議運動が頻発

表２　中国の各民族

漢族（漢民族）	土家族（トゥチャ族）	柯爾克孜族（キルギス族）	烏孜別克族（ウズベク族）
蒙古族（モンゴル族）	哈尼族（ハニ族）	土族（トゥ族）	俄羅斯族（オロス族）
回族（回族）	哈薩克族（カザク族）	達斡爾族（ダウール族）	鄂温克族（エヴェンキ族）
蔵族（チベット族）	傣族（ダイ族）	仫佬族（ムーラオ族）	徳昂族（トーアン族）
維吾爾族（ウイグル族）	黎族（リー族）	羌族（チャン族）	保安族（バオアン族）
苗族（ミャオ族）	傈僳族（リス族）	布朗族（プーラン族）	裕固族（ユグル族）
彝族（イ族）	佤族（ワ族）	撒拉族（サラール族）	京族（ジン族）
壮族（チワン族）	畲族（シェ族）	毛南族（マオナン族）	塔塔爾族（タタール族）
布依族（プイ族）	高山族（カオシャン族）	仡佬族（コーラオ族）	独龍族（トーロン族）
朝鮮族（朝鮮族）	拉祜族（ラフ族）	錫伯族（シベ族）	鄂倫春族（オロチョン族）
満族（満族）	水族（スイ族）	阿昌族（アチャン族）	赫哲族（ホジェン族）
侗族（トン族）	東郷族（ドンシャン族）	普米族（プミ族）	門巴族（メンパ族）
瑶族（ヤオ族）	納西族（ナシ族）	塔吉克族（タジク族）	珞巴族（ローバ族）
白族（ペー族）	景頗族（チンポー族）	怒族（ヌー族）	基諾族（ジーヌオ族）

中国語表記は、便宜的に日本語の常用漢字を用いた。
出典：肖立 編著『中国概況教程』（北京大学出版社、2009 年、33-34 頁）を参照し、筆者作成

した。2020 年、「香港国家安全維持法」（国安法）が成立し、中央政府から香港に対する統制がさらに強化されるなかで、「香港人」アイデンティティの高まりは、以前にも増して政治的な緊張感をもつ問題となっている。

台湾の場合は、さらに複雑だ。アイデンティティに関する台湾の世論調査は、国立政治大学選挙研究センターをはじめ主要メディアなど各種調査があるが、全体的な傾向として「台湾人」と回答する数値が「台湾人であり中国人でもある」や「中国人」を上回り、近年は香港情勢なども影響して、さらに増加傾向にある。

「中国人」という言葉が意味するところは幅広く、「中国人」のアイデンティティも多様である。また、「中国」の変容とともに、香港や台湾などでは「中国人」としてのアイデンティティをめぐる意識も急速に変化している。「中国」や「中国人」という言葉から、「果たして、自分は『中国人』だろうか」と考えたり、時に思い悩む人々がいることに思いをめぐらせてみよう。

⑶「中国」の民族問題

中国は 56 の民族から成る多民族国家で、人口の大部分を占める漢族のほかに 55 の少数民族が含まれる（表２）。その中には、固有の言語や文化を有する少数民族もある。前述した行政単位には、内モンゴル自治区、チベット

写真１　新疆ウイグル自治区、トルファンの書店
毛沢東や鄧小平に関するウイグル語の書籍
出典：2006 年筆者撮影

自治区、新疆ウイグル自治区などの少数民族の自治区がある。中国ではすべての国民に身分証明書が発行され、個人を特定する番号が付与されているが、その身分証には民族についても表記されている。

少数民族の場合は、「中国人」としてのアイデンティティと同時に、言語、伝統文化、宗教などを背景として、それぞれの民族アイデンティティを有している。たとえば、ウイグル族の場合はウイグル語と漢語（漢族の言語）を話し、イスラーム教を信仰して、宗教上の戒律に基づく伝統文化や生活様式を重視することが多く、民族アイデンティティが強い傾向がある。

中国における民族問題といえば、チベット自治区や新疆ウイグル自治区がクローズアップされることが多い。中国政府は少数民族の多様性や固有の文化を保全するための各種政策を打ち出している。しかし、近年では民族自治区における分離独立運動を警戒する中国共産党によって「漢化」と呼ばれる漢族への同化政策が強化され、そうした政策への反発や抵抗も深刻な社会問題となっている。

経済発展と社会秩序の安定は、中国共産党政権による統治の正統性と党の求心力にとって最重要事項だ（**写真１**）。そのような政治的課題と多民族国家としての多様性を保全することの間に、近年は大きな矛盾や対立が生じていると言わざるをえない。かつて、中国政治の民主化を求める知識人の中には、中国をアメリカのような連邦制の国家体制に改革すべきだという主張やその賛否をめぐる活発な議論もあった。だが、現在、そうした言論活動は、国家政権転覆扇動罪などによって厳重に取り締まられている。

中国の民族問題は、民族自治区におけるさまざまな問題のほかにも、「中華民族」をめぐる諸課題について考察する必要がある。前述した56の民族とは異なる政治的概念として、「中華民族」がある。中国の各民族を総称し、中国の国籍をもつすべての人々を含む共同体の概念である「中華民族」は、つまり政治イデオロギーにほかならない。習近平政権は「中国の夢」を政治スローガンに掲げている。習近平国家主席の演説によれば、「中国の夢」とは「中華民族の偉大なる復興」であり、「中国の夢」の実現には「国家の富強、民族の振興、人民の幸福」を実現しなければならないとされている（写真2）。

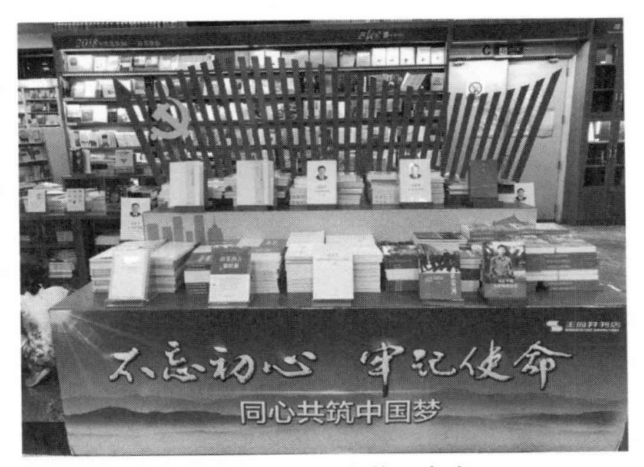

写真２　北京の繁華街、王府井の書店
習近平国家主席や「中国の夢」に関する書籍
出典：2018年筆者撮影

ここで言う「中国」は、中国共産党が統治する中華人民共和国である。そもそも、「民族」とは言語や文化などを共有し、同族意識によって結ばれているものだ。しかしながら、「中華民族」という政治イデオロギーは、中国共産党政権の正統性を擁護し、中国共産党が統治する中華人民共和国への国民の帰属意識を強化するためのものだ。中国共産党政権が経済発展や社会秩序の安定を盾にして漢族中心主義の政策を実施することによって、少数民族に対する抑圧や弾圧が行われ、深刻な人権問題となっていることも指摘しておきたい。

3.「中国語」と「中国文学」

(1)「中国語」の難しさ

日本の大学では「中国語」を学ぶ学生が多い。漢字を使うため親しみやすさを感じる学生も多いが、「中国語」ならではのおもしろさや難しさも感じることだろう。実は、「中国語」とは何かという問題の難しさもある。

中国語の辞書には「中国語」という単語がない。中国では「漢語」と称するためだ。少数民族の言語に対して「漢語（漢族の言語）」と区別されているが、「漢語」といっても多様な地方の方言がある。そこで、北方の方言を基礎とした標準語を「普通話」と呼び、学校教育や公共放送などで共通語として使用している。外国人がいわゆる「中国語」を学ぶ際は、「漢語」の「普通話」を学ぶことになる。中国の少数民族は、日常の生活用語として各民族の言語を修得する。たとえば、チベット族はチベット語、ウイグル族はウイグル語など、各民族に固有の言語を身に付けると同時に、義務教育で「漢語」を学修する。中国の通貨である人民元の紙幣の裏をよく見ると、「漢語」のほかにも、「チベット語」「ウイグル語」「モンゴル語」「チワン語」で表記されている。いわゆる「中国語」とは共通語としての「漢語」であり、中国で使用されている言語の多様性についても考える必要がある。

ほかにも、「中文」という場合は「『漢語』の書き言葉」や「(外国語に対する）漢語」を指し、「中国話」は「『漢語』の話し言葉」を意味する。たとえば、「上海話」は上海で日常的に使われる方言の話し言葉だが、「普通話」と比較すると、方言というよりもまったく別の言語といえるほど異なる。上海人同士が「上海話」で話した場合、ほかの地域の人は中国人でもまったくと言ってよいほどわからない。香港や広州で一般的に使用されている「広東話」も同様である。共通語の「普通話」を使用する場合も、地方の訛りが強いために、中国人同士でもコミュニケーションの難しさを感じることがあるといわれている。

少し視野を広げてみよう。台湾では、いわゆる「中国語」を「國語（国語)」または「台灣華語（台湾華語)」と称する。シンガポール、マレーシア、インドネシアなどの東南アジアをはじめ、中華系出身者が多いコミュニティでは「華語」と呼ぶことが多い。たとえば、“I can speak Chinese”というフレーズを訳すときに、「漢語」「国語」「華語」のいずれを使用するかによって、出身の国や地域などのバックグラウンドの一端を読み解くことができる。

本章ではこれまで便宜的に日本語の常用漢字で表記しているが、中国では「中华（中華)」「汉语（漢語)」のように「簡体字」で表記する。一方、香港や台湾などでは「國語（国語)」や「台灣（台湾)」のように「繁体字」を用いる。これらの相違は、中華人民共和国建国後の1950年代に、識字率や教育水準の向上を目的として「普通話（共通語）」と「簡体字」が制定され、規範化のための改革が続けられたことによる。

写真３　国立台湾師範大学のキャンパス案内
繁体字表記で「國語」や「華語」と表示されている。
出典：2019年筆者撮影

台湾における「国語」の発音は「漢語」の「普通話（共通語）」に近いが、同じ漢字でも「簡体字」と「繁体字」の表記はまったく異なる場合がある。「中国」の多様性と複雑性は、このような言語の多様性にも起因する（写真３）。

中国では、2001年から「国家通用語言文字法」が施行され、言語と文字の使用についての基本理念が明示された。チベット自治区や新疆ウイグル自治区などの民族自治区をはじめ、少数民族の地域では、「漢語」を身に付けることが職業選択や就業機会の確保に直結する課題として認識され、伝統文化の保全と経済的豊かさの追求を両立することが大きな社会的課題となっている。少数民族自治区の分離独立運動を警戒する中国共産党政権は、「漢語」教育の徹底によって「中華民族」への帰属意識を強化するという政治的なねらいがあり、近年はその傾向が顕著だ。

2020年には、内モンゴル自治区において小中学校の授業で使用する言語をモンゴル語から「漢語」に変更することにモンゴル族の住民が抗議し、デモや生徒の授業ボイコットなどの抗議運動が行われ、それに対する統制や抑圧の強化が国際的な関心を集めた。

いわゆる「中国語」という際には、「中国」をめぐる文化、社会、政治、経済などの分野に幅広く関わる諸問題を想起する必要があるだろう。

(2)「中国文学」と「華語語系文学」

近年、中国のSF小説が世界的な人気を博している。たとえば、劉慈欣の小説『三体』はアメリカのオバマ元大統領をはじめ世界の著名人が話題にしたことから、日本でも翻訳出版されて中国SFブームを牽引した。

中国の作家といえば、日本で最も知られているのは魯迅かもしれない。日本留学時に作家を志し、日本にゆかりの作品も多い。現代文など国語の教科書で「故郷」「阿Q正伝」「藤野先生」などを断片的に読んだ人もいるだろう。現代中国で世界的に著名な作家の一人は、2012年にノーベル文学賞を受賞した莫言だ。代表作『紅いコーリャン』（原題『紅高粱』）が張芸謀監督によって映画化されたほか、『豊乳肥臀』や『蛙鳴』なども話題作だ。ノーベル文学賞を受賞した際には、中国人作家の初受賞として大きな話題となった。

一方、中国出身で外国の国籍を保有し、ノーベル文学賞を受賞した作家もいる。高行健は中国で劇作家として活躍していたが、西洋の影響を強く受けた作品が批判され、1987年にフランス訪問の機会を得ると帰国しないまま滞在を続け、1989年の天安門事件後に亡命し、その後フランス国籍を取得した。2000年に高行健がノーベル文学賞を受賞した際、「中国系作家」の初受賞として世界的なニュースになったが、中国国内では政治的理由で亡命した高行健の作品は近年まで発禁処分になっていた。

ノーベル文学賞の評価についてはここでは議論しないが、なぜ莫言と高行健を取り上げたかといえば、彼らを「中国人作家」と呼ぶか、彼らの作品を「中国文学」と称するか否かは、実に多様な「中国」を包摂する問題だと考えるからだ。国籍についていえば、莫言は「中国人作家」であり、高行健は「フランス人作家」である。文化的なバックグラウンドやアイデンティティを重視すれば、両者とも「中国人作家」といえるだろう。だが、亡命作家でもある高行健は、「中国系作家」あるいは「華人作家」と呼ぶほうが適切だ。では、彼らの執筆活動を言語の面からみた場合はどうだろうか。莫言と高行健に共通するのは、いわゆる「中国語」、つまり「漢語」で創作活動をしているという点で、両者ともに「中国語作家」と称することも可能だ。

それでは、「中国文学」という領域についてはどうだろうか。「中国語で書かれた文学」という意味ならば、莫言と高行健はいずれも「中国文学」の作家である。だが、「中国文学」を「中国」で「中国人」が「中国語」で執筆すると考えた場合、高行健の作品は「中国文学」に含めるべきだろうか。前述のとおり、「中国」「中国人」「中国語」のいずれもさまざまな含意があり、その多様性についての議論が必要だ。たとえば中国出身でアメリカ国籍を取得し、香港や台湾を拠点に中国語で執筆する作家がいたとして、その作品は「中国文学」だろうか。つまり、作家の出身地や国籍、アイデンティティ、文化的バックグラウンドが多様化しているために、「中国語で書かれた文学」であっても、「中国文学」という用語で説明するのは困難だ。

21世紀に入り、「中国文学（Chinese literature）」とは異なる概念として、「華語語系文学（Sinophone literature）」についての研究が盛んになっている。かつては香港や台湾の文学を「中国文学」と区別して「華文文学」と称したが、近年は作家の国籍や地域性よりも使用言語を重視し、従来の「中国文学」とは異なる「華語語系文学」と称している。前述した高行健についていえば、彼は中国系フランス人作家で、華語語系文学の作家でもあると紹介すべきだろう。

話を戻せば、「中国文学」の多様性にも留意する必要がある。「チベット族の作家」が「チベット語」で執筆した作品は「チベット文学」といわれるが、それはまた「中国文学」でもある。文学の領域においても、「中国」の多様性と複雑性について留意したい。

4. 変容する「中国」と移動する人々

(1) 華僑・華人・華裔

人の移動という観点で「中国」について考察すると、「華僑」や「華人」など、いくつかのキーワードが思い浮かぶだろう。「華僑」は「中国国籍を保持したままで、海外に移住した中国人およびその子孫」を意味し、「華人」は「中国系の海外居住者で、居住国の国籍を持つ人」を指す（『デジタル大辞泉』小学館）。国籍のほかに世代に注目すると、「華僑」として中国から海外に渡った世代が移住先で生活拠点を築き、現地で生まれ育った次の世代以降が移住先の国籍を取得して「華人」になることが多い。

1978年に改革開放政策が開始すると、経済の市場化と対外開放が進み、中国から国外に向けた人やモノの移動が加速した。中国では出国政策の緩和によって留学や就業目的の出国ブームが巻き起こり、「新移民」が増加した。日本では1978年を分水嶺として、それ以前に海外に渡航した「華僑」とその子孫を「老華僑」、1978年以降に渡航した「華僑」を「新華僑」と区別することが多い。「華僑」の「僑」は「僑寓」や「寓居」、つまり「外地に仮住まいをする人」という意味があるので、「中国国籍を保持したまま」という点が重要だ。「新華僑」の国籍は中華人民共和国だが、「老華僑」は海外に渡航した時期によって保持している国籍が中華民国の人もあれば、中華人民共和国の場合もある。日本国内の中国系住民の中には、戦中戦後の混乱や中国の国内情勢に翻弄され、結果的に無国籍状態の人もいる。

アメリカには、ニューヨーク、サンフランシスコ、ロサンゼルスなどに大規模なチャイナタウンがある。日本には、横浜、神戸、長崎に中華街や南京町と呼ばれる地域があり、歴史的に中国系住民が集まって居住し、人気の観光地でもある。そうしたチャイナタウンや中華街に居住する中国系住民について、単純化した「中国人」という理解では不十分だ。「華僑」と「華人」の違いのほか、出身地や使用言語、中国共産党政権下の「中国」に対する政治的、あるいは心理的距離感などの相違について、また、「中華」という文化の広汎性や人的ネットワークなどについても、複眼的な観察と理解が必要である。

近年、日本では古くからある中華街に加えて、東京の池袋駅北口周辺や埼玉の西川口駅周辺に、新たな中華街とも言うべき中国系コミュニティが形成されている。前述した三大中華街には、中華料理店、食材店、雑貨店などが多いのに対し、池袋や西川口は中国語の新聞や書籍を発行するメディア関連企業、中国系住民の日常生活をサポートする託児所や補習校など、生活に密着したサービスが多く提供され、独自のコミュニティを形成しているのが特徴だ。中国系住民の意識も変化しており、居住地やコミュニティに対して「老華僑」のような強い帰属意識を抱いているとは限らない。むしろ、現在の日本社会における多様化を象徴するように、中国に何らかのルーツをもつ人々が地域コミュニティで共生していると考えるべきだろう。たとえば、学校のクラスメイトの中で、両親あるいは父母のいずれかが中国人だという人が身近にいるかもしれない。本書の読者の中にも、中国、香港、台湾、あるいは中国語圏の地域や文化に何らかの関わりをもつ人がいるかもしれない。中国語教育の現場では、日本で生まれ育ち、日本国籍を保有して日本語を母語としている学生から、祖父母や親戚が中国出身なので彼らとコミュニケーションを取るために中国語を学びたいという学修動機について耳にすることも多い。

「華裔」という言葉はあまり聞き慣れないかもしれないが、「華人」の「末裔」としてルーツをもちながら、移住先の文化的影響を強く受けている若い世代を指す。「華僑」「華人」「華裔」をとりまく環境や意識の変化には、移住先との社会的関係性は言うまでもなく、ルーツとしての「中国」が急速に変容していること、その「中国」をどのように認識するかという問題もさまざまな形で影響を及ぼしているといえるだろう。

(2)「中国」から移動する人々

「中国革命の父」として知られる孫文（孫中山）は、わずか12歳で故郷の広東を離れ、兄を頼ってハワイに渡り、英語や西洋思想を学んだ。医師になった後は、当時ポルトガルの植民地だったマカオで開業し、革命を志してからは世界各国をめぐり、日本で中国同盟会を結成したこともよく知られている。

留学や革命活動を目的とした孫文とは時代やスケールが異なるが、現代においても「中国」から他の国や地域に移動する人々の動機や目的は、中国の政治や経済などの情況、さらに移動先の国や地域と「中国」との関係に影響されるところが大きい。前述のとおり、改革開放政策によって中国経済の市場化と対外開放が加速するなかで、中国から移動する人々が急増した。中国企業の対外進出にともない海外での勤務や生活を経験した人、グローバル化の進展に呼応して経済的な成功を求めて移動した人、世界各国に留学する中国人の数は増加の傾向をたどっている。中国からの留学生は、欧米や日本だけでなく香港や台湾への留学も増加し、近年では低年齢化の傾向にある。

日本との関係についていえば、近年は日本政府による観光ビザの発給が緩和され、「爆買い」という流行語に象徴されるように観光目的で日本を訪れる中国人が急増した。新型コロナウイルス感染症の影響で日中間の人的往来も一時的に停止したが、長期的にみれば、今後も中国人の訪日観光が増加する潮流は変わらないだろう。人の移動による経済や文化の交流が、日本と中国における民間レベルでの相互理解をさらに深化させることを期待したい。

世界第2位となった中国経済の急速な発展を背景に、ビジネスを目的とした移住や、富裕層が投資家ビザや投資永住権を取得して「投資移民」となるケースも増加した。また、習近平国家主席が提唱した広域経済圏構想「一帯一路」の進展によって貿易や物流が活発化し、中国政府が主導するインフラ整備への投資や大規模プラント建設など、さまざまな事業領域や業種で中国企業の存在が注目されている。中央アジアや中東で働く中国人労働者の増加、ロシアやヨーロッパで存在感を強めている中国人貿易商などの背景には、「一帯一路」政策がある。これもまた、「中国」から人々が移動する新たな潮流として注目すべき変化である。

一方、本来は「中国」からの移動を希望したわけではないが、政治的な理由で外国への移住を余儀なくされ、結果的に亡命という選択をせざるをえないケースもある。筆者は中国の民主化運動や政治社会思想を研究しており、学生や市民による民主化運動が中国政府によって武力弾圧された1989年の六四・天安門事件について、事件後に他の国や地域へ亡命した人々へのヒアリングや関連資料の翻訳を続けている。そのため、日本をはじめ、アメリカやドイツなどに渡った中国人亡命者の体験談を身近に聞く機会が多い。彼らに共通しているのは、自らの理想や信念のため、自分自身や家族の安全のために亡命という形で「中国」を離れるほか選択肢がなかったが、「中国」を離れてなお「中国」の行く末を思い、たくましく、しなやかに、そして、したたかに生き延びるために、それぞれの活動を続けていることだ。習近平政権下の中国では、言論や思想の統制が強化され、作家、研究者、ジャーナリスト、人権派弁護士などのほか、自由な表現活動を求めるアーティストなどが海外への移住や亡命をするケースが増加している。筆者の研究は、当初から亡命者のオーラルヒストリーを目的としたのではなく、交流のあった友人や知人が「中国」から亡命せざるをえなくなった結果として、彼らの思想や行動を記録しなければならないというある種の危機感や切迫感に駆り立てられているところがある。

近頃、国際的な関心事項となっているのは、香港から台湾や欧米に移動する人々の存在だ。前述したように香港市民の抗議運動は香港政府や警察との対立が激化し、「香港国家安全維持法（国安法）」の成立によって、中国共産党政権の香港に対する統制強化は決定的なものとなった。一国二制度が形骸化した香港を離れ、移住先に避難や生活拠点を求める香港市民に対し、かつての宗主国であるイギリスや「中国」の影響力に最も敏感な台湾は、政治的理由で移住を希望する香港市民の受入れを支援する政策を推進した。2020年8月には、香港から台湾への密航を試みた民主化運動の活動家らが、海上で中国当局に拘束される事件も発生し、国際的なニュースとなった。

香港からの移民は、1997年の返還前にも急増した時期があった。当時は、中国への返還によって経済活動や市民生活への影響を危惧した人々がカナダやオーストラリアに移住するケースが多かった。さらに時代をさかのぼれば、「香港からの移動」だけでなく、「香港への移動」も政治的な問題として存在していた。中国国内で凶作や飢饉が発生した1950年代、また、1966年から10年間にわたって続いた文化大革命の時期は、中国から境界線を越えて密入国した人々が香港の流入人口を急増させ、深刻な社会問題となった。かつては中国から香港への移動があり、現在は香港から他の国や地域へ、政治的な理由による人々の移動が急増している。このような人の移動も、「中国」の変容によってもたらされているといえよう。

5. 変容する「中国」

現在、メディアの報道には中国に関するニュースがあふれている。世界に甚大な影響をもたらした新型コロナウイルス感染症、気候変動をはじめとするさまざまな環境問題、食糧問題、人工知能（AI）に代表されるハイテク産業など、中国から発信されるニュースは国際社会に多大な影響を及ぼすようになった。隣国の日本にとっても、中国の影響力は増すばかりである。

世界第2位の経済大国である中国は、新興工業国としてさまざまな課題に直面しているが、広大な国土と約14億の人口を有するがゆえに、発展途上国と共通の問題も抱えている。また、さまざまな領域で国際的な枠組みづくりに積極的な面もあれば、大国主義や覇権主義的な外交姿勢で、日本を含めた周辺の国や地域との間で政治的緊張が生じることもある。中国について正確に理解しようとすればするほど、その多様性や複雑性に気づかされ、中国について学ぶことの重要性と同時にその難しさも痛感することになる。

コロナ禍において、中国政府の情報隠蔽や言論統制は国際社会から痛烈な批判を受けた。しかし、中国政府は中国共産党による事実上の一党支配体制とハイテク技術で社会管理を徹底し、新型コロナウイルスの封じ込めを効果的に行い、プラスの経済成長を果たした。徹底した社会管理は新型コロナ対策には有効だが、専制的な統治によって民主や自由が制限されているのもまた事実である。中国共産党の強権的な専制政治に象徴される「中国」の変容は、中国国内の人々については言うまでもなく、「中国」と関わりをもつ世界の人々にとっても重要な意味を有しているといえよう。

「中国」は極めて速いスピードで変化し、変容している。そして、「中国」をどのように見つめるべきかという私たちの知識や視座も常に問われている。前述した「群盲象を評す」という例えのように「中国」の全体像を正確にとらえることは困難だが、個別具体的な事象を通して「中国」の人々をできるだけ身近に感じながら、「中国」の多様性と複雑性について学ぶ姿勢をもち続けたい。

❖参考文献

石井知章・及川淳子編 2019『六四と一九八九――習近平帝国とどう向き合うのか』白水社

王 柯 2005『多民族国家 中国』岩波新書

中島 恵 2018『日本の「中国人」社会』日本経済新聞出版

奈倉京子編 2020『中華世界を読む』東方書店

藤野 彰編 2018『現代中国を知るための 52 章〔第 6 版〕』明石書店

Column

中国雲南のムスリム
――共生の作法――

首藤明和

中国でイスラームを信仰する民族は10あり、人口約2300万人、うち回族は1058万人である（2010年人口統計）。回族祖先は、長い歴史のなかで「母語」（アラビア語やペルシア語）を失い、中国語を話すようになり、中国を新たな「故郷」とした。中華人民共和国成立後、その特殊な信仰と生活習慣ゆえに民族として認定され、現在では、宗教信仰の有無を問わず、血縁的に両親の一方が回族であれば、回族として認められている。

回族の民族としての生成は、そのRootsとRoutesの重畳にある。ムスリムの中国への大規模入植は2度あった。唐（618-907）と元（1271-1368）の時代である。唐の時代、西アジアや中央アジアから、天山山脈の麓を通るシルクロードや、インド洋から広州へ至る海路を伝って、多くのイスラーム教徒が中国へやってきた。皇帝は、外国人に対して国籍、身分、職業にかかわらず、信仰、結婚、永住、財産所有、相続、経済活動の自由を付与した。長安（現西安）は、世界の文化と商業の中心地として隆盛を極め、無数の文物を吸収しながら、新しい中国文化を創り上げた。

13世紀、遊牧民モンゴルは、チンギス・ハーン（1162?-1227）の号令の下、西アジアや中央アジア各地を大侵攻、多くのイスラーム教徒を、技術者、職人、商人、官吏、奴隷、兵士として中国まで連行した。中国全土の省州県に赴任したモンゴル長官は、イスラーム教徒から政治、財政、技術、軍事の援助を得て、統治を行った。

モンゴル軍は、西域イスラーム教徒からなる親軍10万人を率いて、雲南の大理国（938-1253）を征服後、ウズベキスタン出身の賽典赤・贍思丁（サイード・アジャル・シャムス・アル゠ディーン）（1211-1279）を雲南行省平章政事に任命した。賽典赤は、抵抗する土着勢力に対して武力を行使せず、教育の振興、水上交通の整備、雲南・貴州・四川・広西を結ぶ道路の整備、年貢軽減などを実施した。賽典赤の善政以降、雲南は中国の「固有の領土」となり、甘粛、新疆と並ぶムスリム三大集中地域として発展した。

ミャンマー国境沿い、雲南省保山市は、明清四大イスラーム漢文訳著家のひとり、馬注（1640-1711）の故郷である。2000年代になって、保山回族は馬注の墳墓や族譜の整理を進め、馬注思想の発揚を通じて漢族との共生を図るなかで、保山のまちづくりに取り組んできた。

馬注は、イスラームを儒学との対照を通じて漢語で注釈し、両者の社会上の機能を同一とみなした。また宗教とは、時と場所に応じて旧来の制度、慣習、方法を自ら革新するものだとして、宗教の変化の内容と方向を思索した。その結果、「聖俗並存的信仰体系」のなかでのアッラーと皇帝への「二元忠貞」、すなわち現在の「愛国愛教」の礎ともいうべき思想を築いた。馬注は保山で生まれ、16歳で科挙受験有資格者（秀才）となり、18歳に明朝亡命政権（南明）の官吏についた。明の皇統が途絶えると官職を辞して野に下り、儒・仏・道の三教への造詣を深めた。30歳で北京に入り、ムスリム師友との交流を経て35歳でイスラームに覚醒、主著『清真指南』の執筆を始めた。その後、山東、江蘇、浙江、安徽、西安などでムスリム先学を歴訪し、中国に底流するイスラームを辿り、教えを乞うなかで、生涯に渡って主著の推敲、校訂を重ねた。48歳で保山に戻り、教学に尽くし、71歳で帰真（逝去）した。

アヘン戦争、太平天国の乱から清末期にかけて、雲南の漢族とムスリムは土地や鉱山の所有権をめぐって対立した。清朝の離間策も相まって、ムスリムは虐殺と逃亡の憂き目にあい、人口は1割にまで激減した。また中国建国後も、反右派闘争、大躍進、文化大革命のなかで信仰や習慣は激しく揺さぶられた。こうした幾重にも重なる凄惨な歴史を回族は記憶している。

今日、保山の回族が実践する共生の作法とは、ネガティブな記憶を反転させてポジティブな未来を紡ぎ出そうとする逆説的な営みである。その拠り所となる精神は、「以儒詮回」を通じて中国イスラーム思想を体系化し、「回儒」として中国のなかにイスラームを根付かせようとした馬注の思想である。

●参考文献

首藤明和 2020『中国のムスリムからみる中国――N. ルーマンの社会システム理論から』明石書店
張承志 1993『回教から見た中国――民族・宗教・国家』中公新書
Clifford, James, 1997, *Routes: Travel and Translation in the Late Twentieth Century*, Harvard University Press. (=2002『ルーツ――20世紀後期の旅と翻訳』毛利嘉孝訳、月曜社)

Column

多様性と複雑さのなかの東南アジア

高橋宏明

■交易がもたらしたもの

東南アジアは、民族、宗教、言語、文化など、多様性に富んだ地域である。それは、古代から海上交易や河川交通を通じて、さまざまな人々が自由に往来・移動してきたことにも関係している。

紀元前後に中国とインドを結びつける中継地として各地に港市が生まれ、香辛料や象牙、伽羅などの特産品を求めて、多様な民族が行き交うようになった。海上貿易を通じて、外来文化としてのインド文化がほぼ全域に影響を及ぼし、現地の支配層はヒンドゥー教的世界観やラーマーヤナ物語など、インド文化のエッセンスを取捨選択しながら受け入れて、現地の文化と融合させていった。10世紀頃からスリランカ経由で大陸部東南アジアに上座仏教が伝わると、12世紀以降にミャンマーのパガン朝、タイのスコータイ朝、カンボジアなどの国々が上座仏教化した。中国文化の影響を受けて儒教と大乗仏教を取り入れたベトナムを除けば、現在もミャンマー・タイ・カンボジアの人々の多くは上座仏教を信仰している。島嶼部では、12世紀頃からアラビア商人が香辛料を求めて来訪し、イスラームを広め、現在のインドネシア・マレーシア・フィリピン南部がイスラーム化した。こうして交易と共に宗教が伝播し、各地の民族と結びついていった。

一方、国家形成の観点からすると、文化的多様性や複雑な自然環境が、東南アジア全域を支配する統一国家の誕生を阻んできたともいえる。古来、さまざまなサイズの王権が成立・展開した。平野部の比較的大きめの国家の周縁部には小さな王権がいくつも点在し、海岸部には海外交易で富を築いた港市国家が繁栄した。王の住む中心部から遠く離れるにつれて、王権の影響力は弱くなり、山岳地帯の高地民や海域世界の海民には限定的にしか力が及ばなかった。他方、前近代の東南アジアは、土地に対して人口が希薄だった。それゆえ、土地をめぐる大きな争いが起きることは珍しく、領域の範囲も漠然としていた。「境界線」が明確に引かれることは少なく、「国境」の概念も曖昧だった。こうした地域に欧米は布教や交易を通じて入って来たのである。

■欧米の支配がもたらしたもの

19 世紀後半以降、欧米諸国による植民地統治が本格化すると、国と国の間に「線」が引かれることになった。現在のミャンマー・マレーシア・シンガポールにはイギリス、ベトナム・カンボジア・ラオスにはフランス、インドネシアにはオランダ、そしてフィリピンにはスペイン、続いてアメリカがそれぞれ領域支配を開始し、タイを除く東南アジア全域に欧米の植民地国家が誕生した。列強間で「国境線」の画定作業が進められる一方で、領域内では中心（首都）・周縁（地方）・辺境（国境付近）といった概念が生まれ、各民族の居住地域が固定されるようになった。こうしたなかで、人々は欧米の文化的影響を受けながら、民族意識を自覚していくことにもなるのである。

欧米からの独立後、東南アジア各国の中央政府は、多数を占める民族を中心に国民統合を進め、「国民国家」化を推進した。しかし、首都から遠く離れた地方や辺境に居住する少数民族との間で対立が生じ、武力紛争に発展する国や地域も多かった。例えば多民族国家ミャンマーでは、1948 年の独立以降、タイと国境を接するカレン州や中国沿いのカチン州などで少数民族との対立・紛争が長く続いてきた。2017 年には、バングラデシュと国境を接するラカイン州でイスラーム系少数民族ロヒンギャと国軍の間で大規模な武力衝突が発生し、数カ月で約100 万人が難民として国境を越えた。仏教徒が多数派のミャンマーが、「国民国家」化の過程において、ロヒンギャに「国籍」を与えず、「国民」として認めてこなかった経緯も原因の一つといわれている。

人工的に引かれた国境線近くの地域や辺境では、現在も国家と民族と宗教の狭間で揺れ動く人々がいるのである。

●参考文献

アンダーソン，ベネディクト 2007『定本 想像の共同体――ナショナリズムの起源と流行』白石 隆・白石さや訳、書籍工房早山

ウィニッチャクン，トンチャイ 2003『地図がつくったタイ――国民国家誕生の歴史』石井米雄訳、明石書店

桐山 昇・栗原浩英・根本 敬 2003『東南アジアの歴史――人・物・文化の交流史』有斐閣

7 イスラーム圏とエスニシティ

松田俊道

Keywords イスラームの伝統，旅，複雑なアイデンティティ

イスラーム圏とエスニシティについて人の移動に焦点をあてて考える。イスラームでは政治と宗教を切り離して考えることはできない。このためイスラーム圏では移民や難民の問題に関しては、イスラームの伝統によってこれに向き合ってきた。ムアーハート（兄弟関係)、ディヤーファ（厚遇の精神)、アマーン（安全を与えること)、ジワール（隣人としての思いやり）などのイスラームの倫理が働いて移民や難民を保護してきた。一方で、この問題は国際法や国際的合意による解決の道が示されなければならない。しかしながらそれは十分には果たされていないのが現状である。ではなぜ現代世界はこのようなグローバルな問題を抱えてしまったのであろうか。それは近代にヨーロッパにおいて国民国家体制が成立したことに関係する。イスラームの伝統には移住に関する考え方があった。しかし、国民国家を基本とするヨーロッパ社会はこの問題に取り組む十分な枠組みを提供できないでいる。

1. イスラームとエスニシティの問題

(1) 問題の出発点

イスラーム圏とエスニシティというテーマを考えるにあたり最初に思い浮かぶことから述べてみよう。イスラーム圏という言葉からは古くから続くイスラームの価値観が想起される。一方、エスニシティは現代的な考え方である。われわれは両者がどう結びつくのかを考えなければならない。

写真１　レスボス島沿岸のシリア難民ボート
出典：Wikimedia Commons

人の移動とエスニシティの問題は現代世界が抱える解決が困難なグローバルな問題である。この問題の出発点はどこにあるのであろうか。それは国境線が引かれた国家による国民国家体制が近代ヨーロッパに成立したということである。国民国家というのは、民族は国境で囲われた排他的な政治単位である主権国家をもつことができるという思想に基づいている。そして現在では国民国家という考え方は自明のものとしてわれわれの前にある。しかしまた、それを越えようとする試みも顕著に現れている。EU（ヨーロッパ連合）もそうであり、イスラーム圏でもイスラーム・ネットワークのような試みが拡大している。

それではイスラーム圏について考えてみよう。イスラーム圏においては、ヨーロッパの場合とは違った問題を抱える。それは、イスラーム圏においては、イスラームの倫理と法の伝統を政治から切り離すことができないからである。近代以降政教分離が進んだヨーロッパとは違って、イスラーム圏においては政治と宗教を切り離すことができない。つまり政治も宗教も一緒に考えていこうとしている。

そういうこともあってイスラームの伝統は、現代のグローバルな問題に対しても大きな枠組みを提供することができる。国民国家体制を基本とするヨーロッパ社会がそれを十分に提供できないのと対照的である。

(2) シリア難民

2015年９月２日、トルコの海岸にシリア難民の水死した子どもが流れ着いた。死亡したその子を抱きかかえるトルコ警官の写真が公開され世界にその衝撃を伝えた。シリア難民を満載した粗末なボートがギリシア領の島をめざしていた途中で沈没したのだった。その後もシリア人を満載した難民ボートは後を絶たなかった。写真1はギリシアのレスボス島沿岸付近に到着した難民ボートである。

2018年の統計によると、世界中の2590万人の難民のおよそ65%がムスリム（560万人のパレスチナ人を含む）である。シリア難民は560万人以上で、そのうちトルコに363万人、レバノンに95万人、ヨルダンに67万人（ヨルダン人口の10%）、イラクに25万人もいる（図1）。およそ90万人のシリア人がヨーロッパで保護申請をしている。ヨーロッパではドイツが一番多くシリア難民を受け入れている。

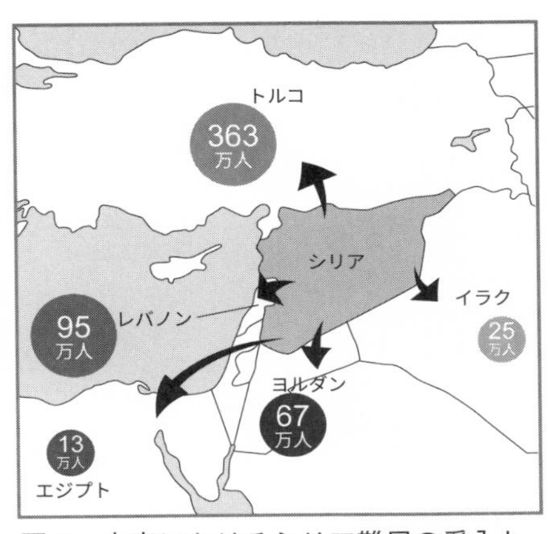

図1　中東におけるシリア難民の受入れ
データ：UNHCR（2018年12月現在）
出典：難民の今－シリア（https://www.amnesty.or.jp/landing/refugee/syria.html, 2020年7月15日閲覧）

では、なぜトルコは363万人ものシリア難民を受け入れているのであろうか。またイラクは自国内に国内避難民が310万人もいるのに、なぜ25万人ものシリア難民を引き受けているのであろうか。

そこにはイスラームの伝統、イスラームの倫理があるからである。目の前の困っている人には救いの手を差し伸べることがイスラームの教えである。言語も民族も異なっても助けを求めてやってきたイスラーム教徒の同胞を見捨てることはしないのがイスラームの古くから続いている考え方である。ところが今の国際法ではこの問題に十分な解決方法を見出せていない。

(3) 複雑なアイデンティティと繰り返された事件

また別の観点でいうと、難民の問題と関連して最近欧米ではイスラームフォビア（イスラーム嫌い）が大きな問題になっている。これによってさまざまな事件が引き起こされてきたが、そのうちのいくつかを取り上げてみよう。まず、1989年に起こったイギリスの作家サルマン・ラシュディー（Salman Rushdie）の小説『悪魔の詩』の事件は国際問題に発展した。フランスではライシテの原則から2004年には「スカーフ禁止法」が制定され、問題がさらに深まった。2005年にデンマークで起こった「ムハンマド風刺画事件」に端を発し、その後も同様の事件が起こった。さらにそれに関連して2015年にパリでシャルリー・エブド襲撃事件が起こっている。

このような事件が欧米で起こるようになったのは、イスラーム圏においてイスラーム復興運動が進展したからであった。この運動は、かつてヨーロッパよりはるかに栄えていたイスラーム文明の輝きを再びよみがえらせようとする運動である。ヨーロッパの国民国家はその性格上移民に対して基本的には同化主義的な政策を行う。イスラーム教徒の移民は、その国に同化してしまう人もいる。しかし、イスラーム復興運動が進展したことによりムスリムとしてのアイデンティティをより強く意識する人が増えてきた。

スカーフ着用に関していえば、イスラーム圏ではヨーロッパのイスラーム教徒の女性よりも早く着用が進んでいた。エジプトでは近代化が進むと女性の服装も西洋化し、ヒジャーブ（髪を覆うスカーフ状のもの）で髪を隠すことをしない女性が増えていた。西欧に渡った移民の女性も同様であった。ところが1980年代以降イスラーム復興が進むと女性たちがスカーフを着用しはじめた。80年代初頭、カイロ大学のキャンパスの中でスカーフを着用している女子学生は少なかった。ところが、その後しばらく経ってみると徐々に着用者が増えだし、近年では着用していない女子学生の方が少なくなっている。

このようにイスラームとエスニシティの問題は大きな問題としてわれわれの前にある。イスラームはこの問題をどう考えていたのであろうか。以下このことについて検討してみよう。

2. イスラームの伝統

イスラームの伝統は、移民や難民の問題に対処する有効な方法を備えている。いくつかの考え方があった。ムアーハート（muʼākhāt, 兄弟関係）、ディヤーファ（ḍiyāfa, 歓待の精神）、イジャーラ（ijāra, 保護を与えること）、アマーン（amān, 安全を与えること）、ジワール（jiwār, 隣人としての思いやり）などのイスラームの倫理が働いて移民や難民を保護する。それは国際法の適用を超えて機能している。

もちろん、イスラーム圏以外の宗教の伝統や倫理規範、社会の慣習もまた同様の機能を提供していると思われる。それらもなかなか運用されない国際法よりもうまく機能しているように思える。

人が地上を行き来して多くのコミュニティが形づくられてきたように、イスラームの歴史においても、ごく初期から人の移住がイスラームの歴史をつくってきた。移民と移住を通じてその領域を拡大してきた。7世紀前半から始まったアラブの大征服により数多くのアラブ・ムスリムが征服した各地に移住をしてその後の歴史をつくってきたのである。

(1) ヒジュラ（移住）

アラビア語で移住をすることをヒジュラという。イスラームの伝統におけるヒジュラは、イスラームの歴史の出発点としてみられる。それゆえイスラーム暦はヒジュラが行われた西暦622年をイスラームの紀元元年としている。ヒジュラがイスラーム社会の基礎を固めたといえる。それは、発生期のイスラーム教徒の集団のなかで統一の概念をもたらした決定的な要素の一つであったからである。

預言者ムハンマドはメッカで新しい宗教運動を展開したがうまくいかず、メッカの支持者と共にメディナにヒジュラをした。彼らはメディナでは大成功を収めた。後に移住者はムハージルーンとして、彼らを受け入れたメディナの人々は援助者（アンサール）として知られる。ムハンマドは移住者の生活を保障するため、個々の移住者に援助者との間に擬制の兄弟関係をつくらせて、援助者に兄弟である移住者を自宅に住まわせた。両者の統一は移住者と援助者との間の団結を意味した。それゆえ、このヒジュラと結びついたイスラームの教えは、外国人または移住者のコミュニティの取り扱いに関する倫理上の原理となったのである。それは前述のムアーハート、ディヤーファ、イジャーラ、アマーン、ジワールなどの倫理的規範としてムスリムの社会的行動の源としてみられるようになった。

(2) ワージブ・アッディヤーファ（厚遇の義務）とムアーハート（兄弟関係）

ヒジュラと結びついたイスラームの教えは、厚遇の義務であるワージブ・アッディヤーファとムアーハートとして発展した。これは預言者ムハンマドによりメッカの移住者とメディナの原住民との間で生み出された社会的兄弟関係のことである。厚遇の義務と兄弟関係は、同時代のムスリムによって彼らの気持ちを高めてくれる観念または道徳目標として作り出されたのである。かくしてそれは魅力的で規範的な先例を以後提供することになる。さらにそれがイスラームの伝統として受け継がれたのである。

このことから、トルコがなぜ多くのシリア難民を受け入れているのかがうかがえる。トルコのシリア人の難民への対応においては、このイスラームの伝統が見受けられる。2013 年、シリアとの国境に面したハタイ県で起こった車爆弾事件の結果を受けて、当時のエルドアン首相は、以下のように述べている。

> レイハンル（ハタイ県の町）のわが兄弟は援助者（アンサール）として、アサド政権の残虐行為から逃れてきた移住者（ムハージルーン）を遇するべきである。彼らは同じ義務を果たすべきであり、また預言者ムハンマドの時代に起こったのとまったく同じように彼らの家を解放すべきである。
> （Hurriyet Daily News, May 24, 2013）

この頃、トルコのある農村に言語学の調査のために入ったある大学院生が、毎日外で聞こえてくる言葉はトルコ語よりもアラビア語の方が多かったと語っていたことを思い出す。

(3) ズィンマ（契約）

イスラーム史を振り返ってみると、アラビア半島は 20～30 年でイスラーム化したが、エジプトやシリアが現在のようなイスラーム教徒とキリスト教徒との人口比（全体の 1 割がキリスト教徒）になるのはおよそ 1000 年がたってからのことであった。各地を征服して出来たイスラーム政権にとって、宗教や民族の異なる人々をどのように支配するのかは、最初から取り組まなければならなかった大きなテーマであったのである。

アラブの大征服のときにすでにその兆しは現れていた。634年にイェルサレムを征服したアラブ軍は、ササン朝時代ネストリウス派キリスト教徒に適用されていた先例にならい、イェルサレム住民に以下のような対応をした。

> 慈悲深く慈愛あまねきアッラーの御名において……
> これはアッラーの僕、ウマルによってイーリヤー（Īliyā', イェルサレム）の住民に与えられる安全保証である。彼らには、彼らの生命、教会、十字架、儀礼の保護が与えられる。宗教的事柄において彼らはいかなる規制も行われないし、彼らのうちの何人に対しても危害を加えることはない。イーリヤーの住民は他の都市の住民と同じ方法でジズヤを支払わなければならない。　（タバリー『預言者と諸王の歴史』から）

イスラームの支配下でイスラーム教徒ではない人々、すなわちキリスト教徒、ユダヤ教徒、ゾロアスター教徒などは保護民として社会のなかに組み込まれたのでる。イスラーム法ではこれらの保護民をズィンミーという。ズィンミーとは、ズィンマ（契約）を結んで安全を保証された人々をいう。そのズィンマとは、ジズヤ（人頭税）を支払うことを条件に、彼らの宗教、法、生活習慣、言語を保持することを認める契約のことである。その際、同化は強制されずある程度の自治が認められるものである。

また、イスラーム教徒は、ユダヤ教徒、キリスト教徒などをアフル・アルキターブ（啓典の民）と位置づけ、同じ神から啓示を授かった仲間同士と考える。したがって、イスラーム圏は多数の宗教に属する人々が混じり合って暮らす空間ということになる。

ズィンミーの取り扱いについては、イスラーム法で規定されていた。すなわち、イスラーム法の中で宗教の異なる人々は社会の構成員として規定されていたのである。

つまり近代以前のイスラーム圏における統治の基準は宗教であったのである。イスラーム社会ではアラブ人とか、トルコ人とか、ペルシア人といった民族はそれほど重要ではなかった。そこはイスラームという宗教が支配的であり、イスラーム教徒が優越していた。

(4) 移住に関するイスラーム本来の考え

最初にムスリムが移住に関してどのような認識をもっているのかをみてみよう。それはコーランの第17章「夜の旅」に記されている。

> 神は人間を重んじて地上や海での移動を容易にさせ、また種々の良い暮らし向きのためのものを授け、神の他の多くの創造物の上に立つものとして区別した。（第17章70節）

移動や旅、つまり地上や海を行き来する能力、および旅という形での移動とさまざまな目的によりめざす地へ向かうことは、神によって人間に与えられた大事な尊厳であるという考えである。この言説はイスラーム教徒に力強いインパクトを与えてきたと思われる。移動することは自由を意味し、このコーランの章句の文脈では、神が創造し人間に利用可能にした自由を人間は謳歌してもよいという風に理解することができる。

アッラーのこの教えは、イスラーム教徒の思考や行動様式に強い影響を与えている。今、イスラーム教徒の多くの難民が陸や海を越えて移動をしている。その背景にあるものが見えてくる。

(5) イスラーム法による人の移動の問題

イスラーム法は9世紀に完成に近づいていった。そしてイスラーム法に基づく統治が行われるようになった。人の移動に関することもイスラーム法の中に見出される。イスラーム圏とそれを越えた非イスラーム圏との間の人の移動についてもイスラーム法には規定がなされている。それは現在でいえば国際法に相当する。その理論を確立したのはシャイバーニー（al-Shaybānī, 749-805年）であり、「イスラームのグロティウス」とも称される。

この問題を考えてみよう。まず社会の中で抑圧（イスティドアーフ）が起こると、それに対する反応としてムアーハート、ディヤーファ、ヒジュラなどの理論が持ち出された。イスラームの伝統の中には避難と保護に関してはよく定着した道徳的概念があったのである。それはコーランの以下の言葉に基づいている。

> またもし誰か多神教徒がお前に保護を求めて来たら、保護を与えておいてアッラーの御言葉を聞かせ、それから安全な場所に送り届けてやるがよい。仕方がない、なにも知らない者どもなのだから。
>
> （第9章改悛、6節）

コーランのこの言葉に基づいて、シャイバーニーを含めた古典的なムスリムの法学者たちは、ムスタアミン（保護された状態を与えられている人）の権利とアマーン（安全の保証）に関する議論を発展させた。

これを詳しく説明してみよう。イスラーム法では、世界はダール・アルイスラーム（イスラームの家）とダール・アルハルブ（戦争の家）に大きく二分される。イスラームの家は、イスラーム法による統治が及んでいる地域であり、イスラーム法が適用されている地域である。非ムスリムの人々はズィンミーとしてダール・アルイスラームに位置づけられていた。

一方、ダール・アルハルブはイスラームが及んでいない異教徒の地で、そのような契約が成り立っていない非イスラーム圏ということになる。ダール・アルハルブの住人はハルビー（ダール・アルハルブに居住する非イスラーム教徒）とみなされ安全が保証されない。

アマーンは、非イスラーム圏に居住するハルビーでイスラーム圏に到来して滞在を求める者に付与された一時的なダール・アルイスラーム滞在の許可のことである。すなわち、ある種の安全通行権であり、現在のビザに相当する。アマーンの起源は、アラブの部族社会で、ある部族が他部族の人を隣人として保護するジワール制度にあるとされる。それが発展してダール・アルイスラームにやってくる異教徒の外国人であるハルビーに保護を与え、安全な滞在を認めるものになったのである。

アマーンを保持する者はムスタアミンと呼ばれる。ムスタアミンは、ムスリムの利益に違反しないかぎり、あらゆる保護が与えられ、ズィンミーの義務や制限が免除されている。ただ、アマーンは建前では1年しか与えられない。したがって、イスラーム支配下で居住を延長したいムスタアミンは、外国の市民権を放棄してズィンミーにならなければならない。

オスマン帝国はいくつかのキリスト教国家と外交条約を結んだ。実際には、ダール・アルイスラームの支配者たちは、ジハードを一時的に停止して、限定付きの休戦協定フドナ（hudna）を取り決めている。

このフドナとアマーンは、イスラーム国家が対外政策を行う際の基本になった。イスラーム法を侵害しないで対外政策を行うことが可能であったからである。それゆえ、ムスリムの支配者たちはキリスト教国家との間で平和条約を結ぶ際には、この期限付きのフドナを利用した。

同様に、ムスリムの支配者は友好的なキリスト教国家に永続性のあるアマーンを与えた。その結果、その市民が自由にイスラーム国家の門を通過して行ったり来たりできるようになり、商人、外交官、宗教関係者の居住地がイスラーム国家の中に建設された。オスマン朝のこのような外交協定をカピチュレーションという。オスマン語では imtiyāzāt という。これは居留特権条約として機能した。カピチュレーションはオスマン帝国が滅亡した後、1923 年のローザンヌ条約によって正式に廃止された。

このように前近代のイスラーム圏では国際的な人の移動がさまざまな方法に支えられて行われていたのである。

3. 前近代のイスラーム社会における人の移動

さてこれまで、イスラームにおける人の移動、移民や難民に関するイスラームの考え方について述べてきた。ここでは前近代のイスラーム社会における人の移動を取り上げるが、それは現代の人の移動に関するイスラームの考え方には前近代の伝統が残存しているからである。

それでは前近代のイスラーム圏では人の移動がダイナミックに行われていたことについてみてみよう。第２節でみてきたように、近代に成立した国民国家においては人の移動には制限があった。一方、国民国家が成立する以前のイスラーム圏では数多くの王朝が興亡し、政治的に統一されていたわけではなかったにもかかわらず、人、モノ、情報が自由に移動していた。前述のコーランに示されているように、イスラーム圏内においては人の移動に関してはむしろそれを保護しそれを援助する方策が機能していたからである。

(1) 都市を結ぶネットワークの形成

イスラーム圏では都市と都市を結ぶネットワークが形成されて、人の移動が容易に行われていた。

イスラームは古代オリエント文明を継承して高度な都市文明を生み出した。古代オリエント文明はどのような文明であったのであろうか。紀元前3000年頃、シュメール人がメソポタミアで都市国家を建設し、神権政治を行った。同じ頃エジプトでもファラオのもとで強固な神権政治が行われていた。専制的な王権と灌漑農業が密接に結びつき、豊かな土壌のもと灌漑集約農業が行われ、大きな都市が出現していた。

また古代オリエント文明のもう一つの大きな特徴は、外部世界との交易に広く携わったことであろう。アラム人やフェニキア人は地中海交易を行っていた。アケメネス朝ペルシアも同様に交易を行っていた。そのため、アラム語が国際商業用語として広く使われ広範囲な交易が行われていた。

イスラームはこれらの地域を支配し古代オリエント文明を継承し、人の交流の方法もさらに発展させ高度な都市文明を生み出した。

7世紀半ば以降、アジア、アフリカ、ヨーロッパにまたがる広大な地域がカリフ政権のもとに組み込まれた。これらの広大な領域に派遣された各地の総督たちは、都市と都市を結ぶ交通路の整備と安全の確保に努めてきた。アッバース朝時代になると、首都バグダードから四方にのびる幹線道路の整備が行われ、その支配領域は陸上だけでなく海上でも結ばれるようになった。広大なイスラーム圏がバグダードを中心とするネットワークで結ばれたのである。そのネットワークの影響力はこれまで例を見なかった強大なものであった。

大商人が中央アジア、インド、東南アジア、アフリカなどの遠距離交易に携わった。そのため、各地から多くの商品が集積しただけでなく、知識や高い技術を求めて多くの人がバグダードに移り住んだ。そのためバグダードは学問や文化の中心地となったのである。

こうして商人、職人、知識人たちはモノ・技術・知識などの交換を活発に行うことができた。学問や文化は、各地の都市を結んで伝わり、都市を結ぶ知識人や商人の緊密なネットワークが張り巡らされるようになった。こうしたネットワークはイスラーム社会の特徴であるといえよう。それが可能になったのは、アラビア語が国際共通語として使われていたからである。

⑵ 学者や商人のネットワーク

イスラーム社会は、このように人間の移動がきわめて活発に行われてきたことを特徴とする。人の移動はモノや情報の交換を伴う。またさまざまな人間集団の交流が行われ、各地で集団の結びつきも見られるようになった。そうした人の移動のなかでもとりわけイスラーム圏に特有の現象は、イスラーム教徒の義務の一つであるメッカ巡礼（ハッジ）であった。年に一度毎年行われるメッカ巡礼は、このような人間の移動をさらに促進する要因であった。

巡礼はイスラーム教徒の義務の一つであった。イスラーム暦の第12番目の月（巡礼月）に巡礼者はアラビア半島のメッカをめざして集まってくる。他の宗教でも宗教儀礼として巡礼は広く行われているが、巡礼を宗教的な義務の一つとして信者に課しているのがイスラームの特徴である。

また、イスラーム圏は広大なので遠く離れたマグリブやアンダルスの地からの巡礼者は何年もかけてメッカに到着する場合があった。もちろん、イスラーム圏全体が政治的に統一されていたわけではなかった。いくつもの政治権力によってそれぞれ統治がなされていた。したがって国家の枠を越えて巡礼者はメッカをめざしたのであるが、各地の支配者たちは巡礼者を妨害することはなく保護していた。時には他国からの巡礼団が途中で数カ月滞在することもあった。たとえば、マムルーク朝のカイロにはマグリブからの巡礼者が宿泊する宿泊施設があった。このように巡礼は長距離の移動を可能にするシステムとして機能していた。

また巡礼は単に宗教的義務を遂行することにとどまらなかった。巡礼により、広くイスラーム世界を舞台として計り知れないほど多くの人々が移動した。知識を求める法学者や学生による学問修得、知識人との交流、移住や商売などの多様な目的を合わせもつ人々がメッカをめざした。したがってメッカ巡礼はモノや情報、文化などが交流し合う巨大な運動であったのである。

(3) 学問や交易などによる都市内の人の移動

広大なイスラーム圏内では人の移動が比較的容易く行われていた。商人・職人・知識人・修行者・遊牧民などが国を越えて移動していた。

学問の修得方法についてみてみると、イスラーム圏では知識を求めて遠くまで旅をして修得する方法が広く行われた。これはハディース（預言者の言行）を求めて各地を旅して修得する方法から始まったものである。学生は法学をはじめとするさまざまな学問をどこかのマドラサ（学院）で学び、やがて十分な知識を修得すると師からイジャーザ（免許）を授与され、引き続きさらに別の都市のマドラサにいる高名な新しい師を求めて旅立っていった。このような移動性の高い学問修行の方法がよく行われていた。したがってこの様な方法は知の伝達範囲を広大なイスラーム圏に拡大した。

また人の移動、とりわけ商人の移動と活動を容易にしたのは、イスラーム法による国際的商取引の規定である。遠距離交易を行う大商人が大規模な交易を行う際のテクニックや資本の投資の仕方、安全確保のための方法なども確立していた。

(4) 旅人を受け入れるさまざまなシステム

前述のように交通ネットワークが都市を結節点として結ばれていた。そして都市にはイスラームの精神に基づいて旅人を受け入れ、支援する仕組みが整っていた。

イスラーム圏の大きな都市には、モスク、マドラサ（写真 2）、修道所としてザーウィヤ、リバート、ハーンカーなどの学術・修行・礼拝・宿泊などのための施設があった。さらに旅人や商人が利用するフンドゥク、ハーン、キャラバンサライなどの宿泊・商品の保管のための施設があった（写真 3）。これらの施設は宗教的な寄進財産（ワクフ）によって運営されていた。

ワクフ制度は、慈善活動を目的として寄進者によって寄進された財産によって、宗教施設や教育施設、医療や救貧などのさまざまな慈善活動を行う制度のことである。この制度は都市の発展と相互扶助を結びつけるもので

写真２　カイロのマドラサ・スルターン・ハサン
マムルーク朝時代の並外れて大きな学院。
出典：2012年筆者撮影

あったため、長いタイムスパンでイスラーム社会に広く普及した。旅人だけではなく、貧者・孤児などもその恩恵を受けていた。

また、有力者が一定期間旅人の生活と安全を保障する隣人保護制度（ジワール）の慣行が機能していた。旅人が異郷での生活に大きな不便を感じることがなかったのはこの制度があったからでもある。このジワールに関連している言葉に、ムジール（保護者、援助者）とムスタジール（保護や援助を受ける人）、ムジャーウィル（一時的な被保護者、寄留者）がある。ムジールである都市の富裕者たちはパトロンとなってムジャーウィルである旅人を歓迎した。

以上述べてきたように、都市を結ぶネットワーク、学者や商人のネットワークや旅人を受け入れるシステムにより、イスラーム圏は高度な文化水準を維持することができた。

4. 結　び

これまで述べてきたことをふまえて、そもそもイスラームにエスニシティはあったのかを考えてみよう。

かつて中央アジア方面からトルコ系の人々が大量にイスラーム圏に移住し、

写真３ カイロの商館ウィカーラ・アルバザルア
イエメン産のコーヒー豆などが取引されていた。
出典：2012 年筆者撮影

馬上から弓を巧みに操る騎兵として重用されてきた。彼らは最初奴隷として購入され、軍事教育を施されて軍団に編成された。ある時期彼らはイスラーム圏の軍事力を担っていた。それでは彼らを受け入れる側ではトルコ人をどのようにみていたのであろうか。アッバース朝時代の文人のジャーヒズ（al-Jāḥiẓ）は、『トルコ人の美徳』という書を著し、トルコ人がいかに騎士として優れているかその資質をさまざまな観点から論じて、最初にトルコ人論を展開した。イスラーム圏ではこのようにトルコ人をステレオタイプ化してみることもあった。しかしこうしたことはあったが、エスニシティが大きな問題に発展することはほとんどなかった。

イスラーム圏においてエスニシティの問題が大きな問題になるのは植民地時代以降のことである。ヨーロッパで国民国家の考え方が広まり、やがてそれはイスラーム圏に及んできた。当時イスラーム圏の中心にあったオスマン帝国はその影響を受けて崩壊することになる。第一次世界大戦に敗北したオスマン帝国の支配領域の大半はイギリス・フランスなどによって植民地化された。戦後の枠組みを決めたパリ講和会議では、イスラーム圏の人々の思惑とは関係なく国々の国境線が引かれた。このため、以後イスラーム圏の国々ではエスニシティの問題が大きな問題として生じ、それをめぐって各地で紛争が絶えない。

現在進行中の国際的難民問題についていえば、国際社会はまったく解決を見出せないままである。これまで述べてきたイスラームの伝統や倫理と結びつけて考えると、今のヨーロッパの移民がうまく馴染んでいないのは、難民の数が多いこともあるが、宗教の違いが大きいのではないかと思われる。イスラームの伝統や倫理には、イスラーム圏内の移住、非イスラーム圏からの異教徒の移住、非イスラーム圏へのムスリムの移住に関する考え方があった。しかし、現代の社会には、国民国家を越えた人々の権利を保証するものがないからである。

❖参考文献

家島彦一 1991『イスラム世界の成立と国際商業――国際商業ネットワークの変動を中心に』岩波書店

家島彦一 2003『イブン・バットゥータの世界大旅行――14世紀イスラームの時空を生きる』平凡社新書

小杉 泰編 2010『イスラームの歴史2――イスラームの拡大と変容』山川出版社

Jureidini, Ray and Said Fares Hassan (eds.), 2020, *Migration and Islamic Ethics: Issues of Residence, Naturalization and Citizenship*, Brill.

Column

アフリカ大陸
――今日も人々は国境を越える――

片柳真理

アフリカ大陸は人口約10億人、54の独立国から成る。3000を超えるエスニック集団、約1000から2000、あるいはそれ以上の言語が存在するといわれる。アフリカの地図を見れば直線の国境線があることに気づくであろう。この直線は植民地の歴史を物語る。河川や山脈など、自然の地形に沿わないこの国境線は旧宗主国によって引かれ、エスニック集団を分断することになった。しかし、その国境線を変えなかったことはアフリカの知恵でもあるという。線を引き直そうとすれば対立が生まれるからである。

それでなくとも対立は起こり、今日、国際連合が行う平和活動の多くはアフリカ大陸に展開している。武力紛争が多く起こっているということは、移住を強いられる人々がいることを意味する。国連難民高等弁務官事務所（United Nations High Commissioner for Refugees: UNHCR）の統計によれば、2020年12月現在、シリア、ベネズエラ、アフガニスタンに次いで4番目に難民を送り出しているのが南スーダンで、その数は約230万人である。難民受入国でも第4位がウガンダであり、約140万人を受け入れている。報道を通じてあたかも先進国のみが多くの難民を受け入れているかのような錯覚を起こすかもしれないが、それは報道番組が制作国の視点でつくられるためで、実はアフリカの難民の多くがアフリカの国々によって受け入れられている。一定の資金がなければ、ヨーロッパなど遠方まで逃げることはできないため、紛争国の近隣国が多くの難民を保護しているのである。

他方、放牧民の例のように、経済的理由等による自主的な移動には長い歴史がある。今日では大陸外に向かう人もいれば、大陸内の移動も多い。経済的理由の場合、人々はより良い稼ぎを期待して命がけで国境を越える。そこには移動を補助する「産業」も存在し、この産業が人の命を危険にさらすこともある。

移民に対する差別は世界的な問題であり、アフリカの中でも起こっている。とくに南アフリカ共和国の外国人排斥は顕著であり、かつてアパルトヘイトによって黒人が差別されたこの国で、黒人が黒人やアジア人を差別し攻撃する状況が

カメルーン東部にある中央アフリカ共和国難民のためのキャンプ
出典：三好正規 UNHCR エジプト・カイロ事務所保護官提供

起こっている。NGOのヒューマン・ライツ・ウォッチによれば、2019年9月に起こった襲撃では、800人を越える外国人がコミュニティ・ホールに保護された。

こうした排外主義の存在にもかかわらず、アフリカをアフリカ合衆国という一つの国にするのがこの大陸の一つの夢である。ヨーロッパ連合（European Union: EU）をモデルとするアフリカ連合（African Union: AU）は、そのためにヒト、モノ、資本の移動の自由化を目標に掲げる。世界的にみればAUは地域機構であるが、アフリカの中の地域をまとめる小さな地域機構も複数存在する。そして、その小さな地域機構もまた、ヒト、モノ、資本の移動を自由化する地域統合を進めている。中でも統合が進んでいるのは西アフリカ地域で、西アフリカ諸国経済共同体（Economic Community of West African States: ECOWAS）は共通パスポートすら発行している。しかし、今日のアフリカの実情は地域統合の掛け声と、それに対抗するかのような主権国家による国境管理の存在である。水道の蛇口を開閉するように、国家の都合によって移民労働者の出入りは管理される。しかし、人々の生活の場は時に国境をまたがって存在し、人々はしたたかに国境を越え続ける。

●参考文献

峯陽一・武内進一・笹岡雄一編 2010『アフリカから学ぶ』有斐閣
宮内洋平 2016『ネオアパルトヘイト都市の空間統治――南アフリカの民間都市再開発と移民社会』明石書店
Nshimbi, Christopher Changwe and Inocent Moyo (eds), 2017, *Migration, Cross-border Trade and Development in Africa: Exploring the Role of Non-State Actors in the SADC Region*, Palgrave Macmillan.

第3部
日本の歴史と現在

PART 3

8 DNAからみた人の移動
——日本人はどこから来たか——

篠田謙一

Keywords 古代DNA分析，人類の拡散，日本人の起源

生命科学の飛躍的な発展によって、現在では古代人のDNAの解析も可能になっている。その結果、そこから得られた情報によって、これまで明確ではなかった人類の起源と拡散、地域集団の形成の歴史が明らかにされつつある。集団の成立の過程は、民族のアイデンティティの根拠となり、過去を知ることは、未来を考えることにつながっている。DNA解析によって得られる情報は、人種や民族といった概念に新たな視点を提供しており、現在では人文社会科学の分野にも大きな影響を与えるようになっている。

日本人の起源に関しても、従来考えられていた「縄文人の世界に渡来系弥生人が侵入し、両者の混血によって日本人が形作られた」というような単純なものではなく、北海道、本州、琉球列島の各地は、それぞれが独自の成立史をもっており、その成り立ちを統一的に理解することには限界があることを明らかにしている。本章では、DNAが明らかにした人類の拡散と日本列島集団の成立過程を説明する。

1. 自然界における人間の地位

世界の多くの文化は、自分たちの由来を説明する創世神話をもっている。人々は森羅万象の背後に万能の神を仮定することで納得し、自らの起源についても同じ文脈でとらえてきた。しかし、14世紀に始まるルネサンス以降の科学の進歩は、私たちの世界観を大きく変え、多くの自然現象は科学で説

明されるようになった。

その中にあって、ヒトの由来についてはすでに宗教が答えを用意しており、科学的な考察を許さない状況があったために、最も解明が遅れた分野であった。しかし19世紀の半ば、ダーウィンが進化論を発表したことで、生物は変化によって進化する、という概念が広まることになった。この考え方は、宗教界との間で大きな軋轢を生むことになったが、これ以降、人間の由来を知るためには、我々の祖先である動物が、どのような姿形をしていたのか、我々はそこからどのような変化を経て現在に至ったのかを明らかにすることが必要だと考えられるようになっていった。

現在では化石の研究によって、人類はおよそ700万年前にチンパンジーとの共通祖先から分かれ、20～30万年前には現在の私たちと同じ種（ホモ・サピエンス）に進化したことがわかっている。生物学の分類に従えば、ホモ・サピエンスは現在生存している生物種として、霊長目・ヒト科・ヒト属（ホモ属）に属する唯一の種であり、最も近い関係にあるのが、オランウータン科としてまとめられている類人猿（チンパンジー、ゴリラ、オランウータン）である。

生物種の近縁関係は、それぞれがもつ形態的な特徴の類縁性によって決められており、長い間このような分類に問題は無いと考えられてきた。しかし、より客観的な尺度であるDNA配列同士の比較が可能になると、この4種の間ではオランウータンが最も離れており、ヒトとチンパンジー、ゴリラを一つのグループと考える方が進化の過程を忠実に表していることが明らかとなった。DNA分析は、生物種間の関係を共通の尺度で見直すことを可能にし、それによって人類の地位も変わることになったのである。

なお現在、生存している唯一のヒトはホモ・サピエンスだけだが、時間をさかのぼると地球上には同時に複数の人類が共存していたこともわかっている。数万年前にはヨーロッパと中東を中心とした地域にネアンデルタール人が生存しており、アジアにも別の人類がいた。我々ホモ・サピエンスは世界中に広がり、総人口も100億に迫る、霊長類としては例外的に繁栄した種ではあるが、近縁種はすべて絶滅しており、ホモ属で最後に残った唯一の種となっている。

2. ホモ・サピエンスの誕生と世界展開

ホモ・サピエンスが最も近縁な人類であるネアンデルタール人から分かれたのは、化石のゲノム研究からおよそ50〜60万年前であるとされている。ホモ・サピエンスの化石証拠は30万年ほど前のものが最古となるので、誕生の経緯や初期の姿などについてはほとんどわかっていない。20万年ほど前になると、ほぼ現在の私たちと形態が似た種として完成した。

アフリカ以外でホモ・サピエンスの化石が発見されるのは、10万年前以降になるので、我々の祖先はかなり長期間にわたってアフリカのみに生息していたと考えられている。一方、現代人のDNAの多様性からは、アフリカ人以外の共通祖先は6万年ほど前までしかさかのぼらないので、出アフリカはこの時期にあったと推定されている。したがって、それより前にアフリカを出たホモ・サピエンスは、現在まで子孫を残すことはなく絶滅したと考えられている。

考古学的な証拠から、アフリカを出たホモ・サピエンスは1万5000年ほど前までには南米大陸の先端にまで到達していたことが明らかになっている。この6万年前から始まる拡散を「初期拡散」と呼ぶ。彼らは狩猟採集民であり、おそらく目的をもって世界に進出したというよりは、人口の増加と食料の獲得のためのテリトリーの拡大が、展開の原動力となったのだろう。なお近年の古代ゲノム研究によって、ホモ・サピエンスは拡散の過程で、すでにその地で暮らしていた他の人類、たとえばネアンデルタール人や未だに形態学的には同定できていないデニソワ人といった別の人類と交雑したことも明らかとなっている。これまでホモ・サピエンスは、優れた文化の力によって他の人類を絶滅に追いやり、比較的短期間で世界中に拡散したと考えられてきたが、交雑することによって他の人類がもっていた、それぞれの地域で暮らすために有利な性質をもつ遺伝子を取り入れていたことが明らかになりつつある。

前述したように、ホモ・サピエンスは成立からかなり長い間、アフリカで暮らしていたことから、世界に拡散したときには現代人と変わらない知力と体力を備えていたと考えられる。出アフリカを成し遂げた集団は数千から数万人という、それほど大きな数ではなかった。その人々が世界の各地に展開して、独自の文化や文明を構築した。つまり、さまざまな文明は同じ能力をもった人々によって造られたのであり、その違いは到達した地域の生態環境や、その後の歴史的な経緯など、人々が何を選択したかによって生まれた。ヒトとしての能力の優劣が文化の違いを生んだわけではない。

1万年前頃になると世界の各地で独自に農耕を始める集団が現れ、それが定住と文明の発生を促すことになった。やがて農耕民は狩猟採集民が生活していた地域までテリトリーを拡大していき、両者の混合が現在に続く地域集団の遺伝的な構成を決めることになった、と解釈されてきた。たとえばヨーロッパと南アジアでは初期拡散で広がった集団と、アナトリアからの初期農耕民の混合によって現代の集団が形成されたと考えられてきた。しかし古代人のゲノム解析が進むことで、実際にはそれらの地域には、5000年前以降に中央アジアからの牧畜民の侵入があり、それまでの遺伝的な構成を大きく変えてしまったことがわかっている。現在の北ヨーロッパ集団の大部分の遺伝子は、この牧畜民に由来し、ほとんど集団の置換に近い状況が起こったと考えられるようになっている。

3. 人種・民族・地域集団

20世紀の後半には、現代人の集団遺伝学的な研究が進んだことで、人類集団の生物学的な区分とされる「人種」に対する概念が大きく変わることになった。ホモ・サピエンスは生物学的には一つの種であり、集団による違いは認められるものの、全体としては連続しており、生物学的に区分することができない。したがって、その下部構造としての人種は他の人為的な基準を援用しないかぎり定義することはできず、生物学的な実態がないことが明確になった。また集団間に見られる遺伝的な違いは、大部分が遺伝子の浮動（ランダムな変化）によるもので、ある程度は生態学的な適応や歴史的な経緯を反映してはいるが、優劣とは無関係であることも明らかになっている。

それでは、ホモ・サピエンスという1種の生物を生物学的な特徴で細分化することはできないことは明確になったが、言語や宗教などの文化的な違いによって定義される民族と呼ばれる集団には、生物学的な基礎はあるのだろうか。たとえば「純粋な民族」と言った場合、生物学的にはどのような状態を指すのだろうか。21世紀になって可能になった古代ゲノム解析によって、世界各地の地域集団の成立史が明らかにされつつあり、先に示したヨーロッパのような民族形成の経緯についてのシナリオも書き替えられている。その結果、これまで我々が考えてきた民族集団の歴史は、人類史の尺度から考えてそれほど長いものではないことも明らかになっている。

実際、民族は長いものでも数千年の歴史しかなく、人類集団は離合と集散を繰り返しながら、その遺伝的な性格を変化させて存続していることが明らかとなっている。少なくとも「純粋な民族」という概念が、長期間にわたって他集団との混合を経ずに存続しているものであると定義すれば、そのような存在はありえないということが遺伝子研究から明らかになった。

一般に集団遺伝学では、地域集団を3世代程度までさかのぼった人々の集合ととらえている。世界各地の地域集団の遺伝的な特徴は、このレベルでの時代幅で議論されている。それは周辺との関係、あるいは疫病の流行や戦争などの影響を受けて常に変化しながら継続している。そのため、同一の地域集団であっても過去と現在では遺伝的にみて異なる集団となっていることも珍しくはない。地域集団や、さらに時間的には長い概念である民族も、常に内部の遺伝子構成を変化させつつ継続している。我々がみているのは歴史の断面であって、時間軸を考えると恒久的に継続していくものではない、という認識は、今後の社会を考える上で重要であろう。

あらゆるできごとが国境を越えて伝わる現代は、人類史からみると長く続いた地域分化の時代から、混合の時代へと変わりつつある段階ととらえることができるだろう。この変化は加速しており、100年の単位でみれば、将来的には今の地域集団の遺伝的な構成は、世界のすべてで激変しているはずである。世界の各地で起こっている移民の排斥運動などは、このような傾向に対する反動だととらえることもできる。変化の速度とこれまでの経験の間の齟齬が現実の社会に混乱を引き起こしている。

4. 日本人の起源をどうとらえるか

日本列島集団に関しても、その成立史を明らかにするために、これまで種々の学問分野でさまざまな研究が行われてきたが、従来の日本人の起源に関する研究の多くは、その起源地を特定するための努力だった。しかし、人類がアフリカで誕生し、世界に拡散したという事実をふまえれば、この問いは「過去10万年間に、アフリカで誕生したホモ・サピエンスが、いつの時代にどのルートを通って日本に到達したか」という設問に置き換えて考えることになる。日本人の起源はアフリカを出た集団のアジアにおける拡散の中に位置づけられるものであり、東アジア集団の成立の歴史の一部としてとらえるべきものなのである。

日本はアフリカから遠く離れており、たどり着く道筋は複雑なものであったことが予想される。日本列島に至る絡み合った道は、逆にたどっていけば最終的にはアフリカに到達する。日本人の起源を知るためには東アジアの人々の動きを知らなければならないが、それはユーラシア大陸の集団の移動の一部である。つまり日本人の成立史は、アフリカを出た世界の集団の移動史の中の一部分だということになる。我々は日本史と世界史は別ものと考えがちだが、そもそもの成り立ちから別個のものとして扱うことができないという認識をもつことは重要だろう。

5. DNA・遺伝子・ゲノム、人類の起源を知る方法

今日では集団の形成史の大部分は、ゲノム研究から追究されている。以下に近年のDNA研究が明らかにした日本人の形成史を説明するが、その前に基本的な用語について簡単に説明しておく。

遺伝子は、我々の体を構成しているさまざまなタンパク質の構造やそれがつくられるタイミングを記述している設計図である。ヒトには2万2000種類ほどの遺伝子があり、その情報をもとにつくられるタンパク質が私たちの体をつくり、日々の生活のために働いている。この設計図を書いている「文

字」にあたるのがDNAになる。DNAはデオキシリボ核酸という全部で4種類ある化学物質の略号である。この4種類の文字は総称して「塩基」という特別の名称で呼ばれているので、DNAと塩基はほぼ同義語である。ヒトのもつDNA全体は、約30億塩基もの長さになる。それが折りたたまれて細胞の中にある核に収まっている。

ゲノムというのはヒトを構成する遺伝子の最小限のセットを指す名称である。したがってゲノムは人ひとりをつくるための遺伝子全体のセットで、その遺伝子を記述しているのがDNAという関係になる。ゲノムは人ひとりがもつDNAの総体であるともいえる。我々は両親から1セットずつのゲノムを受け継いでいる。この2人分の遺伝子をシャッフル（組み換え）してひとセットのゲノムをつくり、配偶者のゲノムと併せて子孫に伝えている。つまり子どもは、両親から半分ずつの遺伝子を貰うことになる。しかし例外が2つある。一つは細胞質にあるミトコンドリアのDNAで、これは母親のものがそのまま子どもに受け渡される。もう一つは男性をつくる遺伝子の存在するY染色体で、これは父親から息子に受け継がれることになる。

体をつくる細胞は分裂と死滅によって常に入れ替わっているので、そのたびにDNAも複製されていく。この複製の機構はたいへん巧妙にできていて、ほとんど間違いを起こさずに元のDNAの塩基配列をコピーしていくが、まれにその過程で複製のミスを起こすことがある。この現象を突然変異と呼ぶ。子どもをつくるための生殖系列の細胞、つまり精子と卵子の細胞に起こった突然変異は、子孫に受け継がれる。生殖細胞に起こった突然変異は生物の多様性のもとになるが、それを分析することで集団の歴史を知ることができる。

ミトコンドリアとY染色体のDNAの多様性は、もともとは一つのDNA配列から生まれたものなので、その変化を逆にたどると祖先を一本道でさかのぼることができる。この方法を系統解析と呼び、男性と女性がどのように世界に拡散したかを明らかにできる。

ミトコンドリアDNAの系統解析の結果を図1に示す。各個人がもつミトコンドリアDNAやY染色体の配列をハプロタイプと呼ぶが、非常に種類が多いので、集団の起源などを考える際には、ある程度さかのぼると祖先が同じになるハプロタイプをまとめて、ハプログループとして取り扱うことにし

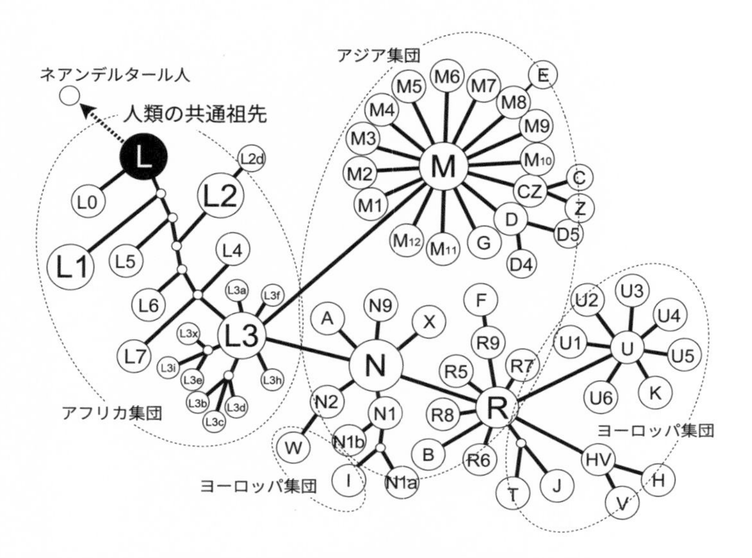

図１　ミトコンドリアDNAの系統解析の結果

世界中の人々のもつミトコンドリアDNAのハプログループの系統図。さかのぼるとすべて図中左上の黒丸Lで示した共通祖先のタイプにたどり着く。世界の各地にはそれぞれ特有のハプログループが存在するので、ハプログループ間の関係は、人類の世界展開のルートを示すことになる。

出典：筆者作成

ている。図はハプログループの系統関係を示したものである。ホモ・サピエンスの共通祖先がアフリカで誕生し、世界に拡散した様子が見て取れる。

両親から受け継ぐ核のDNAにも突然変異が起こる。ヒトのDNAの配列には、およそ1000文字に１つの割合で変異があることが知られている。この変異は１塩基置換（Single Nucleotide Polymorphism: SNP）と呼ばれており、交配によって子孫に受け継がれていく。したがって新たに誕生したSNPは婚姻集団の中に広がっていくことになる。この性質を利用すると集団同士の近縁性を知ることができる。SNPの変異を共有している集団は近い過去に分離したと判断できるし、共有がない集団同士は、お互いに隔離が続いていたと判断できる。この方法を用いて、古代集団と現在の集団の関係などが調べられている。

6. 従来の日本人起源論

DNA分析が可能になるまで、日本人の起源に関しては発掘された人骨の形態を調べることで追求されてきた。明治以来の形質人類学的な研究によって、日本列島集団には2つの大きな特徴があることが判明している。一つは形質には時代的な変化があるということで、具体的には縄文時代の人骨と弥生時代の人骨に明確に認識できる違いが認められる。二つ目の特徴は、現代の日本列島には形質の異なる集団が存在しているということで、北海道のアイヌ集団と本州を中心としたいわゆる本土日本人、そして琉球列島集団には、姿形に区別しうる特徴がある。とくに琉球集団とアイヌの人々は見た目が似ており、本土日本人との差が際立っている。それを説明する原理として、現在では「二重構造モデル」と呼ばれる学説が定説として受け入れられている。その概略は以下のとおりである。

旧石器時代に東南アジアなどから北上した集団が日本列島に侵入して基層集団を形成し、彼らが列島全域で均一な形質をもつ縄文人となる。一方、列島に入ることなく大陸を北上した集団は、やがて寒冷地適応を受けて形質を変化させ、北東アジアの新石器人となった。弥生時代の開始期になると、この集団の中から朝鮮半島を経由して、北部九州に稲作をもたらす集団が現れる。それが渡来系弥生人と呼ばれる人々である。一般に弥生人というと彼らを指す。

縄文人と渡来系の弥生人はそもそも由来が異なるので、姿形に違いがあると説明される。弥生時代以降、渡来系弥生人は在来の縄文人系の人々と混血していくことになったが、稲作が入らなかった北海道と、北部九州からおよそ2000年遅れて10世紀頃になって稲作が入った琉球列島では、縄文人の遺伝的な影響が強く残ることになり、それが両者の見た目の類似性を生んだと考えている。この二重構造モデルは、列島内部に見られる形質の時間的・空間的な違いを、基層集団と渡来した集団の関係という一つの視点で説明しているところに特徴がある。しかし一方で、列島集団の成り立ちを大陸からの先端的な文化を受け入れた中央と遅れた周辺、という見方をしている点には注意する必要がある。果たしてこのような視点で、南北3000キロを超え、寒帯から亜熱帯の気候を含む日本列島・南西諸島の集団の成立を正確に説明できるのか、という問題がある。

7. DNAからみた現代日本人

地域別に現代日本人のもつミトコンドリアDNAのハプログループの比率を見ると、北海道のアイヌの人たちと沖縄の集団を除いて概ねよく似ていることがわかっている。ここから本州・四国・九州に住む現代日本人の形成過程は、ある程度共通性をもっていることが予想される。それに対しアイヌと沖縄の集団は、それ以外の地域とは異なった形成過程を経ていることが示唆される。

アイヌ集団の形成史については、これまでのDNA研究によって、北海道の縄文人の子孫と、5～10世紀に沿海州から北海道のオホーツク海沿岸域に渡来したオホーツク文化人とが混血することによって形成されたことがわかっている。アイヌ民族は、本土日本（本州・四国・九州）とはまったく異なる成立史をもっており、二重構造モデルだけで説明することができないことがDNA分析から示されている。

図２は現代日本人男性がもつY染色体ハプログループの割合を示したグ

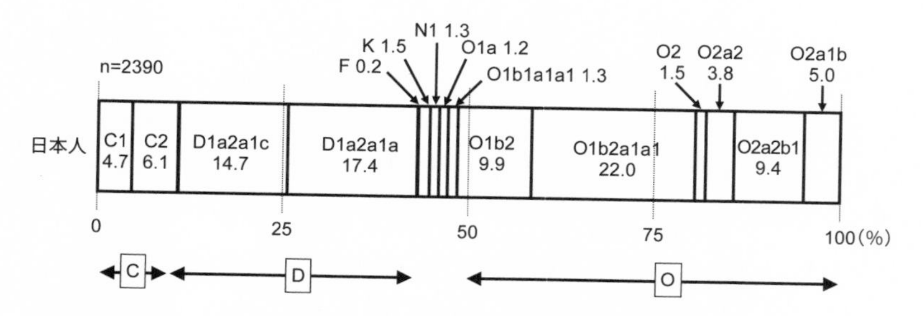

図２　日本人のY染色体ハプログループの割合（%）

出　典：Sato, Y. et al., Y., 2014, Overview of Genetic Variation in the Y chromosome of Modern Japanese Males, *Anthoropological Science* 122(3): 131-136 を改変引用

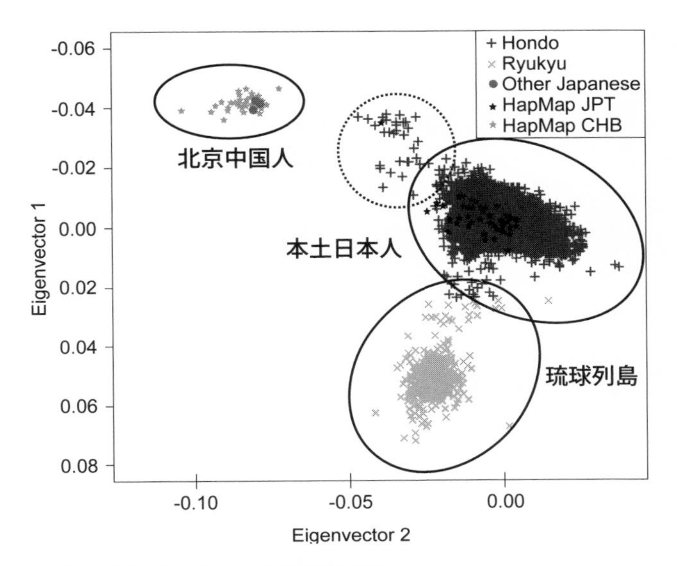

図3　ゲノムのSNPデータによる主成分分析

各個人のSNPデータを主成分分析で比較すると、地域集団がまとまることがわかる。日本人は本土と沖縄の2つのグループになる。点線で囲んだ部分は、後の分析で韓国系の人々であることがわかったもの。
出　典：Yamaguchi-Kabata, Y. et al., 2008, Japanese Population Structure, Based on SNP Genotypes from 7003 Individuals Compared to Other Ethnic Groups: Effects on Population-Based Association Studies, *The American Journal of Human Genetics* 83: 445-456 を改変引用

ラフである。日本人男性は大きくは、C、D、Oという3つのハプログループのいずれかをもっている。このうちハプログループDの系統は、4万年ほど前に分かれた系統がチベットなどに分布するほかは、近隣集団に見られない日本列島独自のものである。後述するが母系に遺伝するミトコンドリアDNAにも周辺集団にはないハプログループがあり、父系に継承されるY染色体にも、日本列島独自のハプログループが存在している。

次に核のゲノムに存在するSNP（1塩基の違い）を用いた集団の分析の例を示す（図3）。このグラフは日本人7000名余りについて、1人について14万カ所のSNPを調べて主成分分析という方法を用いて比較したものである。グラフ中の小さな点の1つ1つが1人の人間を表している。グラフ中で互いに近い個体同士は、似たようなSNPをもっている、つまり遺伝的に似て

いることを示している。図から日本人集団と北京の中国人は分離し、日本人も沖縄集団と本土集団では異なる遺伝的な特徴をもっていることがわかる。

現代人のDNAを調べることで、日本列島には近隣の集団がもっていないDNAがあること、日本の内部で本土と沖縄が分離することが明らかとなった。このような情況が生まれた理由の背後には、日本人形成のシナリオが存在するはずである。その理由を考えることは、日本人の形成過程を理解する鍵となるが、そのためには古人骨のDNA分析が必要となる。

8. 縄文人のDNA

図4は縄文人と現代日本人のミトコンドリアDNAのハプログループを比較したグラフである。縄文人のハプログループ構成は単純で、N9bとM7aという2つのハプログループが大部分を占めている。この2つは現代人の分布がほぼ日本列島内に限局するという特徴をもっている。おそらく縄文時代よりも前の旧石器時代に日本列島に流入し、その後、他の地域では消滅してしまったものが列島の内部では残ったのだろう。なおY染色体DNAに関しては、縄文人の解析例はあまりないが、これまで分析された縄文人男性はすべてハプログループD系統をもっていることが明らかになっている。現代人で日本列島にほぼ限局して残っているハプログループは、ミトコンドリアでもY染色体でも縄文人から引き継いだものだということになる。

現代人のミトコンドリアDNAハプログループは、縄文人と比較するとはるかに多様性が高いこともわかる。縄文人にないものは、弥生時代以降に列島に流入したと考えられるので、渡来の影響は非常に大きなものであったことが予想される。後述するが、核ゲノム解析から縄文人は現代のアジア集団からかけ離れた遺伝子構成をしていることがわかっている。これは縄文人の祖先集団が他の集団と非常に古い時代、おそらく東アジアにホモ・サピエンスが進出して間もない時期に分かれたためであると解釈されている。東アジアの海岸線に沿って北上したグループが大陸の南から北、具体的には台湾付近からカムチャツカ半島に至るまでの広い地域に定着し、その中から個別に日本列島に進入した集団が縄文人の基礎をつくったと予想される。

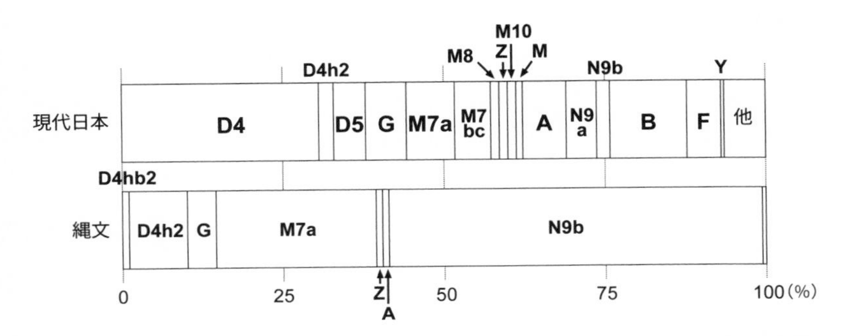

図４　縄文人と現代日本人のミトコンドリア DNA ハプログループの割合の比較
出典：篠田（2015）より改変引用

9. 弥生人の DNA

形態学的には縄文人は顔面部が上下に寸が詰まって幅が広く、眼窩と呼ぶ眼球を入れる部分が四角い。そして眉間や鼻骨の隆起が強くて立体的な顔立ちをしているとされている。一方、北部九州の渡来系とされる弥生人は平均身長で男女とも縄文人よりも５センチほど高くなる。また顔貌ものっぺりとした面長で、鼻根部は平坦になり、縄文人とはかなり違った姿形をしているので両者を区別することができる。この渡来系弥生人についても、全国の数カ所の遺跡から出土した人骨で DNA 分析が行われており、その遺伝的な特徴についてもある程度の理解が進んでいる。

図５は、現代の日本人を含む東アジアの集団と、縄文人、弥生人の SNP データを用いて、集団の関係を示したものである。図の下から斜め右上の方向に向かって、大陸の集団が北から南に向かって並んでいる。これは東南アジアから東アジアの現代人集団が互いに関係をもちながらも、ある程度遺伝的に分化している様子を示している。現代日本人はこの大陸集団から離れた部分に位置しており、北京の中国人と現代日本人の中間には韓国人が位置する。そして、その反対側のはるか離れた位置に縄文人がいる。

現代日本人がこの位置にあるのは、大陸集団、とくに北東アジアの集団が

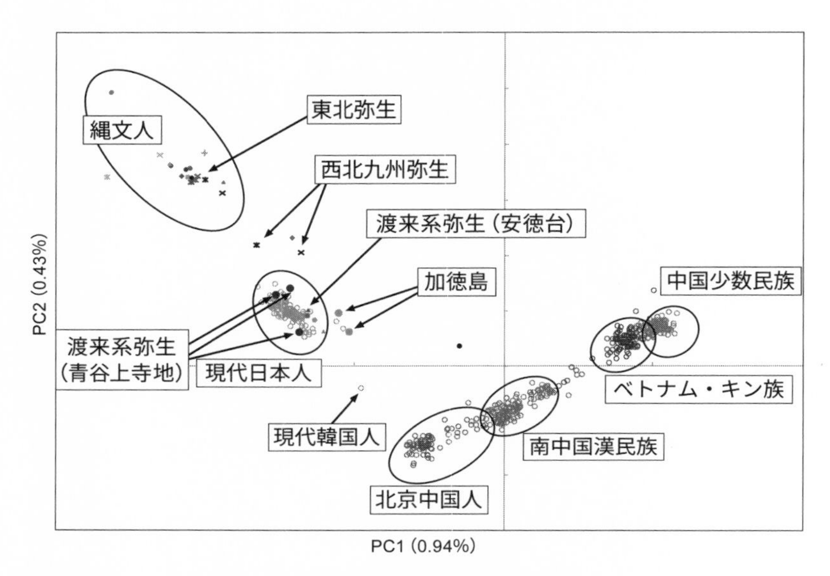

図５　ゲノムからみたアジア集団のもつ遺伝的な特徴
主成分分析の結果。加徳島は韓国釜山の6000年前の貝塚から出土した人骨である。
出典：篠田（2019）を改変引用

列島に進入し、在来の縄文系集団と混合したためであると解釈できる。つまり本土日本人の遺伝的な特徴は、在来集団と大陸から渡来してきた集団の混合によるという、二重構造モデルを概ね肯定するものになっている。興味深いのは韓国がちょうど日本と北京の中国人の中間に位置することである。おそらく初期拡散で大陸沿岸を北上したグループの遺伝子が朝鮮半島にも残っていたのだろう。韓国釜山の6000年前の貝塚から出土した人骨（加徳島）は、より縄文人に近い遺伝子をもっていた。

図には弥生人の代表として、縄文系と考えられる東北と西北九州の弥生人、そして渡来系とされる福岡県の安徳台弥生人と鳥取県の青谷上寺地遺跡出土の弥生人をプロットしてある。従来は縄文人の直系の子孫と考えられてきた西北九州の弥生人も、かなり混血の進んだ者もいることがわかる。渡来系弥生人の集団は、より朝鮮半島や北京の集団に近いところに位置すると考えていたが、現代の本土日本人の範疇に収まるという意外な結果となった。おそらく弥生時代が始まって数百年の間に、渡来系と言われている人たちも縄文人との混合を経て、独自の遺伝的な構成をもつ集団として成立したのだろう。彼らも縄文人と同様、日本列島の中で成立したということになる。

弥生時代でも、東北には縄文人の遺伝子をもった弥生人がいたし、それ以外の地域にも縄文系の人々が住んでいたはずである。この図に示した集団だけが混合して現代日本人が形成されたと考えると、現代日本人は図に示された位置よりもさらに縄文人に近くなる。そこから考えれば、弥生時代以降、古墳時代にも大陸から人が来て、それが私たちの遺伝子の構成に影響を与えたと考えざるをえない。弥生時代の開始期から古墳時代までの1500年余りをかけて、現代日本人につながる集団が完成したのだろう。

10.「日本人」の現在と未来

日本列島にアジア大陸から最初にホモ・サピエンスが到達したのは約4万年前のことである。歴史に日本という名が現れるのが8世紀であることを考えると、本土日本人の遺伝的な構成が完成するのは、国家が成立する前の時代の話になる。古墳時代の終わり頃までには、西日本を中心とした地域では、現代につながる本土日本人の遺伝的な構成が固まり、それが律令国家の拡大と共に列島に拡散していったことは示唆的である。一方、地理的に隔離された北海道と沖縄では、本土の日本とは異なる集団の歴史がある。それは、両者が本土日本とは異なるDNAの組成をもっていることからも明らかで、この3つの地域の歴史を一つにまとめることができないのと同様に、集団の成り立ちを従来説のような一つのロジックで説明することも適切ではないことがDNA研究で明らかになった。集団としての日本人を考える際には、複合的な視点でその成立の経緯をひも解いていく必要がある。

国家としての日本は、ほとんど他国の侵略や征服を受けることなく単系的に続いてきたので、集団としての日本人も、その成立の時点から単系的に続いて現在に至るという、いわゆる単一民族であるという考え方は受け入れやすい。しかし、日本列島における集団の成立の歴史は、重層的で複雑なものであることを我々のもつDNAは教えている。

グローバリゼーションが加速することでヒトの移動はスケールの大きなものとなり、今や、世界のどこの地域に行っても、人類のもつほとんどのDNAを見出すことができるようになっている。この傾向は、促進されることはあっても停滞することはないと考えられるので、今後も人類が長い時間をかけて蓄積してきた地域に固有のDNAの組成は変化する方向に進むと考えられる。それは日本でも例外ではなく、数百年というタイムスパンで考えれば、現在とは異なるDNAをもつ日本人が多数を占める日がくるというのも荒唐無稽な話ではない。

歴史的に考えれば、現在は縄文時代から弥生・古墳時代への移行期以来二度目となる、外部からのDNAの流入と国内での均一化が進んでいる時期であるともとらえられる。一度目は1000年以上をかけての流入だったが、二度目は目に見えて変化のわかるほど急激なものである。縄文人のDNAが我々に残っていることを考えると、日本の社会は大きな混乱もなく渡来した人たちを受け入れて新たな社会をつくったことは明らかだが、二度目の今回はどのような経過をたどるのだろうか。移民の問題は、多くの場合に経済と結びついた議論だけが先行するが、これだけ急速に事態が進むケースでは、私たちはこの列島に何を残して、どのように新たな社会を構築していくかという議論も重要になるはずである。

❖参考文献

篠田謙一 2015『DNAで語る日本人起源論』岩波書店
篠田謙一 2019『新版 日本人になった祖先たち――DNAが解明する多元的構造』NHK出版
中橋孝博 2015『倭人への道――人骨の謎を追って』吉川弘文館
埴原和郎 1995『日本人の成り立ち』人文書院
ライク, デイヴィッド 2018『交雑する人類――古代DNAが解き明かす新サピエンス史』日向やよい訳、NHK出版

9 日本からの海外移住の歴史

中坂恵美子

Keywords 移民送出し，出稼ぎ，植民

冷戦後の30年間で日本から海外への移住者は増加してきた。日本国籍保持者で他国で長期滞在者または永住者となった人は、1989年の58万6972人から、2019年には141万356人と倍以上になったが、日本企業の多国籍化による海外駐在員の増加がその要因の一つである。しかし、日本人が働くために海外へ渡るのは、近年だけの現象ではない。江戸時代の終わりに欧米各国と修好通商条約を締結し、1866年に海外渡航禁止令、つまり鎖国令が解かれてから戦後しばらくまで、日本は国策として人々を海外に送り出していた。本章では、日本のその歴史の一端をみておきたい。第1節でその時期の日本人の海外移住先や数を概観し、第2節で当時の日本政府の移民政策を振り返る。そして、続く3つの節では日本からの移民が多かった、ハワイ、ブラジル、満洲についてより詳しくみていきたい。

1. 概 観

日本で初めてパスポート（渡航印章）の発行を受けた人たちは、墨田川浪五郎が率いる曲芸団、日本帝国一座の18人であった。日本の開国後、来日して滞在していたヨーロッパの曲芸師から、1867年のパリ万博での興行を打診されたためである。このように、初期の頃の日本人の海外渡航は、日本でビジネスや公的な任務を行っていた外国人による斡旋によっていた。1868年には、神奈川のハワイ国総領事であったアメリカ人ユージン・ヴァ

ン・リード（Eugene Van Reed）の斡旋によって、ハワイに153人、グアムに42人の人たちが契約移民として旅立ったが、その年は明治元年となったので、彼らは元年者と言われている。翌年には、会津藩の軍事顧問をしていた武器商人ドイツ人ヘンリー・シュネル（John Henry Schnell）の斡旋によって、戊辰戦争で敗北した若松藩士族など40人がカリフォルニア州に渡り日本人の入植地「若松コロニー」をつくった。1883年には、イギリス人のジョン・ミラー（John Miller）の斡旋によって、オーストラリアの北端、ニューギニア島との間にある木曜島へ真珠貝の採掘のための人夫36人の渡航が許可された。目的は真珠ではなく、戦前までボタンの材料として使われていた貝殻の方である。月に1、2日ある大潮の日をのぞいて毎日、日の出前から日没まで命綱と船上の仲間がポンプで送ってくれる空気だけを頼りに行う海底での貝探しは、鮫との遭遇や潜水病の危険性とも隣り合わせであった。中国人もヨーロッパ人もやりたがらなかったなかで日本人ダイバーが重宝されたことが、司馬遼太郎の『木曜島の夜会』という短編小説で書かれている。

1864年には、シベリア開発のための労働力を必要としていたロシア政府から幕府に移民募集の依頼があり、すぐには多くの動きはなかったものの、1891年のシベリア鉄道敷設工事などの際に出稼ぎ移民が増加し1917年の極東ロシアには5000人超の日本人がいた。その後、ペルー、チリ、ブラジル、コロンビア、キューバ、パナマなどの中南米、フィリピン群島やドイツ領ニューギニア、フランス領タヒチなどの太平洋諸島へと出稼ぎ労働／移民の対象地は拡大していき、「満洲国」建国後は「満蒙開拓移民」が送られた。

第二次世界大戦後、海外にいた日本人の多くが日本に引き揚げてきたが、その数は600万人にものぼるといわれている。しかし、日本国内には十分な雇用機会がなかったために、1952年に平和条約が発効すると早速ブラジルへの移民が再開され、さらに、パラグアイやドミニカ共和国なども新たな移住先として加わった。1950年代の後半からは日本は高度経済成長期に入り雇用機会も増加したため、1960年代の前半になると海外に行く人は減少していった。表1が示すように、1885年から1963年までの日本人の海外移住者は合計100万人余り、そしてその中で一番多い渡航先が、「満洲国」のあった満洲で27万人、次いでブラジルに23万4000人、ハワイに23万

表1　1885年〜1963年の日本の出移民数

	1885-1923	1924-34	1935-45	1952-63	合 計
米国	101644 (20.9)	5609 (2.6)	–	387 (0.7)	107640 (10.1)
ハワイ	227012 (46.6)	4194 (2.0)	–	–	231206 (21.6)
カナダ	29280 (6.0)	6170 (2.9)	57 (0)	–	35507 (3.3)
ペルー	21420 (4.4)	9542 (4.4)	2108 (0.7)	–	33070 (3.1)
ブラジル	31414 (6.4)	135077 (63.0)	22495 (7.2)	45650 (81.5)	234636 (21.9)
パラグアイ	–	1 (–)	520 (0.2)	6058 (10.8)	6579 (0.6)
南米諸国#	13252 (2.7)	6347 (2.7)	2360 (0.8)	3911 (7.0)	25870 (2.4)
東南アジア・大洋州地方	36123 (7.4)	33342 (7.4)	18711 (6.0)	–	88176 (8.2)
満州	–	4218 (2.0)	265789 (85.0)	–	270007 (25.2)
その他	27137 (5.6)	9931 (4.6)	373 (0.1)	–	37411 (3.5)
合 計	487282	214431	312413	56006	1070131

出典：ブラジル日本移民百周年記念協会、日本版ブラジル日本移民百年始編纂・刊行委員会編 2012『ブラジル日本移民百年史第1巻』トッパン・プレス印刷出版有限会社、59頁

1000人、アメリカが約10万7000人と続く。

海外や「北海道」と改称された蝦夷地へと人々を動かした要因に、当時の農村の窮状がある。1873年の地租改正による一律3%（77年に2.5%へ減額）の税金は農民にとって大きな負担であった。また、そもそも貨幣経済とは縁がなかったため、土地を売って現金とした人もいた。さらに明治政府の官営事業への投資や、西南戦争の戦費調達のための紙幣発行による経済の混乱なども、彼らを苦境に立たせた。しかし、もう一つの要因として、移民を使って大日本帝国の勢力範囲を拡大しようと考えた明治政府の帝国主義的な植民政策があったことも忘れてはならない。

2. 日本の出移民政策

上述のように、当初は海外への移民は日本在留外国人の斡旋によるものであり、政府が積極的に関与していたわけではなかったが、次第に移民は国策事業となっていく。ハワイに関しては、次節でみるように相手側の要請によって官約移民が1885年に始まり1894年まで行われていたが、その終盤からは民間の移民会社が活動するようになった。しかし、トラブルも多かっ

たため、政府は監督や取締りのために、1894年に移民保護規則、1896年には移民保護法を制定した。後者には、移民の許可制（第2条）、移民取扱人が「帝国臣民又は帝国臣民のみを社員もしくは株主とする商事会社にして帝国において主たる営業所を有する」必要性（第7条）、移民業務の許可制（第10条）、移民業務担当社員等の移民先での在留の必要性（第11条）、周旋または募集を行う移民取扱人の渡航の必要性（第12条）などが規定された。

明治政府の中で出移民に関して早くから関心をもっていたのは榎本武揚である。榎本は出稼ぎではなく、日本の資本で土地を購入または借用して移民に開墾させる植民をすべきと考え、1891年に外務大臣に就任すると、外務省に移民課を設置した。しかし、榎本の政策は彼の退任後は引き継がれず、彼は外務大臣を辞職後、1893年に外務省関係者や知識人などからなる「殖民協会」を設立した。ブラジル、ニカラグア、グアテマラなどに調査のために人を派遣し、また、1897年には自らが中心となってメキシコ南部に日本人農業定住地を建設する事業に着手したが、これは、資金不足で開発が進まず3カ月で失敗した。政府は南米への移民には後ろ向きであったが、アメリカやオーストラリアで日本人移民排斥が強まると南米移民への期待が高まり、1899年にペルー、1908年にはブラジルへの移民が始まった。移民保護法の1907年の改正で、移民会社は「移民と直接の関係を有する業務」として植民事業も行うことができるようになった。

他方で、アジアに関しては、日本の帝国主義的な勢力拡大のなかで移民が進められた。1905年、日露戦争後のポーツマス条約で朝鮮半島における日本の優越が認められると、日本は日韓協約で大韓帝国を保護国化し、同国の土地開発を進めるため、1908年に政府の補助と保護を受けた「東洋拓殖株式会社」（以下、東拓）を京城（現在のソウル）に設立した。同社の主要業務は農事経営、移民、金融であったが、日本人移民は日本式農法の普及のために必要とされ、東拓設立前の調査委員会では24万人の移民が計画されていた。反日義勇運動のために移民は一気には進まず、少数分散で各地へ配属されていったが、そのように移民を分散させたのは、植民地支配の末端における村落の中堅者として彼らを育成する意図もあった。1910年から19年まで計5000戸余りが移住したが、移民への資金的援助は限られており、貧しい者たちは淘汰されていった。他方で、資金に余裕のあった者たちはやがて地主へと傾倒していったため、当初の構想は失敗し、1922年には自作農移民の募集が中止された。また、東拓自体も、移民事業者から植民地型地主へと変わっていった。

1914年に第一次世界大戦が始まると、日本はドイツの植民地であった南洋諸島を占領し、その後国際連盟のC式委任統治の施政国として統治することとなったが、同地へも植民が進められた。1894年に日清戦争の結果として日本に割譲されていた台湾を足掛かりとして、日本は南洋進出を考えはじめたが、試験的な移民が始まったのは1910年代の終わり頃からであり、委任統治が始まると1922年に南洋庁が設置され移民事業が本格化した。東拓は、1917年の法改正により、本店が東京に移転し、満蒙、南洋諸島にも活動範囲を拡大した。この頃には、移民は呼び寄せ移民が多くなり、民間の移民会社の利用者が減少したため、移民会社の中には廃業や合併するものが出てきた。政府は小資本の移民会社による無益な競争状態を改善するために、東拓の資本参加によって「海外興行株式会社」を設立させ、1920年には同社が日本で唯一の移民会社となった。同社は、移民国策の代行機関としての地位を与えられ、1940年末まで計19万1000人余り、その内ブラジルに16万4000人余りの移民を送り込んだ。

日本国内の行政組織の中で移民事業を管轄する部署は、1921年に内務省社会局、1929年に拓務省、1942年には大東亜省へと移り変わっていった。移民送出しには、府県レベルでの関与もあった。1910年代の半ば以降、熊本、広島、和歌山、山口などの移民が多かった県から県知事を会長とする「海外協会」が設立され、渡航手続きに関する便宜をはかったり、土地を購入して移住者を送り出していたが、それらの海外協会には海外に支部をもつものもあった。

日露戦争後のポーツマス条約で、日本は、ロシアが清から鉄道敷設権を得て満洲に建設した東清鉄道の南満洲支線をその附属地とともに譲り受け、南満洲鉄道とし、また、遼寧半島の南部のロシアの租借地も継承した。この地域を日本は関東州と呼んでおり、それを防衛するために派遣された軍が日本陸軍の関東軍である。政府内でも日露戦争時の外務大臣の小村寿太郎のように「満韓移民集中論」を唱えるものもいたが、この地への大規模な移民を最も強く主張したのは軍であり、軍事要員としての必要性からであった。他方で、農業を教えながら、日本の農村の土地不足問題解決のために満洲移民の推進を拓務省に訴えていた加藤完治のような人物もいた。

1931年に関東軍は満洲事変を起こして満洲全土を占領し、翌年には清朝最後の皇帝溥儀を執政（後に皇帝）とする「満洲国」を建国した。「満洲国」支配のために日本人移民を必要とした軍部と、移民が農村問題の解決策となると考えた人たちの思惑が一致し、その年のうちに国会で満洲移民費予算が可決されると、第1回の移民が募集された。翌1933年には関東軍特務部に移民部が新設され用地買収の主導などにあたったが、移民にソ連からの防衛の役割を負わせるために、入植地は「国境」付近に設けられた。中国の反満抗日軍からの襲撃にも備えるために、開拓移民は農業移民でありながら武装移民であった。軍部に押し切られる形で日本政府も満洲開拓を国策とし、1936年に「満洲農業移民二十カ年百万戸送出計画」が決定されて以降は、集団移民政策が実施された。1939年に関東軍が立案した「満洲開拓政策基本要綱」が閣議決定され、以後、「移民」に替わって「開拓」という言葉が用いられるようになる。それは、関東軍による土地の買収が実際は収奪といえるものであったため、言葉によって侵略のイメージを減じるためであり、また、自分のための出稼ぎではなく国のために働く移民であることを人々に意識させるためでもあった。

以上、戦前の日本からの移民について、日本政府の政策という側面から振り返ってみた。国内の農村の窮状が人々を異国での契約労働へ向かわせたのは、現在、日本に来ている外国人労働者に重なるかもしれない。しかし、当時の日本の出移民の背後には、日清戦争、日露戦争、第一次世界大戦を経て、欧米列強のように帝国主義的な拡張を進めるために植民を必要と考える日本政府の意図があったこともわかるだろう。

3. ハワイ――プランテーション農場での契約労働

1760年代から70年代にハワイを探索したイギリスのキャプテン・ジェー

ムズ・クック（James Cook）一行の報告書が出されると、地の利の良さから欧米の商船や艦船が同地に寄港するようになり、とくに、白檀貿易や、アメリカの捕鯨産業の中継基地として重宝された。1795年には、ハワイの4つの部族の1つの長であるカメハメハ1世がその地を統一してハワイ王国が成立した。

1820年にアメリカの宣教師にキリスト教の布教のための上陸が許可されると、アメリカ人により学校設立や医療サービスの提供、サトウキビ栽培のためのプランテーション開発などが進められていった。当時、ハワイでは感染症等により人口が減少しており、また、1861年のアメリカの南北戦争がハワイの砂糖の需要を増加させたことによって、国外からの移民の労働力が必要となった。ハワイでは1850年から「白人」も土地を所有できることとなっており、実際に労働力としての移民を求めていたのは、プランテーションの経営者である欧米人、とくにアメリカ人である。彼らの要請によって、1852年に労働者として中国人移民を受け入れたが、開国したばかりの日本にも目が向けられた。徳川幕府が日米修好通商条約の批准書を交換するためにアメリカへ派遣した一行が、航路の途中で1860年にホノルルに寄港し国王のカメハメハ4世に接見したが、その時、王は一行に日本からの移民の送出しに関する親書を託している。そして、前述したように、1868年に元年者がハワイへ渡航した。

元年者は、サトウキビ畑での労働に従事したが、契約とは異なる待遇への不満をもち、さらに言葉が通じずトラブルも生じたため、翌年、新政府の上野景範が派遣されて、ハワイ政府と交渉し待遇改善などの約束を得た。1871年に日本とハワイは「日布修好通商条約」を締結したが、直ちに新たな移民の開始とはならず、1881年には、ハワイからカラカウア王が世界一周の旅の途中で来日し、明治天皇に会い移民の要請を行った。この時、カラカウア王は、欧米に対抗するために、日本とハワイがアジア・太平洋地域の諸国に呼びかけて「東洋諸邦同盟」を結成し、明治天皇が盟主となることを提案していたという。それほどハワイでは欧米人による支配が進んでいた。

1884年に日本政府はハワイ側が作成した「日本人移民ハワイ渡航約定書」を承認し、翌年、944人の契約移民が「シティー・オブ・トウキョウ号」で

表2　官約移民と農業年雇・職人の年収比較

		給金		食費		備考
		男（夫）	女（妻）	男（夫）	女（妻）	
官約移民	（第1回） （第4回）	円 108.00 180.00	円 72.00 120.00	円 72.00	円 48.00	船賃雇主持・薪無料 船賃は25か月払い
農業年雇	（1884年） （1885年）	14.48 9.98	7.40 4.98	雇主持	同左	
杣	（1884年） （1885年）	37.50 40.00				銭　日 日給　15 × 250 〃　16 × 250
木挽	（1884年） （1885年）	42.50 35.00				〃　17 × 250 〃　14 × 250
大工	（1884年） （1885年）	42.50 32.50				〃　17 × 250 〃　13 × 250
石工	（1884年） （1885年）	47.50 35.00				〃　19 × 250 〃　14 × 250

出典：広島県 1993『広島県移住史　通史編』第一法規出版、54頁

ハワイへ渡航した。彼らはサトウキビ畑で働く労働者で3年契約であったが、住環境が約束とは異なるなど、再びトラブルが生じたため、ハワイ政府は日本移民専門の部署として日本移住民局を設置し、1886年の「日布渡航条約」によって、両国は移民の条件を国家レベルで約束した。条約以前に渡航していた第1回および第2回の契約移民にも条約を適用とすることとなり、国家間で定めた条件による移民という意味で、この頃のハワイ移民を官約移民という。第1回の募集人員600人に対して2万8000人もの応募があり、1894年までに、合計26回で約3万人の人たちが官約移民としてハワイに渡った。移民がハワイへ渡った大きな要因は貧困である。表2からわかるように、官約移民の給与は、広島県の場合、当時の農業年雇と比べて10倍前後もの額であった。

ハワイ王国では、欧米人からの圧力によって、外国人にも参政権が与えられていたが、中国人や増加しつつある日本人をハワイの政治から排除するために、1887年に憲法改正が行われ、参政権をもつのはハワイ人と欧米人に限定された。差別的なこの措置に対して、翌年外務大臣になった大隈重信が抗議したが改められることはなかった。この時の憲法改正は、王の政治的な

権限も縮少させるものであり、アメリカ人による政治介入をさらに進めたが、1894年に、ついに、アメリカ人らのクーデターによってハワイは共和国となった。ここで、官約移民は終了し、以降は私約移民の時代となる。ハワイの仮政府は、日本人移民制限のために、外国人上陸条例を制定し、上陸可能な外国人を移住民局の許可を得た契約移民または50ドル以上を持参する自由移民に限定した。

翌1895年にハワイ王国は滅亡、98年にはハワイはアメリカの準州、自治領となり、1900年に正式にアメリカの領土に組み入れられた（ただし、現在のような州になったのは1959年である）。当時アメリカでは契約移民は禁止されていたので、ハワイの日本人移民が結んでいた雇用契約も廃止され、彼らは自由移民となった。1908年には、在ハワイ日本人の家族および再渡航者以外の入国が禁止されてしまったため、その後にハワイに来たのは、写真結婚での呼び寄せ移民である。それでも、多くの日本人がハワイに渡航したので、1922年にはハワイの人口の42%が日系人、サトウキビ農場で働く労働者の7割が日系人だった。日本人が多くなったのは、賃金が欧米人やハワイ人よりも安かったためでもある。また住居などの待遇における差別もあったため、日本人移民は1908年と1918年に大規模なストライキも行ったが改善は難しく、他業種へと転職する人たちも出てきた。

自由移民となったハワイ在留日本人には、アメリカ本土へ渡る人が多くいた。アメリカ本土の日系移民については第5章を読んでほしいが、カリフォルニア州での日本人移民の急激な膨張と反日感情の高まりをうけた日本側の自発的な移民の禁止、1924年の移民法改正による日本人移民の完全な禁止、そして、戦時中の日系人の収容という差別的な措置が続いた。それらは、もちろんアメリカとなったハワイにも適用されたものだ。戦時中、ハワイでは、日本人、日系人、日本語学校教師、仏教開教師などが逮捕されて、そのうちの1350人はアメリカ本土の収容所に送られた。収容された人が多くはないのは、ハワイにおける日本人労働力が占める大きさのためであった。残された人たちは自分たちに向けられた疑念を払拭するために、日本語の本や親族の写真まで日本に関連するものをすべて処分したり、さまざまな日本人団体や日本語学校を解散したり、二世たちがアメリカ軍への志願をしたりした。

ハワイ出身の兵士1万4000人余りのうち8000人余りが日系人であり、戦死者も日系人が最も多かった。他方で、日系人兵士から沖縄戦の惨状が伝わると沖縄出身者により沖縄戦災救済組織がつくられたり、戦後は広島戦災救済会が結成されたりして、日本人・日系人たちは母国の戦災者たちへの支援も行った。戦後の1952年に差別的な帰化法が改正され、また、年間185人ではあるが日本人の移民が認められ、排日移民法は終わりを告げた。

4. ブラジル――出稼ぎ、拓殖、定住、戦争、デカセギ

ブラジルは1500年にポルトガルのカブラル（Pedro Álvares Cabral）が到達し、同国の植民地とされた。その後、1808年にナポレオン軍がポルトガルへ侵攻した時に国王はブラジルへ逃れ、当地で王制をしいた。当時広大な土地に人口は360万人しかおらず、そのうちの191万人が黒人奴隷であったため、1814年には国王名で全ヨーロッパからの移民を歓迎するというメッセージが出された（写真1）。独立したのは1822年で、1889年に共和制となった。サトウキビ畑や金鉱山での労働を支えていたのは奴隷であったが、彼らの度重なる反乱や世界的な奴隷貿易禁止の動きによって、ブラジルも1888年に奴隷制を廃止し、労働力不足を補うために移民の必要性が高まった。1880年代の後半から急激に移民が増加し、東洋人移民は1890年に一度禁止されたが、農園経営者たちの圧力によって禁止は92年に撤廃された。

この頃、ブラジルは日本政府に不平等条約の締結を打診してきた。しかし、日本は逆に欧米との不平等条約を改正しようとしており、1888年には初めての平等な条約である日墨修好通商条約を締結していたため、ブラジルからの申し入れを拒否した。その後、ブラジルが立場を変え、平等な条約として1895年に日伯修好通商条約が調印され、日本はブラジルに公使館を設置した。1800年代の終わり頃には、公使館からイタリア移民の惨状なども伝わったため、政府はブラジルへの移民送出しに慎重となり、渡航直前で中止されたことも何度かあった。

最初に移民を実現させたのは、皇国殖民会社の水野龍であった。彼はサン

パウロ州の農務長官との間でコーヒー農場の労働者の派遣についての約束を取り付け、1908年に男性600人、女性181人を第1回の移民として「笠戸丸」で約50日の船旅でブラジルに渡航させた。渡航にはある程度のお金が必要であったので、この頃の移民は多少の資産をもっている人たちであった。彼らの中には、配属されたコーヒー農場で奴隷のように扱われた人もあり、農園を出てサンパウロやサントスに行き、違う仕事に就いた人も多くいた。しかし、3、4年すると、農園での生活は安定してきて、自分で耕作地を購入する人たちも出てきた。やがて、日本人移民は農園を出て同じ土地で開拓を始め、日本人集団地が形成された（ジュケリー地区、コチア村など）。彼らは日本人会をつくって助け合い、帰国後のことを考えて子どもたちを日本語で教育する学校を準備した。また、日本から投資された資本で建設された集団地（イグアペ植民地など）や県の海外協会が建設した入植地（アリアンサ移住地など）も生まれた。ただし、ブラジル側では、日本人を移民として受け入れることは、文化的、人種的に望ましくはないと考える人たちもいた。

写真1　サンパウロ市の移民博物館
現在は移民博物館となっているかつての移民収容所。船でやって来た移民たちは、サントス港から列車に乗り、サンパウロ駅で降りるとすぐのこの施設にまずは滞在した。戦時中の日本人もここに収容された。同市のリベルタージュ地区にはブラジル日本移民資料館もある。
出典：2017年筆者撮影

1923年に起きた関東大震災は、死者10万人以上、全潰全焼流出家屋約30万戸という甚大な被害をもたらした。1924年2月から日本政府は罹災者の南米への移住を奨励するために、12歳以上1人につき200円の渡航補助金を100人分臨時的に措置したが、これには多数の応募者があり、その年もう一度3000人分の渡航費の全額補助、翌年には5000人分、そのまた次の年には7750人分へと増加した。ブラジルでは1930年に、ジェトゥリオ・ヴァルガス（Getúlio Vargas）の革命によって成立した臨時政府が外国移民入

写真２　神戸市立海外移住と文化の交流センター
1928年に国立移民収容所として設立され、戦時中は軍の施設、戦後は看護師養成機関ともなった建物。ここから坂道を下っていくと、移民たちが旅立ったメリケン波止場（現在メリケンパーク）である。石川達三の『蒼氓』は、1930年の当収容所が舞台である。
出典：2019年筆者撮影

国制限および失業者救済法を制定し、農業移民以外の移民の入国を制限したが、日本人移民は農業移民であったため、この措置を逃れた。アメリカでの日本人入国禁止の時期とも重なり、1924年からは南米、とくにブラジルへの渡航者が非常に多くなった。

当時、日本では、1年に70万人ずつ増加している人口問題の解決が課題となっていた。政府の審議会では、移民は人口問題の解決策としては大きな効果はないが、これ以外の方法はなく、ブラジルの土地を購入するための民間会社を設立すべきだという結論が出された。その結果、1927年に「海外移住組合法」が制定され、県ごとの海外移住組合がブラジルに移住地を開設して、組合員またはその家族が、組合から資金の貸し付けを受けて土地を購入し入植する事業の計画を進めることが可能となった。しかし、そのようなやり方は現地の排日感情を生むことが懸念されたため、県の出身者に限定せず、すでにブラジルにいる日本人移民もブラジル人も入植できるように方針が転換され、1929年にブラジル法に基づいて設立された有限会社の「ブラジル拓殖組合」が、土地の取得や分譲、学校、道路、病院などの建設を担うことになった。このようにして、日本の政府が人口問題解決のために、日本人を出稼ぎ労働者として送るだけでなく、土地を買って分譲し、さらに学校などのインフラも整えるようになった。また、日本国内では、南米、とくにブラジルへ渡航する人たちが出発までに２週間の研修を受けるための施設として、1928年に神戸に国立移民収容所がつくられた（写真２・３）。

しかし、1941年に太平洋戦争が始まるとブラジルは連合国側となり、サンパウロ州政府保安局は、枢軸国からの移民に対して、自国語の文書の配布、公衆の場での自国語の使用、通行許可書なしでの旅行の禁止などの取締りや財産の凍結を行った。突然退去強制が命じられて移民収容所に送られる人たちもいた。日本の公使館は撤退し、人々は日本

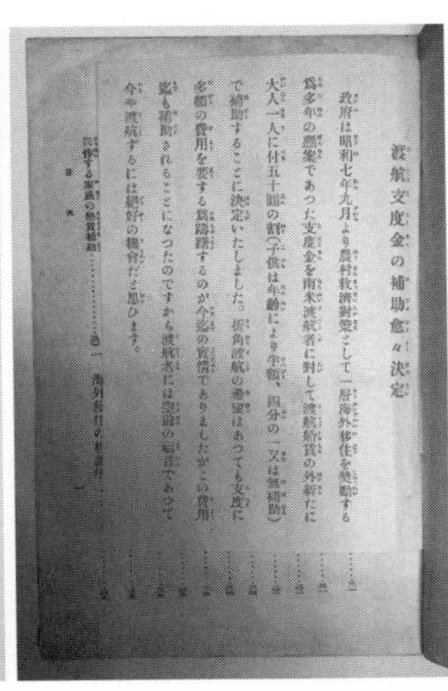
渡航支度金の補助愈々決定

政府は昭和七年九月より農村救済對策として一層海外移住を奨励する爲多年の懸案であつた支度金を南米渡航者に對して渡航船賃の外新たに大人一人に付五十圓の割(子供は年齢により半額、四分の一又は無補助)で補助することに決定いたしました。折角渡航の希望はあつても支度に多額の費用を要する爲躊躇するのが今迄の實情でありましたがこの費用迄も補助されることになつたのですから渡航者には空前の福音であつて今や渡航するには絶好の機會だと思ひます。

写真３　拓務省拓務局『ブラジル移住案内』昭和７年８月
渡航船賃の他に新たに大人１人につき 50 円の割で補助の支給が決定した告知文がはさまれている。
出典：中央大学中央図書館蔵書、2021 年筆者撮影

に関する正確な情報が得られなかったため、終戦時には、日本が勝利したと信じる「勝ち組」と日本の敗戦を受け容れた「負け組」で抗争となり、終戦から１年４カ月の間に 109 件の事件が生じて日本人社会は混乱し、ブラジル社会では憲法改正の際に日本人移民を禁止する案も出されていた。そのような中で 1947 年 3 月に、日本戦災同胞救援会が結成され、LARA（Licensed Agencies for Relief in Asia, アジア救援公認団体）を通じて祖国の日本に救援物資を送るための活動が始まったが、これは日系人社会を再統合へ向かわせた。サンフランシスコ平和条約発効後の 1952 年に移民が再開されるが、50 年代の後半になってくると、日本の経済も復興してきて高度成長期に入り、海外に職を求める人も少なくなってきた。そして 60 年代の前半までで、日本からの移民の動きがなくなっていった。

その後、1990 年に日系三世は、日本で定住者の在留資格を得て働くことができるようになったため、ブラジルからも多くの人たちが「デカセギ」にやってきた（⇒第 11 章参照）。しかし、大部分は派遣や請負という形態の労働であったため、2008 年の世界的な金融危機の時には解雇や失業に直面した。日本政府は帰国支援金の支給を行ったため帰国を選ぶ人もいたが、生活

の拠点となった日本を離れなかった人たちも多くいた。2010年に政府は日本に留まった人たちの統合を進めるために「日系定住外国人施策に関する基本指針」、2011年に行動計画を定めたが、その後も子どもたちの教育など、課題は多い（⇒第13章参照）。また、帰国を選んだ人たちの中にはブラジルでの再統合に苦労し、再度日本に向かう人たちもいる。

5.「満蒙開拓移民」

「満洲国」の面積は日本の約3倍であり、そこに多民族が住んでいた。建国理念の一つとして「五族協和」がうたわれ、それは、日本人、満洲人、漢人、朝鮮人、モンゴル人の5民族がすべて平等の権利のもとで理想国家を建設するという意味であったが、実際は、数としては圧倒的に少ない日本人が支配する傀儡国家であり、そのために、日本人の植民が必要となった。1932年から試験移民が始まり、前述のように1936年に農業移民が国策とされると、各県ごとに募集された開拓団、町や村が単独で送り出す分村開拓団、近隣複数の町や村が送り出す分郷開拓団などがつくられた。成人男子の徴兵で移民が減少すると、国民学校高等科を卒業した満14歳から18歳の少年たちで組織する満蒙開拓青少年義勇軍もつくられることとなった。「満蒙」というのは、この地域が内モンゴルの一部を含んでいるために用いられる言い方である。市町村へ割当て人数が示され、学校の教師から声をかけられて義勇軍に入った少年たちもいた。彼らは茨城県水戸市につくられた内原訓練所での2カ月間の集団生活で農事訓練や軍事訓練を受け、「満洲国」に渡ってからさらに3年間の訓練を経た後、開拓団としてソ連との国境に最も近い入植地に配属された。

満蒙開拓移民の男性は兵役が免除されていたが、1945年になると、根こそぎ動員として男性全員が徴兵され、国境付近に送られた。2月のヤルタ会談でソ連の対日参戦が密約されており、5月にドイツが降伏するとソ連軍は157万人を「満洲国」との国境に移動させた。終戦直前の8月9日にソ連軍が国境を越えて侵攻してくると、日本兵は捕虜となり、戦後はシベリアへ送られて過酷な労働を強いられ命を落とした人も多くいた。男性が兵役にとら

写真４　満蒙開拓平和記念館
長野県は「満蒙開拓移民」が最多の県であったが、その中でも下伊那地方は多くの人を送り出した。2013年に開館した阿智村の満蒙開拓平和記念館では、年表や写真、証言映像などで当時を知ることができる。
出典：2020年筆者撮影

れた後、家に残された女性と老人、子どもたちは、ソ連軍の侵攻を知り、自分たちで収容所までの長い道のりを徒歩で逃避行するしかなかった。彼らを守ってくれるはずの関東軍は彼らを見捨てて先に逃げていたのである。関東軍は、その年の５月にすでに、対ソ連作戦として満洲の４分の３は放棄して南部だけで持久戦に持ち込む決定をしていたが、そのことも開拓移民たちには知らされていなかった。逃避行の途中で略奪や襲撃で命を落とす人、集団自決する人たち、子どもを中国人に預ける母親、中国人の妻となる女性もいた。日本人収容所までたどりついても病気や栄養失調で亡くなる人も多く、27万人の開拓移民のうち約８万人が命を落としている。日本への引き揚げ船第１便が出たのは46年の５月であった（写真４）。

戦後、中国では、北京に共産党政府ができ、国民党政府は台湾に移ったが、日本は西側資本主義諸国の一員として、国民党政府を中国全体の正統政府と長く認めていた。1972年に北京政府との関係が正常化した後、1981年にようやく残留邦人の調査が開始され、約６万7000人の帰国へとつながった。1994年に中国残留邦人等支援法ができたが、支援策は十分ではなく、2006年の神戸地裁判決は、国に早期帰国実現義務と自立支援義務があったことを認め、2007年の同法改正につながった。なお、同法は、樺太残留邦人も支援対象に含めている。

6. 過去を知り現在を考える

2017年1月、就任後間もなくのアメリカのトランプ元大統領（Donald J. Trump）が、「外国人テロリストの合衆国への入国から国家を保護する」大統領令を発し、中東7カ国の国民の同国への入国を禁止した。それに対して警鐘を鳴らしていたのが、在米の日系人たちである。ワイオミング州ハートマウンテンの日系人収容所情報センターを運営する財団の理事長を務めるシャーリー・ヒグチ氏は「特定の信仰や人種が標的にされた時、反対の声を上げるのが日系人の役割だ」と述べた（「朝日新聞」2017年3月16日）。

かつて多くの人が日本から移民として海を渡り、差別を含めさまざまな体験をしてきた。現在の日本社会や国際社会を考えるためにも、過去の移民の方々の経験を知っておきたい。このような時代があったことをあまり知らなかった人は、本や映像で情報を得ると同時に、それらにまつわる資料館などにもぜひ足を運んでみてほしい。本文中で写真を掲載した施設のほかに、横浜にJICA横浜の海外移住資料館がある。ハワイ移民に関しては、山口県周防大島町に町が運営する「日本ハワイ移民資料館」、広島市にある私設の「仁保島村・ハワイ移民資料館」で多くの資料を見ることができる。また、和歌山市には、市民図書館に移民資料室がある。

❖参考文献

蘭 信三編 2008『日本帝国をめぐる人口移動の国際社会学』不二出版株式会社

川崎 壽 2020『ハワイ日本人移民史 1868-1952（明治元年－昭和二十七年）』（ハワイ移民資料館 仁保島村）

黒瀬郁二 2003『東洋拓殖会社――日本帝国主義とアジア太平洋』日本経済評論社

児玉正昭 1992『日本移民史研究序説』渓水社

ブラジル日本移民百周年記念協会、日本語版ブラジル日本移民百年史編纂・刊行委員会編 2008, 2012, 2013『ブラジル日本移民百年史』第1巻～第5巻、第1, 2, 4, 5巻：風響社、第3巻：トッパン・プレス

丸山浩明 2010『ブラジル日本移民――百年の軌跡』明石書店

Column

南洋群島の移民と文学
——石川達三・中島敦——

山下真史

サイパンは今は風光明媚な観光地として知られているが、その南方にある島々が戦前、南洋群島と呼ばれ、多くの日本人が移住していたことを知る人は少ないだろう。南洋群島というのは、現在の北マリアナ連邦、パラオ共和国、ミクロネシア連邦、マーシャル諸島共和国のことで、サイパン、ヤップ、コロール、ペリリュー、トラック（チューク）、ポナペ（ポンペイ）、ヤルート（ジャルート）などの島・環礁がある。

第一次世界大戦後、1919年のヴェルサイユ講和条約によって、それまでドイツ領であった南洋群島は日本の委任統治領となった。日本は1922年に南洋庁を設置して本格的な統治に乗り出し、各地に公学校をつくり、日本語をはじめ、小学校の科目を教え、島民の「文明化」を押し進めた。南洋群島には民間の会社がつくられ、移住する人も増えた。1921年に設立された南洋興発株式会社は、別の会社から約1000人の移民を引き継ぎ、翌年には約2000人を沖縄から受け入れ、一大企業に発展した。初代社長の松江春次は砂糖王とも呼ばれ、存命中の1934年、サイパンに銅像が建てられている（現存）。一方、南洋庁は、1924年から農業移民制度をつくり、家族単位で移住させる施策を打ち出した。1937年の日中戦争以降は、国防上の価値も注目され、さらに移民が増加した。サイパンのガラパン町は当時、「南洋の東京」と呼ばれるほど賑わい、1940年にはパラオのコロール島に南洋神社も創建された。ちなみに南洋群島の人口は、1915年には日本人（台湾・朝鮮人を含む）はわずか220人だったが、1943年には現地人5万2000人に対して日本人が9万6000人と2倍近い数になっている。

この南洋群島には作家も多く訪れ、紀行文、小説などを書いている。今や忘れられたものも多いが、これらの作品には大きく2つの傾向が見られる。一つは現地人を未開と見下すこと、もう一つはそれと裏表の関係だが、日本人の優秀さ、勤勉さを称揚することである。たとえば、ブラジル移民を描いた「蒼氓」で第1回芥川賞（1935年）を受賞した石川達三（1905-85）は、パラオに1942年に旅行し、『赤虫島日誌』（1943年、東京八雲書店）を書いている。この中には「カナカ族の黒人たちは裸の背に烈日を浴びて魚を捕へ、猿のやうに木登りをして椰子を取り、ただ今日の瞬間のみを獣のやうに生きてゐる」という記述が見える。また彼らは文字を持たないゆえに劣った民族で、文明国に支配されてしまうのだという記述もある。農民作家の丸山義二は『南洋群島』(1942年、大都書房)で、南洋の島々で働く「日本農民の、血みどろの努力」を褒め、「まことに日本農民の忍耐力に、私は一番心を打たれた」と書いている。石川も、パラオで働く温順な弟を「彼もまた南洋をまもる挺身隊のひとりなのだ」と持ち上げている。——日本の文化は南洋より進んでいて、日本人は一生懸命国のために働いているというのは日本人一般の思いであり、それが文学作品にも現れているのだろう。

ところで、そのような傾向に同調しなかった作家に中島敦(1909-42)がいる。「山月記」の作者として有名だが、中島敦は1941年6月から翌年3月にかけて、パラオに南洋庁の役人として島民向けの国語教科書の編纂をしに行き、帰国後、南洋群島に取材した「南洋もの」と呼ばれる小説を書いている。これらの小説は一見すると南洋の風物を描いた軽い読み物のように思えるが、たとえば「雞」という小説の〈私〉は、ある島民の不可解な行動を軽蔑するのではなく、そのまま不可解と受け止めている。敦は、日本の文化とパラオの文化の差を優劣ではなく、相対的なものと受け止めているのである。また、敦の小説には南洋で働く日本人への賛辞が一切ない。委任統治の名を借りて、日本人が現地人を搾取し、横暴な振る舞いをしているのを目の当たりにしていた敦は、安易な日本人礼賛を書かなかったのであろう。それればかりか、たとえば、現地の不良少年のことを描いた「ナポレオン」という小説では、そうした日本の圧政に対する批判を、検閲に引っかからない形でこっそりと織り込んでいるのである。

15年戦争中ほど、日本人が海外に出たことはなかっただろうが、中島敦のようなことを考える人は少なかった。しかし、それはもしかすると今でもさほど変わっていないのかも知れない。

●参考文献

黒川 創 1996『〈外地〉の日本語文学選』(全3冊)新宿書房
中島 敦 1993『中島敦全集2』ちくま文庫
矢野 暢 1979『日本の南洋史観』中公新書
山下真史 2014「中島敦と南洋」『世界文学』120号、12-19頁

10 在日コリアンの歴史と今

大田美和

Keywords 朝鮮学校，朝鮮籍，ヘイトスピーチ

在日コリアンの歴史と今について基礎的な知識を学んだ上で、３つのテキストの中の在日コリアンの声と経験に耳を傾け、差別の構造を知り、人間の差異を差別ではなく、創造的な関係性の構築に開いていく方法を、個人の思いや体験を大切にするアートの視点で考えてみる。とくに「朝鮮籍」と「朝鮮学校」についての誤解を解き、人権保護とグローバルな視点で、これまでの日本で取られた政策と法改正について考え、今後の課題について考える。そして、ヘイトスピーチと在日コリアンという同じトピックをもつ、黄英治（ファンヨンチ）の小説『前夜』の元在日コリアンの青年と、朴昌浩の手記「日本軍『慰安婦』問題へのコミットメントを通して私が得たもの」の在日の青年の声から、日本社会で在日であることの不安と不快と、被差別者が差別者になる差別の構造を知り、細田傳造の詩「おかし」から、非当事者である日本人の行動を通じて、差別の構造を転覆する契機について考える。

1. 在日コリアンとの出会い

在日コリアンとは、日本が朝鮮半島を植民地支配したことによって渡日し、戦後、さまざまな事情で朝鮮と日本を行き来し、現在、生活基盤を築いて日本社会に定住している人々であり、すでに五世や六世が誕生している（在日コリアン・マイノリティ人権研究センター HP)。この在日コリアンの歴史と今について、本章ではなぜ英文学研究者である筆者が語るのか、少し説明が必

要だろう。

1990年代に筆者はジェンダー論やポストコロニアリズムなどから、文学テキストと現実社会の複雑な関係について考察する方法を学んだ。2010年に「高等学校授業料無償化制度」から朝鮮学校が政治的理由で除外されたとき、筆者は初めて在日コリアンに出会った。H氏賞詩人の河津聖恵の『朝鮮学校無償化除外反対アンソロジー』への参加の呼びかけに、筆者も歌人として賛同した。政府と文部科学省の決定は、公権力によるいじめ、「官製ヘイト」（元文部科学省官僚の前川喜平の言葉）と考えたからである。その後も授業料無償化は朝鮮学校に適用されず、全国各地の訴訟は次々に敗訴している。

筆者はまた、2014年頃から研究「作曲家尹伊桑と歌人近藤芳美のポストコロニアルな出会い」を開始し、1910年代の植民地朝鮮に生まれた二人のアーティストの自己形成と、政治と歴史に対するアートの可能性の研究を続けている。このように近代のヨーロッパ文学研究から始めて、在日コリアンの問題に関心を広げた研究者には、フランス文学者の鈴木道彦がいる。

(1) 説明を求めない日本人

筆者は在日コリアンではない。しかし、当事者に寄り添う支援者がいなければ、いかなる差別の解消も権利獲得も実現することはできない。日本人は在日コリアンの存在や彼らが抱える問題をほとんど知らず、在日コリアンに、「日本語お上手ですね」「なぜ民族にこだわるのですか」「辛いなら、韓国に帰ればいいのに」というように、素朴な疑問と、勝手な要求を繰り返す。

在日コリアンについて「説明を求めない日本人」（黄 2012）を増やしたい。本章では在日コリアンの歴史と今について基礎的な知識を解説した上で、3つのテキストに表れた在日コリアンの声に耳を傾け、差別の構造を知り、人間の差異を喜びに満ちた創造的な関係性の構築に開く方法を考えてみたい。

(2) 在日コリアンという呼称

在日コリアンは英語ではPermanent Ethnic Korean Residents of Japanである。北朝鮮はNorth Koreaであり、韓国はSouth Koreaである。ところが、東アジアでは、この地域と住民を共通の名称で呼ぶことができない。たとえば、同じ半島を北では朝鮮半島、南では韓半島と呼んでいる。統一が実現していないために、人や場所の呼称を選ぶのも難しいのである。

徐京植（ソキョンシク）『在日朝鮮人ってどんなひと？』と、水野直樹・文京洙（ムンギョンス）『在日朝鮮人――歴史と現在』は、在日朝鮮人という呼称を採用している。朝鮮王朝末期に植民地支配が進み、大韓帝国という傀儡政権をつくった後、1910年の韓国併合によって朝鮮民族の主権は失われたので、日本が支配したのは「植民地朝鮮」であり、学問的には「在日朝鮮人」と呼ぶことが適切だといえる。

しかしながら、南北統一を待望する、在日コリアンや朝鮮半島の人々の気持ちに寄り添うために、植民地支配の歴史に責任を感じる日本人として、どちらの国家にも偏らない名称を採用したい。そこで、「在日コリアン・マイノリティ人権研究センター」や『在日コリアン詩選集』（土曜美術社、2005年）にならって、本章では在日コリアンという呼称を使うことにする。

2. 近現代史と在日コリアン

(1) コリアン・ディアスポラ

19世紀半ばから、朝鮮半島に住んでいたコリアンの世界各地への移動が始まり、現在ではその数は700万人を超えている。これをコリアン・ディアスポラと呼ぶ。主な地域は、日本、中国東北三省（遼寧省、吉林省、黒龍江省)、中央アジア（ウズベキスタン、カザフスタン、キルギス)、アメリカ合衆国、カナダ、ドイツ、フランスなどである。中国東北三省には移住と国境線の変更により朝鮮族が存在する。中央アジアには、スターリンによって強制移住させられた高麗人がいる。アメリカには政治亡命や留学、ハワイへの労働移民という形でコリアンが移動した。

朝鮮戦争による孤児の国際養子は約20万人存在する。映画『冬の小鳥』（2010年）はフランスの、アニメーション映画『はちみつ色のユン』（2012年）はベルギーの国際養子の監督による自伝的作品である。

朝鮮民主主義人民共和国（以下、北朝鮮と記す）の友好国には、出稼ぎ労働者が存在し、韓国には脱北者が存在する。韓国では脱北者をセトミン（新しい人）と呼び、移民や難民の受入れが進むなかで包摂の努力が行われている。韓国のアートにはセトミンものというジャンルが存在する。現在の韓国ではコリアン・ディアスポラを世界各地の多様なコリアンの拡がりとして積極的にとらえている。

⑵ 日本の敗戦まで

日本の植民政策は明治時代に始まっているが、1920年代に朝鮮から日本への渡航者が増え続け、日本各地に朝鮮人集住地区が形成された。その理由は、植民地朝鮮の土地所有権の明確化のなかで、土地を失う農民が増加したことと、朝鮮産米増殖計画により資金不足の農家が離農したことである（水野・文 2015: 23）。1923年、関釜連絡船に加えて、済州島と大阪の直行航路が開設された。

1919年の三一独立運動の鎮圧の後、日本語の使用と、神社参拝の強制、創氏改名という皇民化政策が進められた。1923年の関東大震災では、デマにより多数の朝鮮人が民間の自警団などによって虐殺された。この犠牲者の追悼式典への都知事の追悼文の送付は2017年以降取りやめられたが、歴史修正主義とヘイトスピーチに対する姿勢という点で問題がある。

1939年から戦争遂行のために朝鮮人の強制連行と強制労働が始まった。1940年代には治安維持法が独立運動に適用された。日本人の学徒出陣に対して、台湾・朝鮮からの「留学生」は「志願兵」となることを奨励された。東京裁判でB級C級戦犯として死刑になった者も多い。戦後、日本国籍を喪失した在日コリアンの元日本軍兵士とその遺族は戦後補償から除外された。

⑶ 帰国と逆流

1945年8月時点で200万人から210万人の在日コリアンが日本国内に存在したと考えられる（水野・文 2015: 81）。1945年10月から翌年3月までに約140万人が祖国に帰還したが、朝鮮半島の左右の対立と食糧難により日本に戻る逆流が起こった（同上 : 87）。1948年の済州島四・三事件では左派とみなされた住民が多数殺され、詩人の金時鐘（キムシジョン）のように渡日した者もいる。

1950年から53年の朝鮮戦争は、日本には特需をもたらしたが、在日コリアンの貧困と差別の問題は続いた。1959年に始まった北朝鮮への帰国事業では、合計7万5000人が帰国したが、現実の北朝鮮の生活は厳しかった。

(4) グローバル化とヘイトスピーチ

20世紀の終わりから、ニューカマーの渡日が増える。2002年のFIFAワールドカップの日韓共同開催と、小泉純一郎首相の訪朝と日朝平壌宣言は、明るい希望を与えた。しかし、北朝鮮による日本人の拉致とその処理が、北朝鮮のイメージを悪化させ、ヘイト活動を正当化する空気が生まれた。2006年以降の北朝鮮の長距離ミサイルの発射実験と核実験もそれを助長した。

2004年からの第一次韓流ブームは、朝鮮半島の食や文化を日本社会に普及させたが1995年の村山談話の後、2010年代には日本軍「慰安婦」と韓国の徴用工訴訟をめぐる日韓の政府対立により嫌韓の国民感情が起こった。

一方、韓国ではグローバル化により、在日コリアンに対する誤解が修正された。2012年には海外永住者に国会議員選挙や大統領選挙の投票権が認められた。作家の徐京植のように、日韓両国で活躍する在日コリアンも増えた。

2015年には国際記念物遺跡会議（イコモス）により軍艦島の産業遺跡が、世界文化遺産に登録され、2017年にはユネスコ「世界の記憶」に「朝鮮通信使に関する記録――17世紀から19世紀の日韓間の平和構築と文化交流の歴史」が登録された。しかし、軍艦島の観光客向けの展示には朝鮮人労働者の記録がなく、日本の国立博物館における朝鮮通信使展も実現していない。

2006年に「在日特権を許さない市民の会」（在特会）が結成され、各地でヘイトスピーチを行った。2016年のヘイトスピーチ解消法（「本邦外出身者に対する不当な差別的言動の解消に向けた取組の推進に関する法律」）は実効性に欠けた。2019年に川崎市でヘイトスピーチ禁止条例が可決され、差別的な言動を繰り返すと、刑事裁判を経て最高50万円の罰金を科すことができるようになった。しかし、日本には差別全般を禁止し、罰則を伴う法律が存在しない。

3. 在日コリアンの基礎知識

(1) 在日コリアンの国籍

在日コリアンの国籍は、おもに、朝鮮籍、韓国籍、日本国籍に分かれる。

このうち、朝鮮籍は北朝鮮の国籍と誤解されることが多い。

1952年サンフランシスコ平和条約により日本が独立を回復したとき、日本国内の朝鮮人70万人は、すべて日本国籍を剝奪され、「朝鮮籍」となった。この「朝鮮」とは、かつて朝鮮半島に存在した国を示す記号である。つまり、「朝鮮籍」の人は、どの国家の国民でもなく、どの国からも保護されず、どの国のパスポートも持たない。国外移動の際に入手できるのは再入国許可証のみであるため、査証（ビザ）を発行しない国も多く、移動の自由が限られている。

韓国が1965年に日本と国交を結ぶと、韓国籍を取得する者が増えたが、さまざまな思いから朝鮮籍にとどまる者も少なくなかった。1985年の改正国籍法施行により、父母両系血統主義となり、日本人の母の子は日本国籍を取得できるようになった。また、帰化する者も増えて、日本国籍保持者が増えた。

(2) 在日コリアンの法的地位――特別永住という在留資格

1965年日韓基本条約による「協定永住」という制度も、1981年の難民条約批准による在留資格の再整備も、限定的なものであり、在日コリアンが安心して生活する保証にはならなかった。1991年に日韓外相協議の覚書をうけて、「日本国と平和条約に基づき日本の国籍を離脱した者等の出入国管理に関する特例法」（入管特例法）が成立し、在日の在留資格が一本化され「特別永住」がその子孫までに認められるようになった。これを排外主義の団体は「在日特権」と呼んで攻撃しているが、むしろもっと早く行うべき戦後補償であり、人権保護である。1993年の改正外国人登録法の施行による、特別永住者の指紋押捺制度の廃止も、人権保護という点で遅すぎた措置であった。

(3) 在日コリアンの数

同質的な社会という理由で難民や移民を受け入れず、国際社会に対して経済的な負担のみ行ってきた日本も、20世紀末から少子高齢化により、日系ブラジル人やベトナム人技能実習生、高度専門職という形で、徐々に外国人労働者を受け入れている。『在日朝鮮人――歴史と現在』は、在日コリアンの移住労働者という側面に焦点をあてている。植民地と支配本国との間という特殊性をもちながらも、現代の移住労働者と共通する面があるからである（水野・文 2015: iii）。

法務省の「国籍・地域別の在留資格（在留目的）別　在留外国人」の 2019 年 12 月調査、2020 年 7 月 31 日公表のデータでは、在留外国人の総数 293 万 3137 人のうち、国籍・地域別の 1 位は中国、2 位は韓国、3 位はベトナムである。韓国は 44 万 6364 人、朝鮮（これは朝鮮籍を指す。以下同じ）は 2 万 8096 人である。韓国の永住者は 7 万 2391 人、朝鮮の永住者は 413 人、韓国の定住者は、7208 人、朝鮮の定住者は 97 人。特別永住者の総数 31 万 2501 人のうち、韓国の特別永住者は 28 万 1266 人、朝鮮の特別永住者は 2 万 7543 人で、合計 30 万 8809 名となっている。朝鮮の永住者と定住者は、何らかの理由で特別永住者と認められなかった在日コリアンである。したがって、在日コリアンの数は敗戦直後の 70 万人から、戦後 75 年の経過で半分以下に減少したことになる。世代交代による自然減があるにせよ、この減少は帰化によるところが大きいと推測される。

(4) 在日コリアンの通称名

在日コリアンは、今も本名の他に日本式の通称名をもっている者が多い。通称名（通名ともいう）の使用を認めていることについて、1958 年に法務省入国管理局法務事務官は次のような見解を示した。「多くの者は、固有の氏名のほかに、日本式の氏名を好んで使用しており、またそうすることにより人種的偏見に基づく差別待遇を逃れようとした。この心情は無理からぬことであった」ゆえに「彼等自身において『通称名』を名乗る必要のなくならない限り、やはりこの制度を続けてゆくのが好ましいことだと考える」（在日コリアン・マイノリティ人権研究センター HP）。

排外主義の団体は通称名の使用が犯罪の温床になっていると主張するが、在日コリアン・マイノリティ人権研究センターの理事長、仲尾宏の反論は明解である。「……民族差別の存在が在日の通称名使用を固定化させているのであり、それを戦後、いっさい解消しようとしてこなかった日本社会にこそ責任があるのです。なくさなければならないのは『通称名』の存在なのか『民族差別』なのか、明らかなことです。」

日本人の若者の中には、差別はなくなったと考える者も多い。たとえば、高校時代に在日コリアンの同級生が本名を名乗っていたが、差別はなかったと語った学生がいる。しかし、よく考えてみると、中学時代には日本式の通称名を名乗っていたとわかった。若者の人権意識は健やかに育っているが、差別はなくなったわけではないのだ。また、民族に関係なく対等に付き合いたいという若者も多いが、さまざまな属性のうち、どれが自分のアイデンティティに結びつくかは本人が決めることであり、差別を怖れて属性を隠す必要や、属性につながる文化や歴史を学ぶ機会が奪われることをなくす必要がある。

(5) 在日コリアンの教育

在日一世の中には、認知症のため母語の朝鮮語しか理解できない者もおり、在日コリアンのための老人介護施設もある。一方、二世以上は日本語しか理解できず、在日コリアンの少ない地域では文化や風習も失われていった。

在日コリアンの多くは日本人と同じ学校で学んでいるが、民族学校で学ぶ者もいる。民族学校は、朝鮮語で朝鮮の歴史と文化を学ぶことにより、朝鮮人としてのプライドをもち、差別のある社会でたくましく生きてほしいという親たちの願いによって設立された。民族学校には北朝鮮系の学校と韓国系の学校がある。北朝鮮系の学校は幼・保、小、中、高、朝鮮大学校から成る朝鮮学校だが、関係者は親しみをこめて「ウリハッキョ」(私たちの学校) と呼んでいる。地域交流のために文化祭などを公開することもある。

日本には韓国系の民族学校もある。たとえば、在日コリアンの多い大阪には建国学校と金剛学園がある。ここにはニューカマーの子弟も通っている。大阪にはこの他に、コリア国際学校という在日コリアン独自の学校もある。

日本の公立の小中学校の中には、民族学級を設置しているところもある (写真1)。民族学級は大阪を中心に1972年から始まり、週1回のクラブ活動となっているところもある。カルタなどの教材を使ってハングルの読み書きと朝鮮半島の文化と歴史を学ぶ。教室には民族楽器や民族衣装も備えられている。

写真１　民族学級（東大阪市立小阪中学校、ムグンファの会）
出典：2019年筆者撮影

(6) 朝鮮学校についての誤解と差別

朝鮮学校は、日本社会の誤解と差別に取り囲まれている。北朝鮮の資金援助と、教壇の上に飾られた北朝鮮の指導者の肖像、北朝鮮への修学旅行などから、北朝鮮の政府の意向に従う学校であり、生徒と家族は北朝鮮政府の支持者だという誤解がある。朝鮮学校はGHQからも日本政府からも、閉鎖勧告などの弾圧が加えられてきたが、日本国憲法は思想信条の自由を保障しており、日本にはさまざまな学校が存在する。朝鮮学校では、日本社会で生きる子どもを育てるために、日本の学習指導要領を参照した教育も行っている。

ニューカマーの増大により、韓国系の民族学校に入れず、朝鮮学校に入学したケースもある。韓国の人々の朝鮮学校に対する見方はグローバル意識の拡がりにより変化しており、韓国の俳優が朝鮮学校を応援するメッセージと寄付を寄せたこともあった。

朝鮮学校については、韓国人の監督による映画『ウリハッキョ』（2006年）や在日コリアンの監督による映画『蒼色のシンフォニー』（2015年）、『アイたちの学校』（2019年）など優れたドキュメンタリー映画がある。

以上に述べた基礎知識を、インターネット上に求めるには、国立国会図書館の「日本に在留する韓国・朝鮮人について知る」リサーチ・ナビなどを使って、正しい情報収集の方法を身につける必要がある。米国の極東アジア戦略の視野の外に出てみると、北朝鮮と国交がある国が多いことや、朝鮮半島の統一を願う在日コリアンや韓国人が多いことがわかる。読者の皆さんには自ら学び、新しい視点を獲得し、考える姿勢を磨いていただきたい。

4. ヘイトスピーチと在日――黄英治の小説『前夜』と朴昌浩の手記

ここからは、詩、小説、手記という3つのテキストを通して、在日コリアンの声に耳を傾けてみたい。最初に、黄英治の小説『前夜』と、朴昌浩の手記「日本軍『慰安婦』問題へのコミットメントを通して私が得たもの」を取り上げる。黄英治は小説『記憶の火葬――在日を生きる』(2007年)で労働者文学賞、小説「あばた」で第41回部落解放文学賞を受賞した作家である。一方、朴昌浩は会社員として働きながら「希望のたね基金」(キボタネ)の運営委員を務めており、その手記は、アジア女性資料センターの発行する雑誌『女たちの21世紀』の依頼に応えて戦時性暴力被害者支援について書いたものである。

この2つのテキストには、フィクションとノンフィクションというジャンルの違い、プロの小説とアマチュアの手記という質的違いがあるが、ヘイトスピーチと在日コリアンという共通のトピックをもっている。ここではテキストの中の在日コリアンの声を比較し、差別の構造と、差別の構造を変えるヒントについて考えてみたい。

(1) 在日であることの不安

小説『前夜』では、主人公の共田浩規の父親がストレスと深酒から、妻と息子に暴力を振るい、病院の通報により、取り調べを受ける。刑事は暴行とは無関係の、一家の過去に触れる。一家が朝鮮籍から韓国籍を経て日本に帰化していたことを知った浩規は、「おれは日本人として生まれ、なんの疑いもなく、というより、日本人だということを意識することもなく、この国の人間だと思って生きて来た。だが、だが……」(黄 2015: 41) と懊悩する。

> おれの根っこに朝鮮があり、朝鮮の血が流れている。それが不安で不快だ。みんなが朝鮮を嫌っているのがわかる。親父とお袋が拉致やミサイルで北朝鮮がニュースになるたび、口を極めて罵りながら、あんな国は潰れなきゃダメだ、と言い合っているのをよく聞いていた。それでも

> お袋は「冬のソナタ」以来、韓流ドラマに熱中している。でも基本、朝鮮・韓国を見下している。それを横目で見ながら、日本中のみんながそうなんだ、とおれには思える。だって少し前まで、おれも無意識にそう思っていた。だからおれは、おれが日本人だと、言いきれないことが不安で不快で、耐えられない。（同上 : 42）

朝鮮半島の国と住民を見下す日本社会の中で、日本人だと言いきれない不安と不快。それは、在日コリアンである朴昌浩にとって、より深刻な不安と不快であった。彼は手記の中で、「在日として日本で暮らしてきた私は、それらの問題〔日本軍「慰安婦」問題や植民地支配の問題〕と関わることで日本社会からパージ〔purge：敵や望ましくない人物を追放する、粛清するという意〕されるのが怖かったのだ」（朴 2019: 46、〔 〕は筆者注）と心境を語っている。

(2) インターネットと在日コリアン

在日の不安を抱える共田浩規と朴昌浩は、不安を解消するための「情報」をインターネット上に探し、その不安を増殖させる。これは現代人の誰もが無縁ではない陥穽だが、マイノリティの行動に与える影響は深刻である。

> おれは、おれが日本人であり、朝鮮人ではない根拠を、ネットに求めた。ネットには朝鮮人の、在日の、おれがこれまでまったく知らなかった悪行や、ねつ造された強制連行、従軍慰安婦問題がわかりやすく説明されていた。紛れもなく日本人でしかないおれが、日本人であるためには、韓国を、朝鮮を否定しなければならない。だんだんとそんな風に思うようになった。とくに朝鮮人の特長であるという粗暴さ、暴力の権化のような父親を……。（黄 2015: 42-43）

インターネット上には、強制連行や従軍慰安婦問題が捏造であることが「わかりやすく」説明されていたため、浩規はその情報を乾いたスポンジのように吸い取ってしまう。そして、インターネット上で解説されている、朝鮮人「特有の」特徴を学び取り、暴力的な父親をその典型として理解し、父親への憎悪を「朝鮮人」への憎悪に変換して、排外集団に加入する。

これに対して、現実の日本社会に生きる朴昌浩は、手記の冒頭で「以前の私は日本軍『慰安婦』問題や日本による朝鮮人支配の問題に対して関わりたいとも思っていなかった」と語り、衝撃的な過去を自ら明らかにする。

> 私は実を言うと、大学に入りたての頃は「ネトウヨ」だった。インターネット上で韓国や在日のことを罵倒する書き込みを頻繁に行っていた。インターネット上の情報を正しいと思い、それに基づいて行動していた。
>
> （朴 2019: 46）

小説中の浩規と同じく、朴昌浩はインターネット上の情報を正しいと思い込み、情報を学び取り、その「正しい」情報にしたがって行動している。ここ数年、インターネット上で個人攻撃を繰り返す人間が、実は「善良な」一市民に過ぎなかったことがたびたび明らかにされているが、被差別者が差別者に変貌していく動機と過程は、自分の安全と安心を脅かされた人間が残酷な差別者に変貌する、差別の構造を明らかにしている。

⑶ 帰化をめぐる父子のすれ違い

やがて、浩規の父は息子のヘイト活動を知る。彼は、子どもが差別に傷つかないように帰化したと語り、「差別者にするために日本に帰化したんじゃないぞ！」と説教するが、親としての思いは息子には届かない。浩規は、「あんたたちが、おれを中途半端な日本人にしたからだ。……本物の日本人になるためにZTグループで闘っているんだ！」と言い返す（黄 2015: 207）。

本物の日本人とは何者か、テニスの大坂なおみ選手を例に考えてみてほしい。複数のルーツ、言語、容貌や身体の特徴。そして、日本のスポーツ選手には期待されない政治運動に対する意志表明とSNS上で受けた攻撃。この問いは、繰り返し問わなければならない問題であろう。

⑷ 読者に託された未来

小説『前夜』の終わりでは、ヘイトスピーチに加担した浩規と、カウンターデモに参加していた大学院生、尹奉袒(ユンボンチャン)が殴り合いの喧嘩になり、一緒にいた羅淳子(ナスンヂャ)が止めに入る。スンヂャは朝鮮学校の生徒だったとき、通学する電車内で制服のチマチョゴリを切り裂かれたというトラウマ体験をしている。

「やめて！　在日同士で何をしてるのよ！」
「おれは在日じゃない！　日本人だ！」
「いや、お前は在日だ。在日の日本人だ！」
「お父さん？」　(黄 2015: 338-339)

スンヂャの「在日」という言葉に、浩規が反応し、否定すると、浩規の父が割って入る。この父親の発した「在日の日本人」という奇妙な言葉の背景について説明が必要であろう。日本社会では、日本人とのダブルやクォーターであっても、帰化しても、朝鮮半島の言葉や文化を知らなくても、差別を受けることが多い。父親はそれを逆手に取って、「在日の日本人」という新しい呼び名で息子に呼びかけるのだ。この呼び名に息子は立ち止まる。

小説はこの後、浩規と浩規の父親と、ポンチャンとスンヂャが一緒に酒を飲んで語り合うことになって終わる。この後彼らがどうなったかは読者の想像に任されている。未来を創るのは、あなただという読者への重い宿題である。

(5) 浩規のその後を生きる朴昌浩

現実の社会に生きる朴昌浩は、小説の浩規のその後を生きている。手記によれば、大学2年で国際交流サークルに加入し、さまざまな国の学生と交流し、国籍や民族に対して相対的な視点をもてるようになり、ネトウヨだった考えを段々改めていったという。そしてヘイトスピーチ問題に関わり、自分なりに在日や朝鮮に関わる過去の歴史と向き合いたいと思うようになって、「キボタネ」に参加する。そして不安と希望のない状態から一筋の希望を見出すようになる。その希望は、戦時性暴力の被害者からも与えられているという。

朴昌浩は2018年のキボタネ若者ツアーで、韓国の活動家と交流し、「戦争と女性の人権博物館」、ソーシャルベンチャー企業「マリーモンド」「平和のウリチプ」を訪問した。戦争と女性の人権博物館には、日本軍「慰安婦」のみならず、紛争地の性暴力の展示もある。韓国では日本軍「慰安婦」の問題が、戦時性暴力というジェンダー視点で語られ、ベトナム戦争時の韓国軍による戦時性暴力なども取り上げていることが、日本では知られていない。「マリーモンド」と「平和のウリチプ」については読者が自分で調べてほしい。

朴昌浩は、今の支援活動は、自分の過去の行動への「贖罪」であると同時に、自分を取り戻す作業だったと総括し、「ネトウヨだった自分が『慰安婦』問題に関わるなんて皮肉なのかもしれない。でも、だからこそ私にもやらないといけないことがあるように思う」と述べている（朴 2019: 47）。私はこうするが、あなたはどうするのかという、小説『前夜』と同様の、読者への問いかけがある。

5. 在日コリアンと日本人──細田傳造の詩「おかし」

最後に、詩人の細田傳造の詩集『ぴーたーらびっと』に収録された詩「おかし」を取り上げる。細田傳造は1943年生まれで、作品の内容から在日コリアンとわかる。2012年出版の第一詩集『谷間の百合』により2013年に中原中也賞を受賞している。70歳前後で詩作を始めたというが、これまでに出版した詩集はほぼすべてが主要な詩の賞の候補作となっている。

詩「おかし」は物語詩だ。父から孫の四代、在日一世から四世に伝わる家族の物語である。話者と時間と文体を巧みに操作した傑作だが、ここでは、差別の構造と、差別の構造を転覆するヒントに焦点をあててみたい。

(1) おわいのおかし

詩は「九十銭わたされて／おわいのおかしを買いにいく／だがしやさんおわいのおかしを売りますか／ふくろにいれて売りますか」（細田 2013: 115）と民話やわらべ歌のように穏やかに始まる。「父」が子どもの頃働いていた工場で、休憩時間に同僚の日本人に頼まれて、近所の店にお使いに行く。

おわいとは、汚穢（おわい）、人間の糞尿である。糞尿のおかしを下さいという子どもに、駄菓子屋のおばさんは、「ふざけるな」と叱ることもできただろうが、彼女は事の次第を瞬時に察知して、「すこしだけ笑い」、「おまいどこの職工だい？」と尋ねる。「クラハシのしことてす」と子どもがたどたどしい日本語で答えると、おばさんは店を飛び出して工場に行き、工員たちと喧嘩になる。

おわいのおかしだって
おわいのおかしをくいたけりゃ
あなたたちのくそを
まえのでんぷんこうばで　こなにひいてもらって
くえ
ここのかまでやいてもらって
けっ
なんにもしらないちょーせんのこどもで遊ぶな
けっ
こんど売ってあげるから
かならずあなたたち食べなさい
くえ　（細田 2013: 123-124）

⑵ おばさんの名前を書いた子どもの思い

事件の翌日、子どもは、おばさんの名前を藁半紙に書いてもらい、夜間学校の習字の時間に、彼女の名前を書く。「習字の時間／好きな字で／好きな人の名を書けと言われて／上条早智江／震えながら書いた／新聞紙の上に何度も書いた」（細田 2013: 118-119）。「震えながら」「何度も」という言葉にこめられた思いの深さが伝わってくる。同級生はその人は朝鮮人かと聞き、若い美人かとからかい、教師は社会主義者かと尋ねるが、いずれでもなかった。

その後、自分の息子にこの物語を語った父は、からかわれたことに気づかなかった自分と、意地の悪い冗談を振り返って笑ってから、「あんなに怒った日本の女の人を初めて見た」と述懐する。「おわいのおかし／上条早智江さんの怒り／朝鮮人のことで／あんなに怒った日本の女の人を／初めて見た／笑った後で／父は言った」（細田 2013: 126）。

(3) 怒りと希望

短い述懐だが、それまでその子どもがどんな社会の中で生きて来たかがわかる。この初めて見た日本人の怒りの後、この人は朝鮮人のことで怒る日本人に何度出会ったであろうか。筆者も在日コリアンから、「日本人なのにどうしてそんなに優しくしてくれるの？」と問われたことがあり、当事者でなくとも、日本社会の人権意識の低さや同調圧力に絶望し、社会に根差す旧弊を嘆きたくなる。ところが、この詩は最後に希望を笑いとともに差し出す。

「この国の湧水の怒り／アルミニュームのダイカスト工場の／前の御成塚通りを／わたしは残忍な狐になって／こーんとうなって刎ねた／汚わいの生菓子を喰わせてやる」（細田 2013: 126）

一人の日本人の怒りを、「この国の湧水の怒り」と呼んでいる。日本社会には、弱い者いじめに対する怒りの水脈が存在し、時には清らかな湧き水のように噴き出すというのだ。差別されてきた在日コリアンのこの言葉は重い。

以上のように、差別のある社会で人は、自分の安全と安心を確保するために、残酷な差別者に変貌するという差別の構造が存在する。しかしながら、差別の構造の下に、その構造を転覆する契機、包摂と協同の可能性は眠っており、その実現は私たち次第である。現実に出会える人は限られているが、私たちは書かれたものを通して、さまざまな人の経験と思いに出会うことができる。生きた人間の声と経験に出会い、ともに希望のある社会をつくる努力を続けたい。

参考文献

徐京植 2012『在日朝鮮人ってどんな人？』平凡社
朴昌浩 2019「日本軍『慰安婦』問題へのコミットメントを通して私が得たもの」『女たちの 21 世紀』100 号、46-47 頁
黄英治 2015『前夜』コールサック社
黄英治 2012「社会参加としての在日朝鮮人文学――磯貝治良とその文学サークルの活動を通じて」名古屋大学留学生センターオープンフォーラム講演原稿
細田傳造 2013『ぴーたーらびっと』〈詩集〉、書肆山田
水野直樹・文京洙 2015『在日朝鮮人――歴史と現在』岩波新書

Column

「日本」という国家の創造と「国史」

宮間純一

国民国家としての「日本」が誕生するのは、19 世紀後半に始まる「御一新」（明治維新）以後のことである。徳川幕府から政権を奪取した天皇をいただく政府によって、列島の民衆は日本国の構成員として位置づけられることになる。制度面では、戸籍法（1871 年制定）に基づく全国統一の戸籍（壬申戸籍）に登録された人々が、ひとしく権利と義務を付与される国民とされた。また、天皇・皇室をめぐる国家儀礼や学校教育、宗教政策、「伝統文化」の創造などを通じて彼／彼女らに国民としてのアイデンティティが培養されてゆく。

歴史も国民を生み出した文化装置の一つである。政府は、「正史」（公定の歴史）の編纂事業に着手し、あわせて歴史上の人物の顕彰を政策として進めた。学校制度が成立すると、「我が国固有の歴史」として「国史」（一国の歴史）が教え込まれるようになる。まもなく「国史」の中に叙述される歴史は、社会の集合的記憶となり、国民国家を下支えする国民意識を醸成するのに一役買うことになった。

政府が描く歴史物語は、天皇を中心とする「皇国の歴史」として構成された。明治政府は、誕生してまもない 1869 年に天皇の名のもとに六国史を継ぐ史書の編纂に着手すると宣言する。併行して「御一新」において「王政復古」に功労があった人々の慰霊・顕彰を開始した。さらには、過去にさかのぼって天皇・国家に尽くしたとされる人物を褒め称えてゆく。『太平記』などを通じて、後醍醐天皇を奉じた「忠臣」として知られていた楠木正成はその典型例である。楠木は、明治政府によって公式に神として祀られるとともに正一位が贈られた。政府は、楠木のような「勤王」の功績が顕著とされる歴史上の人物を国家統合のために動員し、道徳的規範として示すことで、これにならい、天皇・国家のために行動する国民をはぐくもうとしたのである。

「皇国の歴史」が創造されるとともに、地域社会では「勤王」と評価することが可能な人物や出来事の探索が始まった。「我が郷土」が、天皇・国家に貢献した事跡を発見することで、自己の歴史を国家の歴史に位置づけ、地域利益に結びつけようとする営みである。こうした動向のなか、各地で「勤王の志士」がぞ

周防大島の「八田山維新墓地」
大島護国神社境内。幕長戦争および戊辰戦争の戦死者 23 名が祀られている。
出典：筆者撮影

くぞくと呼び起こされ、国家意識につながる郷土意識が創り出されてゆく。

たとえば、1866 年の幕長戦争の舞台となり、戦災を被った瀬戸内海の周防大島では、島民の犠牲と努力によって「王政復古」が達成されたと現在に至るまで主張されてきた。長州藩領であった周防大島には幕府軍が進行し、村は放火され、島民たちは理不尽な暴力を受けたが、百姓たちは勇敢にも武器をとってこれに立ち向かった、この気概こそが近代を切り拓いたのだ、とされる。この歴史の語り手となったのは、島の住民と明治期以降ハワイなどにわたった移民たちである。「貧しい島」であった周防大島の経済を支える移民たちは郷土を回顧するとき、近代国家成立の礎になった島民の犠牲と活躍を想い起こす。こうした歴史意識は、国境をまたいで生活を営んだ移民たちにも、「日本」への帰属意識をもたらす記憶となった。

その後、天皇を中心とした歴史は天皇・国家のために命を差し出す兵士を戦場に送り出すための装置ともなり、歴史学は結果的にその片棒を担がされていたことになる。一国史としての歴史の枠組みを超えた世界の中の日本史を問う歴史学のあり方が問われている。

●参考文献

高木博志 2005「『郷土愛』と『愛国心』をつなぐもの――近代における『旧藩』の顕彰」『歴史評論』659 号、2-18 頁
谷田博幸 2019『国家はいかに「楠木正成」を作ったのか――非常時日本の楠公崇拝』河出書房新社
宮地正人 2019『天皇制と歴史学――史学史的分析から』岩波書店
宮間純一 2019「地域における明治維新の記憶と記録」『日本史研究』679 号、129-156 頁

11 日本の入管法と諸問題

杉田昌平

Keywords 入管法，制度と人の国際移動，在留管理制度

入管法は日本の出入国を定める基本法である。歴史を振り返ってみると、出入国管理の制度が変更されることによって、人の国際移動は影響を受け、人の生活も変化してきた。古くは海外に新天地を求め、制度の変更により新天地としての目的地が変化することもあった。また、制度の変更によって、新天地を求めた人の子孫が日本に活躍の場を求めたこともある。

そして、現在も、つくられた制度とその制度の目的との間で緊張関係が生じているという問題もある。

本章では、出入国管理の基本法である入管法の成り立ちにさかのぼり、現在に至る一連の流れを見た上で、現代の問題を概観する。

1. 出入国の基本法としての入管法

日本の出入国に関する法的な枠組みを定めている法律が「出入国管理及び難民認定法」（入管法）である。入管法は、後述の在留資格制度をはじめ、出入国在留管理に関する制度を定める出入国在留管理の基本法といえる。

入管法の直接の起源は1951年10月4日に、「ポツダム宣言の受諾に伴い発する命令に関する件」（昭和20年勅令第542号）に基づき制定された「出入国管理令」である。日本国との平和条約（昭和27年条約第5号、いわゆるサンフランシスコ平和条約）が1952年4月に発効され、日本は日本国および領水に対する完全な主権を回復した（同条約第1条（b））。主権を回復する前

の昭和勅令第542号に基づく命令に関して、「ポツダム宣言の受諾に伴い発する命令に関する件の廃止に関する法律」（昭和27年法律第81号）が日本国との平和条約の効力発生の日に施行された（同法附則第1条）。同法第2項では、別に法律で廃止または存続に関する措置がなされない場合においては、同法の施行の日（1952年4月28日）から起算して180日間に限り、法律としての効力を有すると規定された。この規定を受けて同日、「ポツダム宣言の受諾に伴い発する命令に関する件に基く外務省関係諸命令の措置に関する法律」（昭和27年法律第126号）が制定され、同法第4条で出入国管理令は「この法律施行後も法律としての効力を有するものとする」と規定された。

その後、日本が「難民の地位に関する条約」（昭和56年10月15日条約第21号）および「難民の地位に関する議定書」（昭和57年1月1日条約第1号）への加入に伴う国内法整備のため、「難民の地位に関する条約等への加入に伴う出入国管理令その他関係法律の整備に関する法律」（昭和56年法律第86号）が制定され、同法第1条で、名称が「出入国管理令」から、現在の「出入国管理及び難民認定法」に改められた。もっともこのときの改正が全部改正ではなく一部改正であったため、法令番号としては、現在でも「昭和26年政令第319号」が使われている。

現在の入管法では、在留資格を別表の中で定めている。この別表として在留資格を定める現在の入管法の形ができあがったのは、平成元（1989）年に入管法が改正されたときである（平成元年法律第79号）。この平成元年に成立した改正法が翌年である平成2年（1990）年に施行された。現在の入管法の基本的枠組みを定めた改正であるため、「1990年体制」と評価する見解も有力である（明石 2010: 97）。この「1990年体制」の中で、その後各地域で受入れについての議論を呼ぶ、「定住者」としての日本にルーツのある人の受入れや「技能実習」の在留資格での外国人（入管法第2条2号に同じ）の受入れが行われるようになっていく。

2. 内外人一本法としての入管法

入管法は第1条で「出入国管理及び難民認定法は、本邦に入国し、又は本邦から出国する全ての人の出入国及び本邦に在留する全ての外国人の在留の公正な管理を図るとともに、難民認定手続を整備することを目的とする」と定める。この条文にあるとおり、入管法は、外国人だけではなく日本人にも適用される。諸外国の例では、たとえば日本に来てくれる人が増加しているベトナムのように、領域内の外国人の管理に関する法律（例：LAW ON ENTRY, EXIT, TRANSIT, AND RESIDENCE OF FOREIGNERS IN VIETNAM〔47/2014/QH13〕）と内国人の出入国に関する法律（例：LAW ON ENTRY AND EXIT OF VIETNAMESE CITIZENS〔49/2019/QH14〕）を分ける例も存在する。

これに対し日本は、出入国に関して入管法という一つの法律でその管理を行う仕組みとしている。このような内外人一本法となったのは、戦後日本の出入国管理令が定められた際に、内外人一本法である米国移民国籍法の影響を受けたことや、連合国最高司令部による占領時代にあっては、日本人の出入国と外国人の出入国とはともに管理の対象であり、すべての人の出入国を公正に管理しなければならないという状況にあったのではないか、という指摘がなされているところである（竹内 1995: 180）。

3. 入管法以外の出入国関係法令

出入国の基本法は入管法だが、入管法以外にも出入国関係法令は存在する。まず、入管法施行規則のように、入管法のより細則を定めるものが存在する。この後出てくる在留資格の該当性を検討するのに重要な位置を占める「出入国管理及び難民認定法第七条第一項第二号の基準を定める省令」（上陸許可基準省令）もこういった細則の一つである。

その他に、入管法とは別に定められている法律も存在する。たとえば、技能実習制度について定めている「外国人の技能実習の適正な実施及び技能実習生の保護に関する法律」（平成 28 年法律第 89 号）（技能実習法）等である。技能実習法も出入国関係法令の一つとして、技能実習制度の枠組みを定めている。

4. 在留資格とは

日本では「在留資格制度」を採用している（入管法第2条の2）。在留資格制度とは「外国人の本邦において行う活動が在留資格に対応して定められている活動のいずれか一に該当しない限り、その入国・在留を認めないとする仕組み」と説明される（坂中・齋藤 2012）。言い換えれば、在留資格に定める活動のどれかに該当していなければ、そもそも日本に入国できないのであるから、日本に在留する人は、原則として在留資格を有するという制度になっているともいえる。

外国人が日本に在留する際に、原則として、1人1つの在留資格を有する制度を採用していることを、「一在留一資格の原則」、または、「一在留一在留資格の原則」と呼ぶ。この一在留一資格の原則から、外国人1人が同時にもつことができる在留資格は1つであるということが導かれ、たとえば「技能実習」の在留資格と「留学」の在留資格を同時に有するといったことはできない。

この在留資格とよく似た用語として「ビザ」という言葉を聞いたことがある方も多いと思う。在留資格と「ビザ」は、一般的には同じ意味の言葉として使われることも多い。たとえば「就労ビザ」と言ったりする場合である。しかし、法律の言葉としては「在留資格」と「ビザ」は別のものである。「在留資格」は、日本に留まって活動する資格を意味する。他方で「ビザ」とは、「査証」を意味する。この査証が具体的に何を意味するかであるが、在外の日本国領事館でパスポートに貼付される紙片である。この査証を有しないと外国人は日本に入国するための審査を受けることができない（入管法第6条1項）。そのため、査証（ビザ）は、日本に入国するための推薦状に例えられることがある。

(1) 在留資格の種類

それでは、在留資格とはどのように決められているのだろうか。日本には2021年5月時点において29種類の在留資格が存在する。

最初に、在留資格の種類の定め方について概観したい。**表1**の在留資格一覧は、29種類の在留資格について、典型的な該当例や在留期間を入管法が定める別表のグループごとにまとめたものである。

まず、この29種類の在留資格はどのような基準によって定められているかであるが、日本でどのような活動をするかという観点による。たとえば、日本の大学等で勉学を行う在留資格は「留学」であるし、日本の大学で教える在留資格は「教授」である。はたまた、日本で技能等を身につけながら日本の企業で働き、母国に帰って技能等を移転しようとするための在留資格は「技能実習」である。その他にも、日本人と結婚した方が日本で夫婦生活を送るための在留資格は「日本人の配偶者等」である。

このように、在留資格は、どのような活動を日本で行うかという観点を基本的な観点として、活動ごとに類型化したものである。

なお、ここでは在留資格の種類を29種類としているが、在留資格の「個数」で考えた場合、29より多くなる。これは、同じ種類としてまとめている在留資格の中でも、個数として考えた場合、さらに細分化されるからである。たとえば「高度専門職」という種類の在留資格でも「高度専門職1号イ」「高度専門職1号ロ」「高度専門職1号ハ」「高度専門職2号」は別の在留資格であり、同様に「技能実習1号イ」「技能実習1号ロ」「技能実習2号イ」「技能実習2号ロ」「技能実習3号イ」および「技能実習3号ロ」はそれぞれ別の在留資格である。

そのため、在留資格の個数と言った場合、29より多い数となる。

次に、在留資格のグループと適用されるルールについて見てみる。**表1**の在留資格一覧では、入管法が定めた別表ごとにグループに分け、就労についての取扱いと上陸基準省令の適用の有無をグループごとに記載している。就労については「◎」とあるものが、原則として就労の範囲に制限がなく日本人と同様に就労することができることを意味し、「○」とあるのが在留資格に対応する活動であれば就労をすることができることを意味し、「×」とあるのは原則就労を行うことができないことを意味する。

また、上陸許可基準省令について「○」とあるものは、上陸許可基準省令の適用があるもの、「×」とあるものは上陸許可基準省令の適用がないもの

表1　在留資格一覧

在留資格	該当例	在留期間
入管法別表第一の一　就労：〇、上陸許可基準省令：×		
外交	外国政府の大使、公使、総領事、代表団構成員等及びその家族	外交活動の期間
公用	外国政府の大使館・領事館の職員、国際機関等から公の用務で派遣される者及びその家族	5年、3年、1年、3月、30日又は15日
教授	大学教授等	5年、3年、1年又は3月
芸術	作曲家、画家、叙述家等	5年、3年、1年又は3月
宗教	外国の宗教団体から派遣される宣教師等	5年、3年、1年又は3月
報道	外国の報道機関の記者、カメラマン	5年、3年、1年又は3月
入管法別表第一の二　就労：〇・上陸許可基準省令：〇		
高度専門職	ポイント制による高度人材	5年（1号）、無期限（2号）
経営・管理	企業等の経営者・管理者	5年、3年、1年、4月又は3月
法律・会計業務	弁護士、公認会計士等	5年、3年、1年又は3月
医療	医師、歯科医師、看護師	5年、3年、1年又は3月
研究	政府関係機関や私企業等の研究者	5年、3年、1年又は3月
教育	中学校・高等学校等の語学教師等	5年、3年、1年又は3月
技術・人文知識・国際業務	機械工学等の技術者、通訳、デザイナー、私企業の語学教師、マーケティング業務従事者等	5年、3年、1年又は3月
企業内転勤	外国の事業所からの転勤者	5年、3年、1年又は3月
介護	介護福祉士	5年、3年、1年又は3月
興行	俳優、歌手、ダンサー、プロスポーツ選手等	3年、1年、3月又は15日
技能	外国料理の調理師、スポーツ指導者、航空機の操縦者、貴金属等の加工職人等	5年、3年、1年又は3月
特定技能	特定技能外国人	1年、6月、4月（≦通算5年、1号）／3年、1年、6月（2号）
技能実習	技能実習生	法務大臣が個々に指定する期間（1号：≦1年、2号・3号：≦2年）
入管法別表第一の三　就労：×・上陸許可基準省令：×		
文化活動	日本文化の研究者等	3年、1年、6月又は3月
短期滞在	観光客、会議参加者等	90日若しくは30日又は15日以内の日を単位とする期間
入管法別表第一の四　原則：×・上陸許可基準省令：〇		
留学	大学、短期大学、高等専門学校、高等学校、中学校及び小学校等の学生・生徒	4年3月を超えない範囲内で法務大臣が個々の外国人について指定する期間
研修	研修生	1年、6月又は3月
家族滞在	在留外国人が扶養する配偶者・子	5年を超えない範囲内で法務大臣が個々の外国人について指定する期間
入管法別表第一の五　就労：※・上陸許可基準省令：×		
特定活動	外交官等の家事使用人、ワーキング・ホリデー、経済連携協定に基づく外国人看護師・介護福祉士候補者等	5年、3年、1年、6月、3月又は法務大臣が個々に指定する期間（≦5年）
入管法別表第二　就労：◎・上陸許可基準省令：×		
永住者	法務大臣から永住の許可を受けた者（入管特例法の「特別永住者」を除く。）	無期限
日本人の配偶者等	日本人の配偶者・子・特別養子	5年、3年、1年又は6月
永住者の配偶者等	永住者・特別永住者の配偶者及び本邦で出生し引き続き在留している子	5年、3年、1年又は6月
定住者	第三国定住難民、日系三世、中国残留邦人等	5年、3年、1年、6月又は法務大臣が個々に指定する期間（≦5年）

出典：入管法別表をもとに筆者作成

表２　在留外国人の在留資格等上位 10（2006, 2019）

2006		2019	
在留資格等	人 数	在留資格等	人 数
特別永住者	443,044 人	永住者	793,164 人
永住者	394,477 人	技能実習	410,972 人
定住者	268,836 人	留学	345,791 人
日本人の配偶者等	260,955 人	特別永住者	312,501 人
留学	131,789 人	技術・人文知識・国際業務	271,999 人
特定活動	97,476 人	定住者	204,787 人
家族滞在	91,344 人	家族滞在	201,423 人
研修	70,519 人	日本人の配偶者等	145,254 人
人文知識・国際業務	57,323 人	特定活動	65,187 人
短期滞在	56,449 人	技能	41,692 人

出典：在留外国人統計（旧登録外国人統計）統計表をもとに筆者作成

を意味する。

(2) どのような在留資格等で在留する人が多いか

表２は、2019 年時点と 2006 年時点において、日本に在留する外国人が何の在留資格等に基づき在留するかに着目し、在留資格等別で多い順から 10 の在留資格等をまとめた表である。

2006 年時点の統計と歴史的な背景の関係を考えてみたい。2006 年時点において一番多かった在留資格等は「特別永住者」である。「特別永住者」とは日本国との平和条約に基づき日本の国籍を離脱した者等の出入国管理に関する特例法（平成 3 年法律第 71 号）により永住することができる特別の法的地位を有する者である。第二次世界大戦の前後では、日本国内から満洲等に移住している者も多かったが、他方で、朝鮮半島等から日本の本土に移動している者も多くいた。戦後、出入国在留管理として、満洲等からの引き揚げと同様に、日本の本土に在留する人の法的地位が問題となり、「特別永住者」という在留の根拠が設けられるまで長い年月を要した（⇒第 10 章 3 節参照）。第二次世界大戦の直前および戦時下の人の国際移動が 2006 年頃まで日本の出入国在留管理上の重要な課題となっていたともいえる。

また、2006年時点において特徴的だといえるのが「定住者」の在留資格で在留する者が2019年時点より多いことだ。これは、1990年に施行された当時の改正入管法において「定住者」という在留資格が類型化された。そして、同年に定められた定住者告示で日本にルーツのある日系三世にあたる者が「定住者」の在留資格に該当することが明確化された。

この日本にルーツのある日系三世という点については、日本の出移民の歴史を振り返るとわかりやすいと思う。今でこそ働き方改革や働き手不足といわれる日本だが、戦前は労働力が余剰状態にあった。そのため、日本は今のように海外から働き手を求める国ではなく、海外へ働き手を送り出してきた国であった。日本の働き手（移民）の送出しとして有名なのが、明治元年（1868年）に約150名の人がハワイに向かった、いわゆる「元年者」である。ハワイへの送出しは、3年等の期間を定めた労働を目的とした移動であったが、後に、目的地での永住を意図した移住に変わっていく。

1908年に日米紳士協定が成立し、ハワイへ移民を送り出すことが難しくなると、日本は送出し先として南米へ活路を求めた。1917年には、東洋拓殖株式会社法を改正し、同法に基づき設立された特別な株式会社である東洋拓殖株式会社に一定の株式を保有させ、その当時に存在していた移民会社を統合させて海外興業株式会社が設立され、第二次世界大戦の時期まで南米への移民を送り出していた（⇒第9章2節参照）。

また、戦争によって経済に大きな打撃を受けた日本は、戦後にあっても引き揚げ者の問題もあり、働き手の余剰という問題に直面していた。そのため、1954年に移住の実施機関として財団法人日本海外協会連合会が設立され、同様に移住の金融部門として1955年に日本移住振興株式会社法に基づき日本移住振興株式会社が設立され、戦後の日本の送出し事業が再開された。このときに目的地として指向されたのも南米であった。もっとも、日本は1950年代より高度成長期に入り、日本国内の経済復興により徐々に出移民事業は衰退していく。

そして、財団法人日本海外協会連合会および日本移住振興株式会社は、海外移住事業団法（昭和38年7月8日）の附則第6条および7条で海外移住事業団に承継された。その後、海外移住事業団は、国際協力事業団法（昭和

49年法律第62号）の附則第7条により国際協力事業団に承継され、さらに独立行政法人国際協力機構法（平成14年法律第136号）の附則第2条により、独立行政法人国際協力機構（JICA）に承継されている。

戦前から戦後の初期まで、日本の出移民の目的となっていたのがブラジルを中心とする南米地域であった。日本から南米に国際移動をした第1世代の人は、日本国籍を保持していたと解される。第2世代の人については、今の在留資格の類型では「日本人の配偶者等」に該当する。第2世代のさらに次の世代になると「定住者」の類型となるのであり、2006年頃、多く来日していた日本にルーツのある者は、この第3世代以降の者で「定住者」として来日していたといえる。

今度は時点を2019年時点に移してみたい。2019年時点で特徴的なのは、「技能実習」の在留資格で在留する者が大きく増加していることであるといえる。技能実習制度は1993年に制度が法定化され、徐々に拡大を続けてきた。2017年に技能実習生のより一層の保護を目的として技能実習法が施行されている。もっとも、技能実習制度は、国内外から批判的な意見も出ている制度である。

(3) 社会の変化と在留資格

このように、2006年時点と2019年時点の2点の比較をして在留資格別に在留者数を検討しても、その背景にある社会の変化と歴史を感じることができる。

そして、その変化に合わせて、問題も変化する。たとえば、2006年時点においては、日本にルーツのある者の受入れというのは、さまざまな課題として認識された。たとえば、総務省から2006年に「多文化共生の推進に関する研究会報告書～地域における多文化共生の推進に向けて～」が公表されており、外国人が多く住む地域である集住地では外国人住民への対応の検討の必要性が喫緊の課題になっていた。

課題としては、防災情報の多言語・非言語による提供、地域とのコミュニケーション方法等、日本国内にいながら国際交流を行うという内なる国際化が問題となっていた。また、定住者の在留資格は、家族の帯同も可能であるため、定住者として日本に在留する者の配偶者やその家族についても医療や教育という点で受け入れる環境を整備する必要が出てくる。

他方で、現在増加している技能実習の在留資格の場合には、家族帯同は認められない。医療情報や地域とのコミュニケーションなど共通する課題もあるが、子どもの教育という観点での問題の多さは異なることになる。また、技能実習制度は受け入れる団体への依存度が高いため、地域とのコミュニケーションが不足しがちとなり、地域との連携が難しくなるといった現代的な課題もある。

このように、戦後の一部だけをみても、社会の変化とともに外国人の在留状況も変遷してきており、課題も変化している。今後、少子高齢化による働き手不足が進む日本では、これからも外国人の在留は増加することが予想されるが、それに伴い課題も変化していくと思われる。

5. 国境を越えた労働力の移動と入管法

ここからは、現在の在留資格制度に視点を移して検討を進めたい。現在、出入国の大きな要素の一つとなっているのは、労働者としての外国人の受入れである。2019年4月に改正入管法が施行され、「特定技能」という新しい在留資格が創設された。この「特定技能」制度は、2019年4月に策定された出入国在留管理基本計画において「深刻な人手不足対策としての外国人材の受入れ」の施策と位置づけられている。

では、就労を目的とした在留として考えた場合、現在の入管法の各在留資格はどのように位置づけられるのか。

(1) 各在留資格の位置づけと外国人の受入れ政策

次の図1「就労を目的とした在留資格の関係」は、就労を目的とした在留資格について、縦軸に技能水準を取って並べたものである。

これまで日本では、長く左上部分の従来の専門的・技術的分野と呼ばれる在留資格を取得できる外国人に門戸を広くして受入れを行ってきた。このカテゴリーに該当する外国人は「高度人材」や「高度外国人材」と呼ばれるが、法律で定められた言葉があるわけではない。一般的には、大学卒業者であり、ホワイトカラー職に就職する者を指すことが多い。在留資格では「高度専門職」「技術・人文知識・国際業務」等が典型例である。

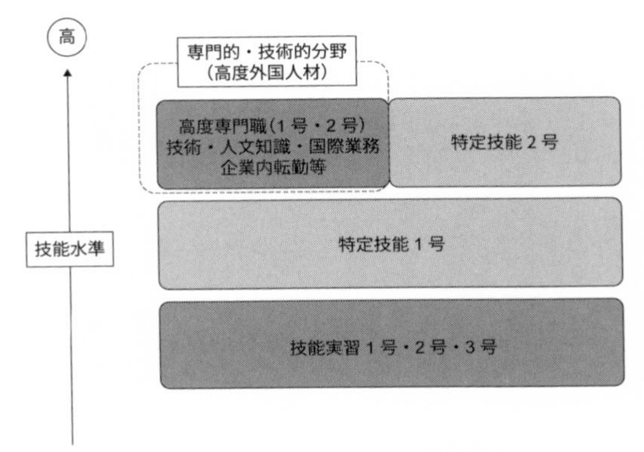

図1　就労を目的とした在留資格の関係
出典：筆者作成

このカテゴリーと同様に、日本が受入れを行ってきたのが、技能水準のエントリーレベルに該当する「技能実習」の在留資格で就労する者である。技能実習の在留資格で来日している技能実習生は、間違いなく日本の多くの産業やサービスを支えてくれていて、私たちの生活の見えない部分で技能実習生に依存している産業が多くある。しかし、技能実習は、その制度目的として国際協力の推進を目的とした制度であって、労働力の需給の調整の手段として用いてよい制度ではない。言い換えれば、日本は、技能実習制度によって産業・サービスの現場を支えてくれている人材の受入れを行ってきたが、それは、労働力の確保という観点で行ってきたものではない。

このような外国人の受入れ政策に変化が生じたのが、2019年4月の改正入管法の施行である。図1の中の薄いグレーの部分が、この改正入管法で新設された在留資格である。技能実習と従来の専門的・技術的分野の中間に位置する在留資格として創設されたのである。特定技能制度は、技能実習制度と異なり、「深刻な人手不足対策としての外国人材の受入れ」として設けられた制度であり、労働力の確保を目的とした制度である。この点で、日本は、これまで積極的には行ってこなかった産業・サービスの現場の担い手という労働市場を、特定技能制度の対象となる14の産業分野だけではあるが、諸外国に開放したといえる。この政策の変化は、大きな変化であると言ってよい。

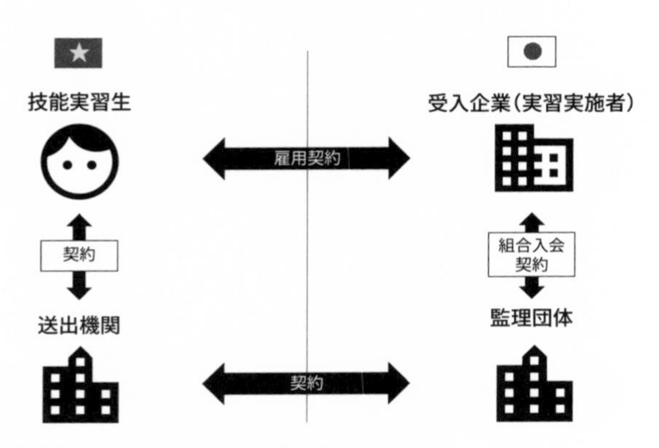

図２　技能実習制度（団体監理型）概要
出典：筆者作成

⑵ 技能実習制度

技能実習は、技能実習法第１条に「人材育成を通じた開発途上地域等への技能、技術又は知識（省略）の移転による国際協力を推進することを目的とする」とあるように、国際協力の推進のための制度である。また、「技能実習は、労働力の需給の調整の手段として行われてはならない」（同法第３条２項）とあるように、技能実習は、労働力確保のための制度でない。

繰り返し強調しておくが、制度の本来的な趣旨は、労働力の確保のための制度ではなく、国際協力の推進を目的とした制度なのである。

多くの技能実習では、技能実習制度のうち団体監理型技能実習と呼ばれる仕組みを活用している。団体監理型技能実習とは、日本の営利を目的としない法人（事業協同組合等）により受け入れられて必要な講習を受けることおよび当該法人による実習監理を受ける日本の機関で業務に従事するという制度であり、図解すると図２のとおりとなる。

ここに出てくる監理団体とは何かであるが、団体監理型技能実習では、監理団体を通じて技能実習生の受入れを行う必要がある。監理団体とは、技能実習法に基づく監理許可を受けて実習監理を行う事業（以下「監理事業」という）を行う日本の営利を目的としない法人のことをいう（技能実習法第２条10号）。

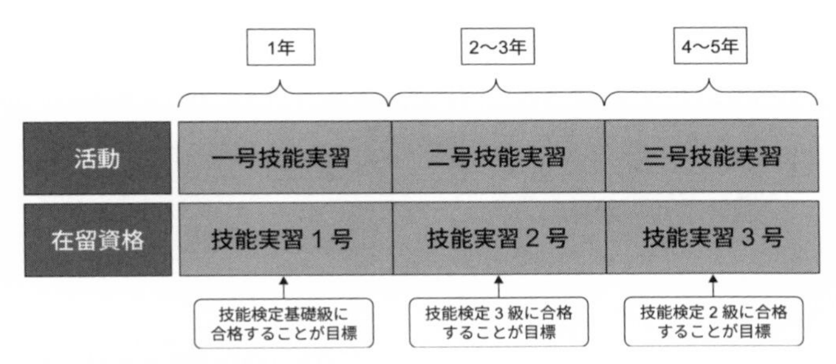

図３　技能実習制度の流れ
出典：筆者作成

監理事業を行うことは許可制となっており、許可を受けられる法人は、事業協同組合等一定の法人に限定されている（技能実習法第25条1項1号、技能実習法施行規則第29条1項）。多くの監理団体は、事業協同組合という法人格であることが多いため、一般的に監理団体のことを「組合」と呼称する。

同様に団体監理型技能実習では送出機関と呼ばれる、送出国側の機関の関与が必須となる。送出機関とは団体監理型技能実習生になろうとする者からの団体監理型技能実習に係る求職の申込みを適切に本邦の監理団体に取り次ぐことができる者として主務省令で定める要件に適合した機関である（技能実習法第23条2項6号かっこ書）。送出機関は技能実習生の送出国であるベトナム、フィリピン、インドネシア、ミャンマー等のそれぞれの国で許可を受けて設立されている組織であり、営利で海外に労働者を送り出すことを事業としている法人が多い。

送出機関は、当該国で技能実習生として来日を希望する人をリクルートとし、監理団体に取り次ぐ業務を行う。

次に技能実習の流れを見てみよう（図3）。技能実習は1年目の技能実習1号、2・3年目の技能実習2号、4・5年目の技能実習3号に分かれており、各段階事に技能実習計画という技能実習の予定を定めた書面を作成し、技能実習計画に基づき技能実習が行われる。

そして、技能実習は技能等の移転による国際協力の推進を目的とした制度であるため、帰国するまで、持ち帰るべき技能等を身につけたかを確認する必要がある。そこで、各技能実習の段階ごとに、技能実習計画において、合

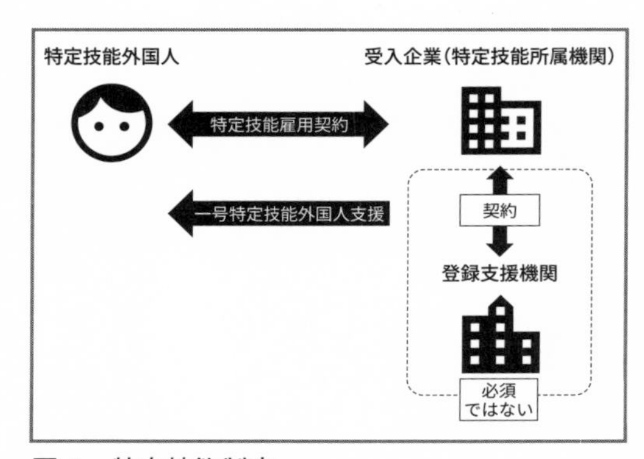

図４　特定技能制度
出典：筆者作成

格するべき検定試験が定められる。この検定試験は、主として職業能力開発促進法に基づく技能検定である。

日常の仕事についても、この技能検定等の試験に合格するように必ず行うべき業務等が定められている。

(3) 特定技能制度

ここでは新しく創設された制度である特定技能制度の枠組みをみてみよう。特定技能は、専門的・技術的分野とされる在留資格と技能実習制度の中間に位置する在留資格で、いずれの在留資格とも異なる特徴をもっている。特定技能の制度を簡単に図示したのが、図４である。なお、以下では「特定技能１号」の在留資格について中心的に説明をする。

特定技能制度では、技能実習制度と異なり送出機関および監理団体の関与はなくなった。そのため、要件さえ満たせば外国人（特定技能外国人）と受入企業（特定技能所属機関）との二者間だけの契約で完結する（ただし、当該国と日本の取決め等により送出機関の関与が必要な国もある）。

特定技能制度の特徴は、受入企業側に外国人に対する支援を行う義務が課されたことである。受入企業は、一号特定技能外国人支援といい、次の項目の支援を行うことが必要となる。一号特定技能外国人支援は、これまでの規制と異なり、外国人が日本で職業生活および日常生活を営む上で、円滑に生活することができる制度となっている点で、働く外国人の目線に立った制度であるといえる（図5）。

特定技能の在留資格を取得するには、図６のとおり、２つの道がある。一つは技能実習を約３年行い、その技能実習の分野と対応する分野の特定技能へ移行する場合である（技能実習ルート）。また、日本語および技能試験に合格すれば、日本に一度も来たことがない場合であっても、特定技能の在留

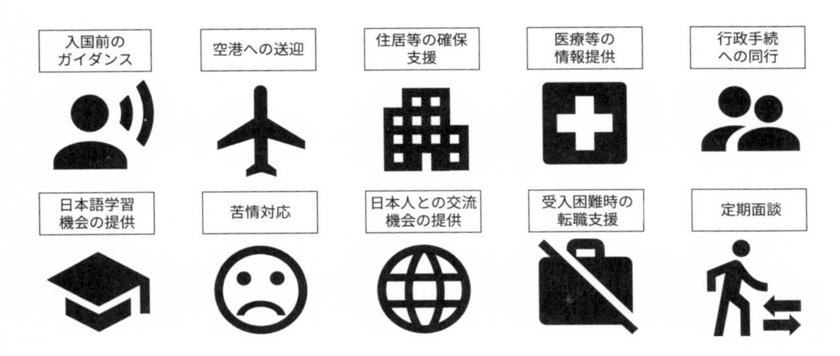

図５　一号特定技能外国人支援の内容
出典：筆者作成

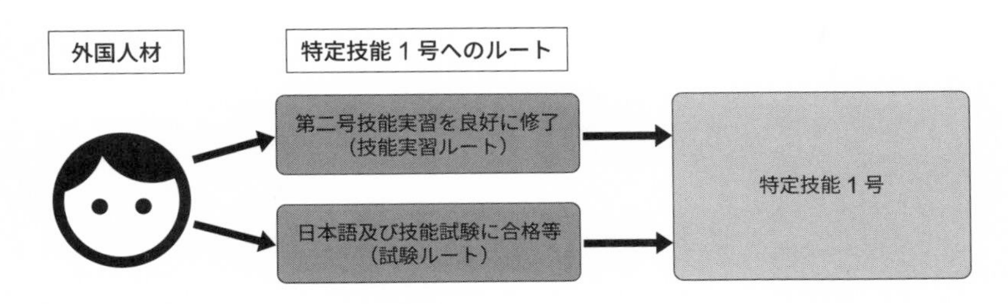

図６「特定技能１号」へのルート
出典：筆者作成

資格を取得することができる（試験ルート）。

(4) これからの受入制度

このように、2019年の入管法改正により、技能実習と一部接続する形で特定技能制度が創設された。これまでみてきたとおり、日本における外国人の受入制度はまだ誕生したばかりであり、今後、長い時間をかけてより望ましい制度に発展していくと思われる。

特定技能制度の創設にあわせて2018年12月に開催された第３回「外国人材の受入れ・共生に関する関係閣僚会議」において、「外国人材の受入れ・共生のための総合的対応策」が決定され、これまで２回の改訂を経ている。

今後、ますます外国人の力を借りなければ日本の社会活動の維持が難しいことが予想される環境にあっては、日本に来てくれる外国人にとっても望ましい制度を構築していくことが急務だといえる。

6. 日本の将来と入管法

このように働き手という観点でみたとき、日本は外国人にとっても働きやすい・生活しやすい開かれた国へと移行していくことが望ましいといえる。しかし、これまで外国人の受入れを十分に検討してきたかといえば、そうではない面がある。

まず、2006年時点についての記述で指摘をした日本にルーツのある「定住者」の受入れについては、定住者の子どもの教育問題等の対応が十分ではなかった点から、その子ども世代に影響が生じている。

また、難民として日本を頼りに来日した人について十分に保護を与えているのかという問題もある。

このように、現在の入管法を取り巻く問題は、これまで多く見てきた働き手としての外国人についてのもの以外にも多面的に存在し、歴史を抜きに検討することができないほど社会に深く根ざした問題である。

必要となるのは、この先、日本という社会をどのようにするべきかという将来への視点である。ぜひ、本章で検討した事項をきっかけに、どのような未来を描き、そこで諸外国との人の国際移動はどのようにあるべきかという点を、多くの人に考えてもらいたい。

❖参考文献

明石純一 2010『入国管理政策──「1990年体制」の成立と展開』ナカニシヤ出版
児玉正昭 1992『日本移民史研究序説』渓水社
坂中秀徳・齋藤利男 2012『出入国管理及び難民認定法逐条解説〔改訂第四版〕』日本加除出版
竹内昭太郎 1995『出入国管理行政論』信山社出版
若槻泰雄・鈴木譲二 1975『海外移住政策史論』福村出版

Column

社会的カテゴリーとアイデンティティ
――日系人の実態――

小嶋　茂

■社会的カテゴリーとしての日系人

日系人という言葉、この漢字三語からなる語彙は、第二次世界大戦後に初めて登場する。その定義は、たとえば1968年に始まる外務省発行『海外在留邦人数調査統計』において目まぐるしく変化している。「日本国籍を有する永住者および日本国籍を有しないが、日本人の血統をひく者（帰化一世、二世、三世等）の双方を含む者」という、現在の定義に落ち着くのは2002年である。1986年の時点では、「片親のみが日本人の子を日系人とみるかという問題が生じる」として、混血の人たちが日系人かどうかについて疑問を呈し、判断を保留している。その結果、日系人数の記載は15年間見送られ、2002年になって改めて上記の定義が登場した。この定義は、日本人側からみた社会的カテゴリーである。今でこそ、ミックス・ルーツという表現もかなり広まり、混血の人たちも日系人として数えられている。しかし、これは最近のことである。つまり、日系人という言葉は、時代とともにその意味する範囲が大きく変化している。

■社会的カテゴリーとアイデンティティの齟齬

それとともに、日系人と呼ばれる人たち全体の様相も大きく変化している。1868年にハワイへ渡った移民、通称「元年者」の150周年祭が2018年に行われた。その際、元年者の子孫は、八世まで誕生していると伝えられた。アメリカやカナダの国勢調査データによれば、両国ではともに、日系人の過半数がミックス・ルーツ、つまり混血である。ここで注意を要するのは、混血＝ハーフではないことだ。当然のことだが、時とともに日本人の血統が2分の1から4分の1、さらに8分の1と減少している日系人が増えている。たとえば、日本人移民が日本人以外の相手と結婚してその子がハーフとなり、さらにその人の子が、日本人の血統を引かない人と結婚して、そのパターンを繰り返したならば、日系六世にあたるその日系人は日本人の血統が32分の1（約3%）であり、八世に至っては128分の1（1%以下）である。こうした日系人は確実に増えている。こう考えてくると、日系六世や八世と呼ぶことに、いったいどのような意味があるのだろうか、という疑問も浮かぶ。さらに実際には、二世や三世でも、自分は日系人ではなく、ブラジル人やアメリカ人等であると強く主張する人たちも相当数いる。これはアイデンティティとしての表明である。つまり、日本人からみた社会的カテゴリーである「日系人」は、あくまで集団概念であり、日系人自身のアイデンティティ、つまり個人意識とは大きな齟齬があるということだ。

■国籍・血統より経験——日系へのこだわり

その一方で、「日系」という肩書にこだわりをもつ日系人がいる。ハワイ出身日系五世のメリニー・ヨネダは Huffpost 紙（2018.11.1）で次のように述べている。「見た目と苗字以外は完全にアメリカ人」ではあるが、「日本人にはなり切れない」し、「単純なアメリカ人でもない」。しかし、曾祖母との交流をとおして、「『日本人』としての自分」にも目覚めた。そして、「自分のアイデンティティは自分で決めるもの、つくっていくもの。曾祖母の想いを軸に、日系人として生きて」きた。メリニーの結論は、「人のアイデンティティは国籍ではなく、経験でできている。自分の経験はもちろんのこと、先祖から受け継いだ経験でも構築されている。私たちもそれを子孫に引き継ぐべきだ」。「『日系五世』という肩書には、先祖から引き継がれた歴史、残された想いが込められている」と。

■個々人の経験こそが決め手——nikkei アイデンティティ

2001 年パンアメリカン日系人大会で日系人自身が議論し提出された「nikkei」の定義（「日系人」ではなく、アルファベットの nikkei ）は、まさにこの精神を表している。当事者自身が、自分の経験から nikkei であると自覚して、そう呼ぶのだ。日系人と nikkei は似て非なるもの、日系人理解に社会的カテゴリーとアイデンティティの齟齬は重要な光をあてている。

●参考文献・URL

小嶋 茂 2011「海外移住と移民・邦人・日系人」駒井 洋監修／陳天璽・小林知子編『東アジアのディアスポラ』明石書店、152-175 頁

ディスカバー・ニッケイ「日系人とは誰のこと？」（http://www.discovernikkei.org/ja/journal/2017/4/21/nikkei-wa-dare-no-koto/, 2020 年 11 月 24 日最終閲覧）

PART 4

第4部
現代社会にどう向かい合うか

12 都市・演劇・移動

高山　明

Keywords　演劇，共同体，難民

古来、西洋演劇は劇場に一つの集団モデルをつくり、そのモデルを共同体のアイデンティティとして身体化する機能を担ってきた。そのモデルは、「市民」「民衆」「民族」「セレブ」「国民」「階級」……と時代によってさまざまに変化したが、「誰かを動員する＝別の誰かを排除する」というシステムを通じて、劇場の「テアトロン（観客席）」に共同体の「代表者たち」を作り出してきたのである。この構造は、西洋演劇の根幹を貫いている。演劇がもっているこの本質的機能は、移民や難民を生み出す力学にも通じる。「市民」や「国民」から排除された者たちは、強制的にどこかに収容されるか、移動や避難を強いられるのが常であった。こうした「難民問題」に向き合った演劇プロジェクト〈マクドナルドラジオ大学〉を紹介することで、「人の移動とエスニシティ」の問題に応答する。

1. アテネのディオニュソス劇場

最初に、都市と演劇の関係について歴史的に振り返ってみたい。

その大前提として、そもそも演劇とは何なのだろうか。ドイツの演劇学者ハンス＝ティース・レーマン（Hans-Thies Lehmann）の定義を見てみよう。

「演劇は、なによりもまず人間の特殊な振舞いであり（演戯する、観る）、次いで一つの状況であり（ある種の集会）、それからようやく芸術であり、そして芸術の制度である」（レーマン 2014: 227）。

写真１　ディオニュソス劇場とアテネの町
出典：2016 年著者撮影

演劇という言葉を聞いたとき多くの人がイメージするのは、舞台上で演じたり、歌ったり、踊ったりといった俳優の振る舞いではないかと思う。客席には観客がいて、観たり、聞いたり、場合によっては議論したりすることも演劇を成立させる重要な条件である。そして人が一つの場に集う集会でもあることは、あまりにも当たり前過ぎて忘れられがちではないだろうか。レーマンの定義は非常にシンプルであるが、演劇が演劇として成り立つにはどういう条件が揃えばいいかということが言い尽くされているように思う。私の活動についていえば、人が集う状況をどうつくるか、それをどうオーガナイズすれば演劇になるのか、ということをテーマにこれまで演劇をつくってきた。舞台をつくって上演することだけが演劇制作ではないのである。

ここで一枚の写真をご覧いただきたい（写真１）。

これはギリシアのアテネにあるディオニュソス劇場の遺跡である。演劇はこの場所から始まったとされる。いわば西洋演劇の起源の一つである。私がアテネに滞在していた時に観光気分でアクロポリスの丘に登った。その丘の上から撮影したスナップであるが、アクロポリスの丘の斜面に客席がつくられ、眼下に丸い舞台があるのが見えるかと思う。感動的だったのは、舞台の後方にアテネの街が一望できることだった。当時の観客は客席に座りながら、もちろん舞台を見るけれども、舞台を見ながらその背後にアテネの街を見ていたのだということがよくわかった。つまり、ここに集まった観客は、舞台を見ながら街のことを考えていたのである。そのことをしっかりと体感できた。では、ディオニュソス劇場がどのような構造をもっていたかを確認しておこう。

図１はディオニュソス劇場の図面である。紀元前 500 年ぐらいに建てら

れ、その後改築を繰り返すなかで1万3000人から1万7000人ほどの観客を収容したといわれている。真ん中にディオニュソス神を祀った祭壇があり、その前に舞踊場（オルケストラ）がある。神に捧げるようにここで歌や踊りや演技が行われた。舞台の裏にはスケーネと呼ばれた俳優の支度部屋があるが、これは後に建てられたもので劇場が誕生した当時は存在しなかった。このスケーネが後にシュツェーネ（ドイツ語）＝舞台になっていく。オルケストラを取り囲むように観客席があり、これがテアトロンと呼ばれた。実はこのテアトロンという言葉が、シアター、テアーター、テアトロといった「演劇」を指す言葉の語源である。観客はテアトロン（観客席）に集い、舞台を観ながら、その背景に広がる都市国家アテネのことを考えた。劇場の構造がそれを要請していたのである。観客席という場とそこで行われる見るという行為が、演劇という芸術にとっていかに根源的であったかは、テアトロンという言葉が演劇一般を意味する名詞になったことからも明らかであろう。

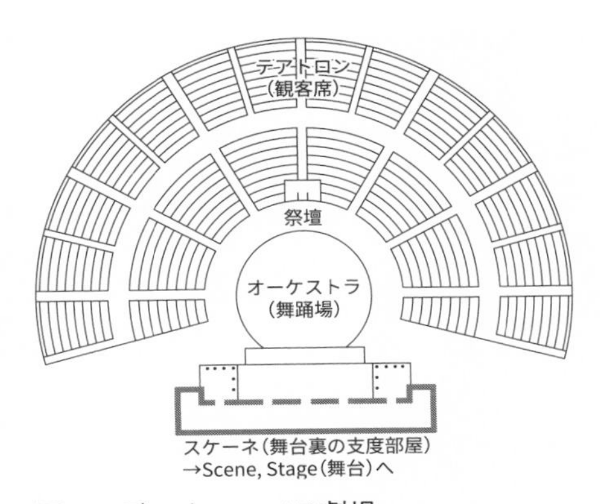

図１　ディオニュソス劇場
出典：インターネット上の図面をもとに著者作成

では、この観客席に集まっていたのはどんな人たちだったのだろうか。

ディオニュソス劇場の場合、そこに集っていたのは「アテネ市民」である。この「市民」に該当するのは、実はアテネ出身の成人男性のみであった。彼らがディオニュソス劇場で毎年開催される大ディオニュシア祭という演劇祭に呼ばれ、一緒に劇を観るわけである。これは義務として課せられており、アテネの郊外に住んでいて来るのが大変な人にはお金が支払われていたといわれている。現在では娯楽としてお金を払って演劇を鑑賞するけれども、当時はお金をもらって参加することが義務づけられた行事だった。長く続いたペルシア戦争中も休戦して大ディオニュシア祭は行われていたそうである。自分たちが生活する町を背景に見ながら、舞台上で繰り広げられるギリシア悲劇を観劇していた「市民」は、たとえばペルシアとの戦争について、あるいはアテネという都市国家の政治について、さまざまなことを考えていたに違いない。そういう場がディオニュソス劇場のテアトロン（観客席）だった。テアトロンに集って自分たちの都市や国家について一緒に考える行為が、人工的に捏造された「アテネ市民」を「代表者」にし、一つの共同体を運営する「アテネ市民」というアイデンティティをつくった。正確に言えば、劇場に動員された者たちのコミュニティ・モデルが、観劇を通して「市民」という身体をもつようになったのである。すると、そこに動員されなかった人たち、それは女性、外国人、未成年、奴隷であったが、彼らは「市民」という共同体の主体から除外された。つまり、誰かを動員すると自動的に別の誰かが排除されるというメカニズムが、演劇／劇場がもっている機能であり、演劇／劇場はこうした暴力性を根源的な力として内包しているのである。毒にもなれば薬にもなるその力によって、大ディオニュシア祭／ディオニュソス劇場において「市民」が生み出され、彼らが都市国家アテネの主体になった。ディオニュソス劇場が劇を観る場としてだけでなく、都市国家の政策を決める市民集会の場としても使われていたのは自然なことであった。いずれも共同体のなかで選ばれた「アテネ市民」が集い、都市や国家のガイドラインを協議し、決定する場だったからである。

そこで思考されていたことの内実をもう少し具体的にイメージするために、舞台上で展開されていたギリシア悲劇の特徴をみてみよう。

古代ギリシア悲劇は、三大悲劇詩人のアイスキュロス、ソフォクレス、エウリピデスによって書かれた32作しか残っておらず、いずれもアテネの大ディオニュシア祭で上演された戯曲である。ギリシア悲劇は基本的にギリシア神話への注釈であった。劇作家は、アテネの人たちが共有していたギリシア神話から、アテネの現状に呼応し、アクチュアルに考えてもらえるような部分を抽出し、自分なりの注釈をつけて劇に仕立てていく。劇場の構造と同じく、舞台で展開される劇もまた町のことを考えるための媒介の役割を担っていたのである。悲劇がギリシア神話を素材にしたのは、制作者である劇作家と受容者である観客の双方が共通してもっているデータベースだったからという理由が一つ、もう一つには、物語という形式で統一された神話を複数の人物による発話に解体することで観客を神話から解放し、現実世界に接続しなおすという機能を悲劇が担っていたためである。運命に翻弄される悲劇の主人公たちを通して、「市民」は「世界を苦しみの側から理解すること」（ニーチェ）を学び、自らが属する共同体について考える主体になったのだといえよう。

西洋演劇の起源といわれるアテネのディオニュソス劇場と、アテネという都市国家の関係を駆け足でみてきた。エスニシティという文脈において最も重要なポイントは、演劇／劇場が「市民」をつくる装置だったということだろう。別の言い方をすれば、「市民」という集団をつくり、そのアイデンティに身体をもたせる場が演劇／劇場なのであった。そこでつくられる集団のモデルは、「市民」「民衆」「民族」「セレブ」「国民」「階級」……と時代や地域によってさまざまに変わっていったが、動員／排除の力によってテアトロン（観客席）に一つのコミュニティ・モデルを作り出す構造は、西洋演劇の根幹を貫いている。

では、古代から近代へと一気に時代を移してみよう。

2. リヒャルト・ワーグナーのバイロイト祝祭劇場

リヒャルト・ワーグナー（Richard Wagner）というオペラ作家がいる。数々の傑作オペラをつくり、総合芸術を提唱したことで有名だが、テアトロン（観客席）をどうオーガナイズするかという点でも革命的な仕事を成し遂げた。ワーグナーが近代演劇の完成者と呼ばれる所以は、むしろそこにある。ワーグナーの創設したバイロイト祝祭劇場をみることでその具体的意味を探っていきたい。

バイロイト祝祭劇場の観客席をご覧いただきたい（写真2）。客席を取り囲むようにギリシア風の列柱が立っている。これはギリシアへのオマージュで、ワーグナーは自分こそが古代ギリシア演劇の後継者であると自負していた。列柱に客電を灯すライトがついているが、上演時にはすべて消されて客席は暗転する。今では真っ暗な客席で舞台を見るのが当たり前になっているが、当時そういった習慣はなかった。そして客席に通路がないことに気づく

写真２　バイロイト祝祭劇場
出典：2017 年著者撮影

だろうか。これでは上演の途中でトイレに行くこともできない。上演が始まったら出入りは控えよ、飲食もお喋りも禁止、観客は暗闇のなかで光り輝く舞台に集中せよ、というわけである。ワーグナーが発明したテアトロン（観客席）の「アーキテクチャ」は、現代にまで通じる演劇鑑賞の基本形をつくった。

次に劇場全体を上から俯瞰した図面を見てみよう（図２）。

観客席に正対するように舞台があるが、その間にオーケストラ・ピットが存在している。当時の劇場では客席と舞台との間にオーケストラが場所を占め、鑑賞体験の邪魔をしていたのだが、ワーグナーはそれを嫌ってピットごと地下に埋めてしまった。客席からはオーケストラがまったく見えない。指揮者を含めた楽団全部が穴のなかに入り、そこで演奏をするようなものである。音楽は地下から地鳴りのように鳴り響き、観客は全身を音楽に包まれることになる。視角的な障害物がないため、観客は舞台に集中しながら、音楽により一層陶酔できるようになった。

さらに、舞台の奥がかなり深いことがわかるかと思う。これは視線を奥にもっていけるためで、奥に深くすればするほど、没入体験も深くなる。観客は向こうに引き込まれ、舞台にのめり込むことができるというわけである。また、この構造はすべての観客が同じ景色を見ることを可能にした。このシステムは当時発明され、刑務所などで使用されていたパノプティコン（一望監視システム）の裏返しであった。一点からすべてを望めるということは、どこからでもその一点を見ることができることを意味する。こうして劇場は、舞台と観客席が一対一で向き合うべき場へと変貌を遂げた。当然ながら、古代アテネのディオニュソス劇場においては舞台の背後に見えた町は壁

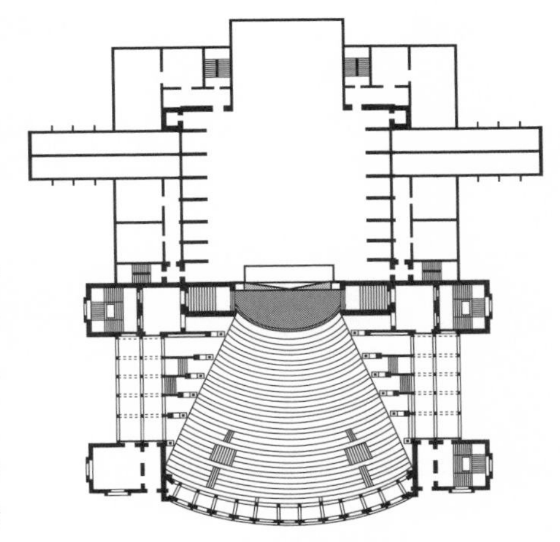

図２　バイロイト祝祭劇場図面
出典：Wikimedia Commons

で塞がれ、つまり劇場から都市は排除され、劇場内空間で完結するイリュージョン世界がつくられるようになった。近代演劇の完成である。

ワーグナーのこうした劇場設計の一番の特徴は、劇場を没入と同化を誘導する装置にした点にある。舞台に集中し、我を忘れてイリュージョンに同化せよというのが、ワーグナーが劇場を通して発したメッセージであった。それによって、一つの光景に注意を集中する／させることが可能になる。つまり、非常にファシズム的なのである。ニーチェが言ったように、もう「神はいない」。ワーグナーにとっては、芸術こそが神に代わって人々を統合するものであった。古代的な宗教的覚醒のための演劇をつくりたいとワーグナーは考えていて、神がいなくなった後の「宗教」の確立をめざしていたと言っても過言ではないだろう。

では、観客が没入し、自己を同化すべき世界とはどのようなものだったのだろうか。

ワーグナーの場合、舞台上に展開されたのはゲルマンの神話であった（実際は北欧神話との混合）。当時のドイツはビスマルクによって遅ればせながら国民国家として統一された直後で、いかにして市民的共同体から国家へと脱皮し、ドイツ帝国のアイデンティティを確立するかが時代の要請だった。ワーグナー自身は芸術による市民共同体をつくりたいと願い、政治による統一を成し遂げたビスマルクに対してライバル心さえ抱いていたようであるが、当時の権力者にとっては、ゲルマンという神話によって民族共同体を統合してくれるワーグナーは願ってもない存在であった。民族共同体が統合されるためには、いつの時代でも神話が必要になるが、ゲルマン神話を素材としたワーグナーの楽劇はその要請に応えるものだった。バイロイト祝祭劇場の

「テアトロン」にはドイツ皇帝をはじめとする権力者たちがドイツ中から集い、市民共同体をつくるはずの劇場が、遅れてきた国民国家の創生神話に同化する場に成り代わっていく。ワーグナーが完成した近代演劇の構造は、国民国家のアイデンティを確立する流れと一致し、それを強力に後押しするものだったのである。

3. ニュルンベルクのナチ党党大会

ワーグナーによって完成された近代演劇の統合システムを最もよく引き継ぎ、極限まで押し進めたのは誰であろうか。残念ながら演劇ではなく、ヒトラー（Adolf Hitler）率いるナチ党（国民社会主義ドイツ労働者党）だったと私は考えている。それが最も象徴的かつ具体的に実現されたのは、ニュルンベルクで開かれた第6回ナチ党党大会（1934年）であろう（写真3）。

ニュルンベルクが党大会の首都に選定され、広大なツェッペリン広場に党大会会場が建設された。設計はその後すぐにナチ党の主任建築家になったアルベルト・シュペーア（Albert Speer）である。当時まだ20代であった。ここに第6回党大会の写真があるが、天に伸びた光の列柱が目に入るかと思う。これは「光の大聖堂」と呼ばれ、夜間に飛行機を撃ち落とすためのサーチライトをドイツ全土から約130本すべて集めたものである。ドイツ各地から動員されたナチ党員たちが整列する完全な秩序の中、だんだんと会場が暗くなり、ワーグナーのオペラの序曲が鳴り響き、ヒトラーの登場とともに空に向かって一斉に光が放たれる。その時、党大会広場で何がつくられたのか。ナチという党であり、党員＝ドイツ国民であり、ゲルマン民族である。ニュルンベルクの党大会会場とそこで開かれた党大会こそ、神聖ローマ帝国、ドイツ帝国に続く三つ目の帝国という神話に同化し、実際にナチの第三帝国が生成された場であった。とりわけ「統一と力の大会」と呼ばれることになる第6回党大会は、史上最大かつ「最高」の「近代演劇」として機能していたのである。その際、ヒトラーやシュペーアや党幹部が参照していたのがワーグナーのバイロイト祝祭劇場であり、ワーグナーのオペラであったといわれている。彼らが正確にとらえ、その特徴を巧みに利用したのは、ワーグナーの発明のなかにあった「近代演劇」のファシズム的性質であった。動員と排除の装置として、また、動員された集合体を一つの身体に統合するシステムとして、ナチ党党大会はワーグナーの思惑をはるかに超えた「近代演劇」の具現化であったといえる。同時に、党員と非党員、国民と非国民、ゲルマン民族と異民族という区分けも生成されたはずである。その場にユダヤ人はいたのだろうか。黒人やアジア系の参加者はいたのだろうか。ロマの人たちは広場にいなかったのだろうか。前衛芸術家はどうだろうか。こうした人たちはすべて排除されていた。そして党大会会場のテアトロンに動員された党員のみがドイツ国民になり、ゲルマン民族になっていった。

写真３　第６回ナチ党党大会
出典：Bundesarchiv, Bild 183-1982-1130-502 / CC-BY-SA 3.0

ここまで演劇／劇場とは何かを問い、根源的な機能である動員と排除のシステムとその代表的な使われ方を歴史的に見てきた。劇場の観客席（テアトロン）に一つの集合モデルをつくる力は、共同体に具体的な身体を与えてきたが、使われ方によって毒にもなれば薬にもなる両義的なものであった。「アウシュヴィッツ以後、詩を書くことは野蛮である」というテオドール・アドルノ（Theodor W. Adorno）の言葉は、演劇にとっても無縁ではない。それどころか、この「野蛮」は古代ギリシア時代から現代にまで通じる演劇の可能性であり、ファシズムに力を貸す危険極まりない毒薬であった。現代演劇に携わる者は演劇の「野蛮」さを、その両義的性格を忘れてはならないと思う。

私自身、こうした課題に向き合うなかで、一つに統合されることによって排除されてしまうものたちにどう目を向けるか、声なき声にどう耳を傾けるか、そして彼らが集まることができる「テアトロン（観客席）」があるとしたらどんなものだろうかということに関心をもって演劇活動をしてきた。排除されたものたちは「難民」や「移民」になる。同じ都市に生活していても、路上で暮らすホームレスになる人もいれば、マクドナルドやネットカフェを転々とする人たちもいる。「市民」や「国民」から排除されたものたちは、強制的にどこかに収容されるか、移動を強いられるのが常である。こうした「難民問題」に向き合った演劇プロジェクトを紹介することで、「人の移動とエスニシティ」に対する私なりの回答としたい。

4.〈ヨーロピアン・シンクベルト〉

2014年の秋頃からたくさんの難民がヨーロッパにやってくるようになった。シリアから避難してきた人が最も多かったが、イラクやアフガニスタンやアフリカの国々からも逃れてくる人たちがいた。アテネの入り口であるピレウス港を訪ねた時は、6000人から7000人といわれるシリア難民がコンクリートの上にテントを張って生活していた。ギリシアから西ヨーロッパに向かう方法で最も一般的なのはバルカンルートを徒歩で移動するというものである。マケドニア、セルビア、ハンガリーを通ってオーストリアのウィーンあたりまで来る。そこからようやく電車に乗って北へ向かう。アテネを出発して私がプロジェクトの拠点にしていたフランクフルトまで来るとなるとおよそ2260キロ、徒歩で460時間ほどかかるわけだが、そもそもアテネに辿り着くためにトルコのイズミルからボートに乗らねばならないし、さらにイズミルまで来るのも徒歩だったという人もいるから途方もない移動である（図3）。

私はこうした難民の人たちに会い、何十人もの人たちにインタビューをさせてもらった。話を聞いていくうちに、これはとてもじゃないが「難民問題」の作品をつくることなんてできないと思うようになった。彼らの苦難は言葉にできるようなものではないし、当事者にしか語れないことを私などが代わりに表象してしまってはならない。他方で、美術界や演劇界では難民問題を扱った作品が急増していた。難民たちが語る苦難の物語を観客が観賞する構造を「難民ポルノ」のように感じることがあったし、難民は舞台上や作品の中に「隔離・収容」されるばかりで観客席にはいつもの観客しかいないような状況に疑問をもっていたので、自分なりのアプローチ方法を見つけたいという思いも膨らんでいった。

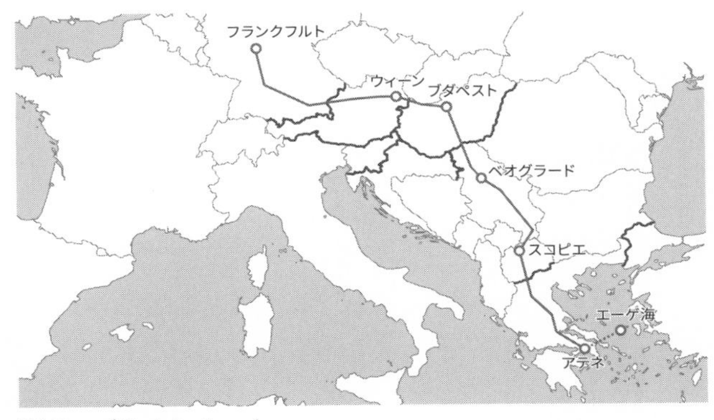

図３　バルカンルート
出典：小林恵吾作成

当事者でないからこそ可能なアプローチ方法はないものかと地図を眺めていた時、〈ポタリーズ・シンクベルト〉という建築プランのことを思い出した。イギリスの建築家セドリック・プライス（Cedric Price）によって1966年に考案されたものの実現されずに終わったプランで、産業として停滞しはじめたイギリスの陶磁器産業の主要地であるノーサン・スタフォードシャーに大学をつくるという提案である。この地域にはすでに鉄道がつくられていたのだが、陶器（ポタリー）産業の衰退とともに無用のものとなっていた既存の鉄道を活用させながら、まったく新しい大学施設をベルト状に配置しようとしたのである。それで「思考帯（シンクベルト）」という命名がなされた。

〈ポタリーズ・シンクベルト〉は、既存の交通ネットワークを大学につくりかえ、都市を学習の場に変えるプロジェクトだった。このプランをバルカンルートで展開してみたらどうだろうか。これが最初の思いつきだった。この建築プランを媒介にして企画を練っていけば、当事者ではない、いわばツーリストとしての間接性を活かした「迂回路」を見つけられる気がした。しかしどうすればアテネからフランクフルトまでの2265キロを「シンクベルト（思考帯）」に変えられるのか。そもそも無理な話である。そこで飛躍が必要になるが、難民の人たちから聞かせてもらった話がヒントになった。マクドナルドを利用すればよいのだ。

バルカンルート上には無数のマクドナルドが散らばっている。ウィーン、ブダペスト、ベオグラード、スコピエ、アテネといったバルカンルート上の主要都市には必ずマクドナルドがある。難民の人たちはマクドナルドを利用しながら移動を続ける。避難の必需品はスマートフォンなのだが、店内にはフリー Wi-Fi があり、充電ができ、人に会って情報交換も可能だし、ハンバーガーも食べられる。ことによると眠ることもできるから、マクドナルドは移動する難民のセーフティーネットとして機能していた。このマクドナルド一つ一つを「大学」に変えてしまい、点を線にしていけば、バルカンルートは赤と黄色の「シンクベルト」になるだろう。私はこのプロジェクトを〈ヨーロピアン・シンクベルト〉と名づけた。これは難民の避難経路であるバルカンルートを「大学」に変える試みであると同時に、閉じられた国境を超え、都市をつなぎ、難民による思考（シンク）の帯（ベルト）を通して、ひび割れた陶器のようになったヨーロッパを修復するプロジェクトであった。

　では、具体的にどうやってマクドナルドを「大学」に変えるのか。〈ヨーロピアン・シンクベルト〉を実現する手段として、マクドナルドを「大学」にする新しいプロジェクトが生まれた。〈マクドナルドラジオ大学〉である。

5.〈マクドナルドラジオ大学〉

　マクドナルド店内で講義をする「教授」は難民の人たちで、第一弾となるフランクフルトでは 15 人の「教授」による 15 個の講義が用意され、フランクフルト市内 7 カ所のマクドナルドで実施された（写真 4）。「教授」は、シリア、エリトリア、イラン、パキスタン、アフガニスタン、ガーナ、ブルキナ・ファソから来た難民で、講義科目は、文学、哲学、スポーツ科学、音楽、ジャーナリズム、建築、リスク・マネージメント、生物学、会計学、英語、国際関係、メディア学、料理、自然科学、都市リサーチだった。母国で教授職に就いていた人は 1 名だけで、あとはいわゆるアカデミシャンではない。しかしどの講義も「教授」本人による独自の知の伝達であった。その知は難民になる前の人生やその人の個性を間接的に浮かび上がらせた。難民としての苦難の経歴を物語として消費するだけのものにならないよう、そこはとくに注意した。「教授」はマイクを通して講義を朗読し、その声は FM

トランスミッターによって送信された。誰もが「学生」になれるが、マクドナルドはパブリックな店舗だから当然ながら他のお客さんがいる。私たちだけの場所ではない。通常のマクドナルドでありながら、同時に〈マクドナルドラジオ大学〉でもある二重化した状況をつくりだすために、「学生（観客）」も協力しなければならない。「教授」の目の前に座ることは許されず、講義を聴くためにはカウンターでポータブル・ラジオをもらい、FMの周波数をあわせて聴講しなければならないのである。つまり「教授」や講義をあからさまに可視化しないよう、「観客／学生」の二役を演じるというわけだ。

写真４ 〈マクドナルドラジオ大学〉（フランクフルト）
出典：2017年蓮沼昌宏撮影

マクドナルドを使いたかった理由がもう一つある。ヨーロッパのレストランで、労働者と客の両面にわたり、最も移民や難民を受け入れているのはマクドナルドに違いないからである。劇場や美術館は難民の受入れを声高に叫ぶが、マクドナルドはすでに多文化・多人種の共生を実現している。しかもレストランとしてだけでなく、ミーティング・ポイントや避難所としても役立っているのだ。劇場や美術館に行くような人からはグローバル資本主義の象徴として毛嫌いされるマクドナルドだが、難民や移民やホームレスなどさまざまな人に居場所を提供しているのである。客席から舞台上の難民に同情したり、作品の中にきれいに収められた社会問題を再確認したりするより、町へ出てマクドナルドに行こう。客席に１時間もいれば現実社会の断面に触れることができるだろう。

フランクフルトで最初のモデルをつくった後、ウィーン、ブダペスト、ベオグラード、スコピエ、アテネと順番に実施していって〈ヨーロピアン・シンクベルト〉をつないでいく予定だったが、現実の壁に跳ね返され実現に至っていない。難民への敵意が強い国で実際に難民の人たちに登場してもらうとなると、彼らにかかるリスクが高すぎるのである。そこでバルカンルートは一度中断し、他のさまざまな都市で実施し、難民の知を集めていくプロジェクトへと方向転換した。具体的には、ベルリン、横浜、東京、金沢、香港、それぞれの都市の難民や亡命者と会い、彼らが「教授」となり独自の講義を発信してきた。「教授」たちの多くは学者でも研究者でも教師でもないが、誰もが自分の経験から得た知恵や知識をもっていた。とりわけ移動を強いられてきた人たちの知は、移動そのものによって強度を増してきたような趣があり、講義を一緒につくっていくたびに驚嘆させられた。現在までに43人の「教授」による43個の講義が生まれ、それらはアカデミズムや欧米中心の知の制度からこぼれ落ちた知恵の宝庫のようになっている。また、「教授」の出身国も、パレスチナ、イラク、エジプト、モロッコ、ギニア、スーダン、ウガンダ、アルジェリア、ソマリア、コンゴ（民主共和国）、カメルーン、ウクライナ、中国が加わった。母国にいられなくなった人たちの世界規模での移動（避難）の一端が垣間見えるだろう。

現在ブリュッセルと東京（三度目）での〈マクドナルドラジオ大学〉を準備しているが、いずれも実店舗での実施を予定している。この「大学」が、もしもマクドナルドの全フランチャイズで展開されたらと想像してみよう。マクドナルドのハンバーガーを食べにきた人が、たまたま講義を聴いてしまうような偶然の出会いがさまざまなマクドナルドで生まれるに違いない。私がめざしているのはそうした場の生成で、その時〈マクドナルドラジオ大学〉は都市の至るところに遍在する「大学」になるだろう。そこは雑多な人たちが混在する「テアトロン（観客席）」であり、未来の劇場が見習うべき毒にもなれば薬にもなる場ではないだろうか。

❖参考文献

レーマン, ハンス＝ティース（林立騎訳）2014「ポストドラマ演劇はいかに政治的か？」藤井慎太郎監修／FTユニバーシティ・早稲田大学演劇博物館編『ポストドラマ時代の創造力── 新しい演劇のための12のレッスン』白水社、226-241頁

Column

「お買い物」で知る移民の文化
──ブルックリン子ども博物館のプログラム──

横山佐紀

子ども博物館（Children's Museum）とは、子どもたちがさまざまな視点から世界や科学を知ることを目的とする体験型ミュージアムで、コミュニティに深く関わるトピックを取り上げる地域密着型ミュージアムでもある。館内で、子どもたちは同伴のおとなと共に、水遊びやシャボン玉づくり、お店やさんごっこ、植物の水やり、小動物の観察などを思い思いに体験することができる。対象年齢は館によって異なるが、ブルックリン子ども博物館（ニューヨーク）では、生後6カ月から10歳までの子どもが楽しめるプログラムや展示が用意されている。移民国家アメリカにおいて、子ども博物館は、子どもたちが多様な文化を学ぶ場であるばかりか、新たにアメリカにやってくる移民や難民の子どもやその家族をコミュニティに包摂する役割をも担っているといってよい。

たとえば、ブルックリン子ども博物館のプログラムはこんな具合である。たいていの子ども博物館には模擬の食料品店が設けられているのだが（子どもはお買い物が大好きである）、ブルックリン子ども博物館のそれは「インターナショナル・グローサリー」という。街角の小さなお店と同じように、ここにはスパイスやコーヒー、野菜、フルーツ、缶詰、パンなど、ひと通りの品物（模型）が揃っており、壁面には次のような説明が記されたカラフルなパネルが掲げられている。「ユダヤ系のシュリーバーさんたちはシャボスの食事をとります。シャボスはユダヤ教の安息日で、金曜日の日没に始まります。ゲフィルテ・フィッシュ、ロースト・チキン、チキン・スープなどを食べます」「マーシャル＝モックラー家の人たちがパーティーを開くそうです。レンズ豆のサラダ、ポークのバーベキュー、スパイシー・チキン・ウィングなどを用意しなければいけません」「アフリカ系のスペンサーさんたちはクワンザ〔アフリカ系アメリカ人のお祝い〕に、黒目豆、ズッキーニのパンケーキを準備します」などなど──。パネルには5つの家族の写真が、構成メンバーの名前、年齢と共にレイアウトされている。つまり、それをもとに「ブルックリンに住むエスニックのルーツが異なる5つの家族のお祝いごとや食事の説明を読み、各家族のおつかいメモにしたがって、店内から必要な品物を揃えてみよう！」というプログラムにチャレンジすることができるのだ。このお買い物体験を通じて、ブルックリンにはさまざまなルーツをもつ人たちが暮らしていること、それぞれに大切な祝日や宗教的な習慣があり、関連する食文化があるということを子どもたちは学ぶのである。

このような試みはブルックリン子ども博物館に限ったことではない。たとえばルイジアナ子ども博物館（ニューオリンズ）では、フランス文化が色濃く残るニューオリンズの建物の特徴を体験できる展示を行っているし、マンハッタン子ども博物館（ニューヨーク）のオンライン読み聞かせプログラムのある回では、父親が刑務所にいる女の子を主人公にした絵本を取り上げて、家族の多様なあり方にさりげない配慮をみせている（犯罪率とエスニシティの関係性が取りざたされるアメリカ社会において、これもまたエスニック・マイノリティや移民、難民の子どもや家族にとって切実な問題である）。

子ども博物館がマイノリティにとって意味ある場所であろうとしていることは、2017年の画期的な取り組みにも明らかである。この年、子ども博物館連合（Association of Children's Museums）は移民と難民の子どもたちと家族を歓迎するための90日間のキャンペーンを行い、アメリカ各地の子ども博物館が社会福祉機関などと協力し、移民や難民が子ども博物館を通じて社会とつながることができるプログラムを進めたのだった。

地域と密接に関わる子ども博物館は、移民や難民にとって、コミュニティとの関係を築くための重要かつ身近なハブである。それは、「私たちには縁のない場所だから」と彼らに敬遠されがちな他のミュージアムには期待することが難しい役割でもある。子ども博物館は、多様な社会を支える重要なインフラのひとつなのである。

●参考URL

Association of Children's Museums, 90 Days of Action 90 Days of Action for a #WorldTheyDeserve（https://www.childrensmuseums.org/about/acm-initiatives/90-days-of-action，2021年7月18日閲覧）

Brooklyn Children's Museum（https://www.brooklynkids.org/，2021年7月18日閲覧）

Special Storytime with Jordan Stockdale, Executive Director NYC Mayor's Office Young Men7s Initiative, Children's Museum of Manhattan（https://athome.cmom.org/special-storytime-with-jordan-stockdale-executive-director-nyc-mayors-office-young-mens-initiative/，2021年7月18日閲覧）

13 多文化共生のための教育
――多様性の尊重と社会正義の実現にむけて――

森茂岳雄

Keywords 多文化共生，異己理解，社会正義のための教育

今日のグローバリゼーションの進展のなかで、トランスナショナルな人の移動が顕著な社会現象となっている。これに呼応して日本社会の多文化化が進展し、学校の中に外国につながる児童生徒が増大している今日、「多文化共生」は教育においても大きな課題となっている。教育において多文化共生を実現させるためには、多様性に開かれた学校づくりが求められる。そこでは、マイノリティの外国につながる児童生徒に対する支援だけではなく、マジョリティの日本人児童生徒の意識変容を促し、異文化の相互理解をめざす実践が重要になる。本章では、その取り組みの一つとして「異己理解共生授業プロジェクト」の実践を紹介する。教育における多文化共生の実践を考えるとき、「多様性の尊重」とともに、マイノリティに対する差別や偏見の軽減が重要な課題になる。そのためのマジョリティのもつ「特権への気づき」を促す「社会正義のための教育」の意義について論ずる。

1. トランスナショナルな人の移動と日本社会の多文化化

今日のグローバリゼーションの進展のなかで、トランスナショナルな人の移動が顕著な社会現象となっている。国連広報センターの発表によると、2019 年に自国以外の国に暮らしている移民の総数は、2 億 7200 万人で、世界の総人口の 3.5% にあたる。この移民のグローバル化の増大は、一国一地域内の民族構成の多様化を生み出している。

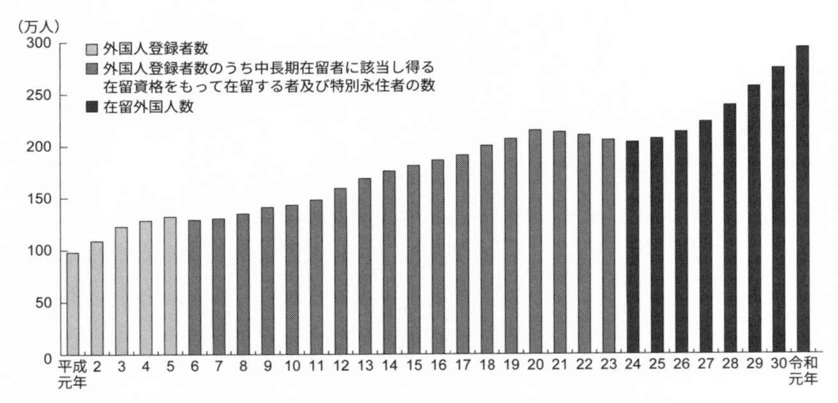

図１　外国人登録者数及び在留外国人数と我が国の総人口の推移
出典：出入国在留管理庁「在留外国人統計」

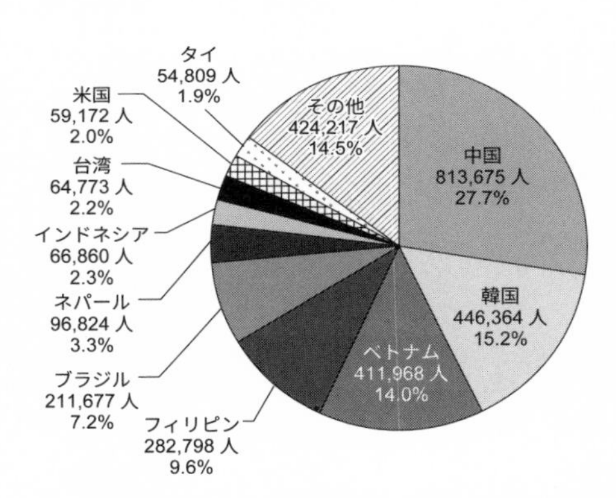

図２　在留外国人の構成比（国籍・地域別）（2018 年末）
出典：出入国在留管理庁「在留外国人統計」

日本においても、1990 年に改定された入管法の施行以降、中南米の日系人やアジアからの研修生などニューカマーの来日が増加した。2020 年の新型コロナウイルス感染症の世界的感染拡大で在留外国人数の減少が予想されるものの、東日本大震災の一時期を除いて外国人人口は増加傾向にある。30 年前の 1989 年末に 100 万人弱（総人口の 0.8%）であった外国人人口は、2019 年末には 293 万人（総人口の 2.4%）と過去最高になり、30 年間で約 3 倍に達した。（図１）

2019 年末の在留外国人数を国別にみると、中国、韓国、ベトナム、フィリピン、ブラジル、ネパール、インドネシアの順で、上位 7 カ国で 80% を占めている（図２）。とくに近年、ベトナムとネパールの増加が目立っている。

30 年前には全在留外国人人口の約 70% を韓国・朝鮮が占め、中国を合わせると約 85% であったことを考えると、在留外国人の多国籍化が進展した

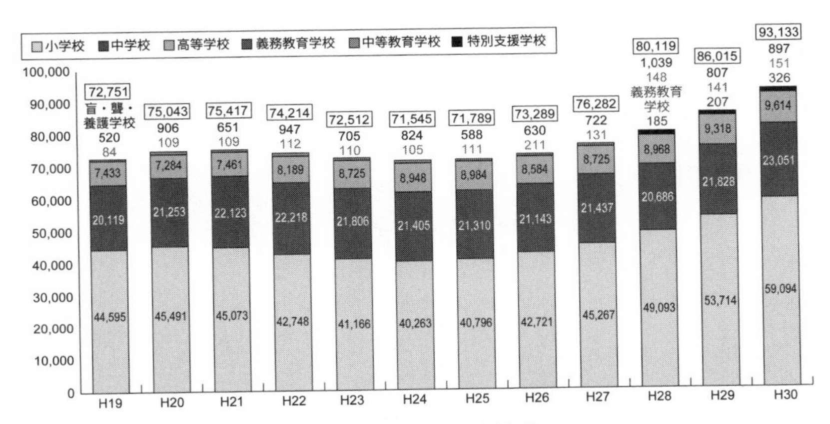

図３　公立学校に在籍している外国籍の児童生徒数
出典：文部科学省「学校基本調査」

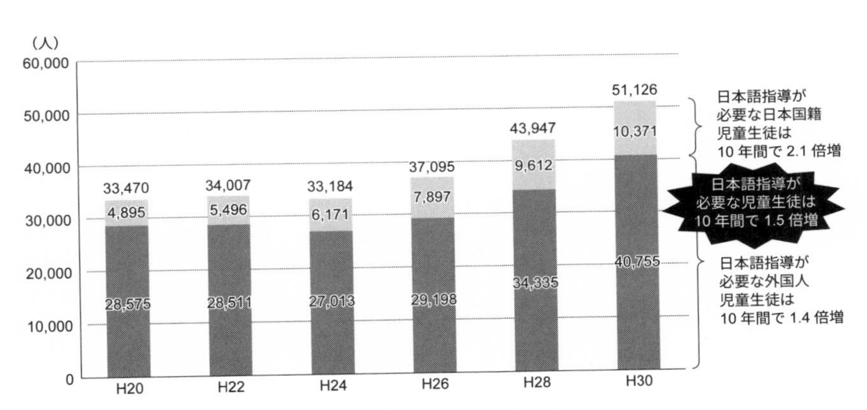

図４　公立学校における日本語指導が必要な児童生徒数の推移
出典：文部科学省「学校基本調査」

ことがうかがえる。また、都道府県別についてみると、東京に２割が居住し、以下愛知、大阪、神奈川、埼玉、千葉、兵庫の順になっており、三大都市圏とその周辺で全外国人人口の６割を超えている。

このように日本社会の多文化化が進むなかで、外国につながる児童生徒の数も増大している。文部科学省の学校基本調査によれば、2018年に公立学校に在籍している外国籍の児童生徒は９万3000人余りにのぼり（図３）、そ

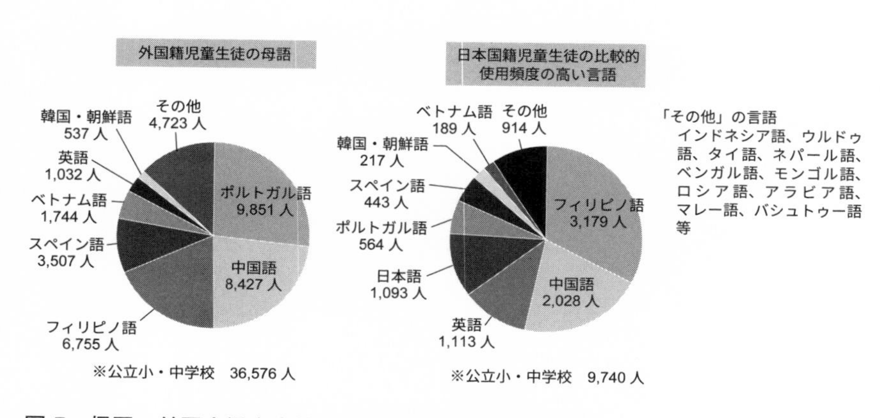

図５　帰国・外国人児童生徒に対する日本語指導の現状
出典：文部科学省総合教育政策局国際教育課「外国人児童生徒等教育の現状と課題」2020 年

の中で日本語指導が必要な外国籍の児童生徒数も４万人を超え、日本国籍で日本語指導が必要な児童生徒数も１万人にのぼっている（図４)。その中で日本語指導が必要な外国籍の児童生徒の母語別在籍状況を見ると、ポルトガル語（多くはブラジル出身）が全体の４分の１を占め最も多く、以下中国語、フィリピノ語、スペイン語、ベトナム語、英語、韓国・朝鮮語の順となっている。また、日本国籍で日本語指導が必要な児童生徒数の比較的使用頻度の高い言語は、フィリピノ語、中国語、英語、日本語、ポルトガル語の順となっており、日本語指導が必要な児童生徒は多様化してきている（図５)。

2. 課題としての「多文化共生」

このような状況のなかで、今日「多文化共生」は大きな社会的課題となってきている。「多文化共生」という言葉は、1993 年頃から在日コリアンが集住する川崎市で「ともに生きる」地域実践のなかで使われ始められ、1995 年の阪神・淡路大震災における外国人支援を機に全国に広がったといわれている。総務省は、「多文化共生」を「国籍や民族などの異なる人々が、互いの文化的ちがいを認め合い、対等な関係を築こうとしながら、地域社会の構成員として共に生きていくこと」と定義している。

この総務省の定義の背景には、次の3つの人権理念が含まれている。すなわち、「互いの文化的ちがいを認め合い」の部分には「文化選択の自由」ないし「自己の文化享有権」の保障が、「対等な関係を築こうとしながら」の部分には「平等」ないし「無差別」の理念の保障が、「地域社会の構成員として共に生きていくこと」の部分には「共生」ないし「統合」の理念の保障が含まれている（近藤 2019: 16）。とくに、各民族集団のアイデンティティの拠り所となる「文化享有権（文化的権利）」の保障は、民族集団の社会統合の不可欠な条件となる。

地域社会において多文化共生を考えるとき、外国人住民が直面する「3つの壁」があるといわれている（鈴木 2007: 29-30）。すなわち、言葉の壁、制度の壁、心の壁である。「言葉の壁」とは、受入れ国の言葉がわからず、ホスト住民とのコミュニケーションがうまくできないために、受入れ国で生活していく上で必要な情報を十分に入手することができないという壁である。次に「制度の壁」とは、たとえば参政権などのように、ある権利が外国籍の者に対して付与されなかったり、公務員になっても管理職になれないなど、制限されていたりする（制度的不平等）という壁である。第三の「心の壁」とは、異なる文化をもつ者に対する差別や偏見である。

このような「壁」を崩そうと、政府、地方自治体、中間支援組織、企業、NGO等々のアクターによって多文化共生に向けたさまざまな取り組みの努力がなされてきている。政府レベルでは、外国人住民の増加が顕著になった2006年に、総務省は多文化共生の推進に関する研究会を立ち上げ、その報告書（2006）において「地域における多文化共生推進プラン」の施策として、①コミュニケーション支援（情報の多言語化、日本語教育）、②生活支援（居住、教育、労働環境、医療・保健・福祉、防災等）、③多文化共生の地域づくり（地域社会に対する意識啓発、外国人住民の自立と社会参画）、④多文化共生施策の推進体制の整備（地方自治体の体制整備、地域における各主体の役割分担と連携・協働）について、取組事例を挙げるとともに今後必要な取り組みについて示した。総務省は、このプランとともに地方自治体に対して多文化共生の推進に係る指針・計画の策定を指示し、その後各地方自治体において「多文化共生推進プラン」の策定が行われている。

多文化共生に向けた最新の動きとして、政府によって2020年にいくつかの施策や取り組みが発表された。まず総務省では14年ぶりに「地域における多文化共生推進プラン」の改訂を行った。その改訂のポイントの一つとして、ポストコロナ時代に対応して「多様性と包摂性のある社会の実現による『新たな日常』の構築」を掲げるとともに、これまでの施策の①～③に加え、4番目の柱として、外国人住民との連携・協力や外国人としての視点や多様性を活かした「地域活性化の推進やグローバル化への対応」が加えられた。

出入国在留管理庁と文化庁は協働で、国や自治体が外国人向けに情報発信を行う際に、共生社会実現に向けたやさしい日本語の活用を促進するため「在留支援のためのやさしい日本語ガイドライン」を作成した。教育分野については、2019年6月に施行された「日本語教育の推進に関する法律」の第10条に基づいて、2020年6月には「日本語教育の推進に関する施策を総合的かつ効果的に推進するための基本的な方針」が策定された。この方針に基づいて、同年7月には、文部科学省によって「外国人の子供の就学促進及び就学状況の把握に関する指針」が出された。これは、外国人の子どもの就学について、初めて法律を根拠にした指針となった。そこでは教育委員会が住民基本台帳部局等と連携し、学齢簿の編製にあたり外国人の子どもの就学状況を一体的に管理・把握することや、高校への進学促進が示された。

また文部科学省は、日本語指導を必要とする児童生徒の増加に鑑み、「外国人児童生徒等の教育の充実に関する有識者会議」を設置し審議を重ね、2020年2月に「報告書」を提出した。その中では、「外国人の子供たちが将来にわたって我が国に居住し、共生社会の一員として今後の日本を形成する存在であることを前提に制度設計を行うことが必要。『誰一人取り残さない』という発想に立ち、社会全体としてその環境を提供できるようにする」という基本的な考え方に立って、①指導体制の確保・充実、②日本語指導担当教師等の指導力の向上、支援環境の改善、③就学状況の把握、就学の促進、④中学生・高校生の進学・キャリア支援の充実、⑤異文化理解、母語・母文化支援、幼児に対する支援、の5つについて、速やかに実施すべき施策、および実現に向けて取り組むべき課題が具体的に示された。

3. 文化的多様性に開かれた学校づくり

このような多文化化の状況のなかで、日本の学校が「異文化・異言語に開かれた学校」になることがますます求められてきている。すなわち、文化や言語を異にする児童生徒が相互に相手の文化を認め合い、積極的な相互関係を築きあげていけるような学校づくりがめざされる。そのような学校をアメリカの多文化教育学者バンクス（Banks 2019: 49）は、「多文化学校（Multicultural School）」と呼んでいる。

多文化学校の根底を支える思想は、一言で言うと「文化的多様性の尊重」である。1992年リオデジャネイロで開催された「環境と開発に関する国連会議」（通称「地球サミット」）は、「持続可能な開発」という概念を提出し、「生物的多様性」の保護が生態系の生き残りに不可欠であると宣言した。しかし、近年の研究の進展のなかで、生態系システムと文化システムの間には緊密な相互関係があることが明らかになってきている。すなわち、文化的多様性を生物的多様性と同様、持続可能な社会の本質的要素として考慮に入れる必要があることが主張されてきている。

2001年11月には、「多様性の中の共生」（vivre ensemble dans notre diversite）を基本テーマとしたユネスコの第31回総会において「文化的多様性に関する世界宣言」が採択された。これは多くの代表が「世界人権宣言に次ぐ重要性を持つ」と評価したものである。その第1条では、人類のさまざまな集団や社会個々のアイデンティティは唯一無比のものでありまた多元主義的であるとし、ここに文化的多様性が示されていると述べた。その前提に立って、文化的多様性は交流・革新・創造の源であり、人類の共有遺産であると規定された。第2条では、多様な文化的アイデンティティをもつ民族や集団同士が互いに共生しようという意志をもち調和のとれた形で相互に影響を与え合う環境を確保することが必要不可欠であるとし、文化多元主義は民主主義の基礎と不可分であると述べられた。第3条では、文化的多様性は、人類の全面的な発展のための基本的要素の一つであると規定され、第4条では、文化的多様性の保護は、人間の尊厳への敬意と不可分の倫理的急務であることが述べられた。さらに第5条では、文化的多様性を実現するための環境としての文化的権利は人権の欠くことのできないものであることが明示された。このように、文化的多様性を一つの人権としてとらえ、人類にとって最重要の生存要因であり、人間の倫理的義務であり、権利であることを打ち出した点で、この宣言は画期的なものであるといえる。

「文化的多様性に関する世界宣言」に見るように、文化的多様性は人間のアイデンティティ形成の重要な要素である。その要素として、人種、民族、ジェンダー、性的指向、社会経済的地位、年齢、宗教、言語、知的能力、身体能力等が挙げられる。人間はこれら多様な文化要素の複合としてアイデンティティを形成する。また、これらの要素は、本質的で相互に排他的なものではなく、文化集団内部の変化や他の文化集団との接触により変化する。

学校においてこのような文化的多様性の問題を考えることなしに、すべての児童生徒に公正な教育経験を提供することはできない。日本の学校は、これまで外国人児童生徒に対して入学を「恩恵」として許可し、「郷に従う」ことを余儀なくさせる「奪文化化」の機関であり、その中心には「一斉共同体主義」的文化風土が存在している。ここで、一斉共同体主義とは、「同質的で自己完結的な共同体を前提とした協調的共有体験、共感・相互依存・自発的な協調などの価値の共有に依拠する共同体的な特徴と、皆が、同時に、同じことをするという一斉体制とが一緒になることによって成り立っている」(恒吉 1996: 231)。多文化社会にあっては、日本の学校文化が伝統的にもってきた、一斉共同体主義から脱し、多様性に開かれた多文化学校づくりが課題となる。

4. 多文化学校づくりの8つの特性――多文化教育に学ぶ

では具体的には、「多様性に開かれた」多文化学校を実現するためにはどのような改革が必要だろうか。バンクスは、ジェンダー、性的指向性、社会階層、及び民族的、人種的、あるいは文化的特性にかかわらず、すべての生徒たちが学校において平等な学習機会を持つべきという理念に立つ教育の取り組みを多文化教育と呼び、多文化教育を実践する学校（多文化学校）の特

表１　多文化学校の８つの特性

(1) 教職員がすべての生徒に高い期待を持ち、肯定的な態度を示す。また、肯定的で思いやりのある方法で対応している。
(2) 公式のカリキュラムが、男女両性、及びさまざまな文化、民族集団の経験、文化、視点を反映している。
(3) 教師が用いる教授スタイルが、生徒の学習、文化、動機づけの特性に合致している。
(4) 教職員が生徒の第一言語や方言を尊重している。
(5) 学校で用いられる教材が、さまざまな文化、民族、人種集団の視点に立って、出来事、状況、概念を示している。
(6) 学校で用いられる評価や試験方法が文化的に配慮され、英才児クラスに非白人の生徒も人数比に見合った形で在籍する結果になっている。
(7) 学校文化と隠れたカリキュラムが、文化的・民族的多様性を反映している。
(8) 学校カウンセラーが、異なった人種、民族、言語集団の生徒に対しても高い期待をもつとともに、積極的な進路目標を設定してその現実を助けている。

出典：Banks (2019: 50)

性として、表１の８点を挙げている（Banks 2019: 50)。

(1) は、多文化学校づくりの基盤にある教師のあり方に対する基本的な考え方である。たとえば、「女子生徒は数学が不得意である」という言説に象徴的に示されているように、アメリカの多くの教師は女子生徒、言語的マイノリティに属する生徒、非白人生徒、低所得家庭の生徒に対して低い期待しかもっておらず、このような教師のバイアスや偏見は微妙に生徒たちに伝わり、生徒たちはしばしば期待されたように応答することが多くの研究によって明らかになっている。反対に、教師の生徒に対する高い期待が生徒の学業達成によい結果をもたらすことは、ピグマリオン効果として立証されている。

(2) については、アメリカの学校カリキュラムが多くの分野でマジョリティである WASP（白人、アングロサクソン、プロテスタント）の視点に立って内容構成が行われ、非白人や女性の経験をしばしば周辺に追いやってきたと指摘されてきた。日本の学校カリキュラムにおいても、マジョリティの「日本人」の視点から内容構成が行われてきた。たとえば、歴史教育でいえば、これまでの日本史の学習内容には在日外国人、アイヌや琉球、女性や障害者といったマイノリティの視点は十分反映されてこなかった。あるいはあったとしてもそれは「付加的」なものであった。多文化学校においては、多文化カリキュラムの開発が求められる。

⑶多様な生徒たちは、多様な学習スタイルや動機づけスタイルをもっており、彼らにとってはそれらの特性に応じたさまざまな教授スタイルがとられることが快適であり、学習効果があることが知られている。アメリカでは、ヒスパニック、先住アメリカ人、アフリカ系アメリカ人の生徒の多くは、一般の学校で最もよく用いられる競争的な教授法ではなく、協同的な教授法が用いられるとき、最もよく学ぶといわれる。またそれらの文化集団の生徒は学校のルールや学習の結果が明確にされ、高い期待がはっきりと示されているときに、最も効果的に学ぶ傾向があるともいわれる。教師はこうした集団の特性を知って、その上に立って一人一人の生徒を固有の存在として認識し、個の特性に応じた指導が求められる。

⑷アメリカでは、多くのアフリカ系アメリカ人の生徒は、エボニックス（ebonics: アフリカ系アメリカ人が多く話す英語の方言）、あるいは「黒人英語（Black English）」と呼ばれることばを日常使っている。多文化学校では、生徒の第一言語や英語の方言を手段としながら、標準英語を学習できるように助けている。日本でも、ニューカマーを中心に外国につながる児童生徒の中には、日本語を第一言語としない児童生徒が多く存在する。これらの児童生徒にとって日本社会で成功するためには、日本語の習得は不可欠である。一方、生徒のアイデンティティの重要な要素である第一言語が尊重されなければならない。現在、日本の外国につながる児童生徒が多く在籍するいくつかの学校では、さまざまな機会に多様な文化集団に属する児童生徒が、各自の第一言語を学習する機会を保障する試みがなされている。

⑸教科書および生徒が使用するその他の教材は、文化、言語、人種、民族、ジェンダーに関するさまざまなステレオタイプやバイアス（文化的歪み）をもったメッセージを生徒に送り続けている。アメリカでは、1960年代以降教科書や児童図書に含まれるステレオタイプやバイアスを是正しようとする努力がなされ、それらをチェックするためのチェックリストが開発されている。すべての生徒が自身の文化にプライドをもち、相互に尊重する風土をつ

くるためには、教師は教材の中に登場する人種、民族、ジェンダー等の描き方に対して敏感でなければならない。とくに、教科書は児童生徒にとって最も身近な教材であり、その内容が試験を通して定着される。その意味で、写真を含めた教科書記述の多文化的視点による検討が求められる。

(6) アメリカでの研究によると、非白人生徒、低所得層の生徒、言語的マイノリティの生徒が知的障がい児向けのクラスに多く集まり、英才児向けのクラスでは過度に少なくなっていることが指摘されている。しかし、知的障がい児も英才児も、あらゆる人間集団にランダムに分布している。近年、このような結果を生み出すさまざまなテストに含まれる文化的バイアスの問題が、広く議論されるようになってきている。多文化学校では、多様な文化集団の児童生徒の資質・能力を文化的に公正で、正義にかなう方法で評価する手段が用いられなければならない。また、教師が評価手段の限界をわかっておくことも不可欠であるとされている。

(7) 隠されたカリキュラム（hidden curriculum）とは、正規のカリキュラムのように教師が明確に意図して教えていないのに、学校教育全体を通して結果的にすべての生徒が習得している価値、態度、規範のことである。多様な文化集団に対する学校の態度は、さまざまに微妙な形で学校文化に具体的に反映されている。たとえば、掲示板に張られた写真の種類（どんな文化集団に属している人が掲載されているか）、教職員の人種構成、異なった文化集団の児童生徒をしつけたり、処分する仕方の公正さなどがそれである。多文化学校では、カリキュラムや教授法だけでなく学校環境全体を改革し、学校における文化的多様性を価値あるものとすることによって、多様性が歓迎されているというメッセージを学校全体において発信していかなければならない。

(8) 文化的背景の異なる一人一人の児童生徒が学校において、スムーズに学校生活に適応し、発達し、将来の適切な進路選択をするためには、それら多様な文化理解の上に立った適切な心理的援助が必要である。とくにニューカマーの児童生徒の場合、新しい学校環境で暮らすことは、それまで慣れ親しんできた環境とは異なるため、フラストレーションを生み、混乱や違和感を伴った精神的な動揺を体験する。このようなカルチャーショックは、学校における生活や学習に多くの障害をもたらす。多文化学校にあっては、多様な児童生徒の自己実現を支援する多文化的志向性をもったカウンセラーの配置が望まれる。

これまで、日本のほとんどの学校教職員は、このような多様な文化的背景をもつ子どもたちが直面している多くの問題を理解し、それを適切に扱い、学校の学習環境全体をつくり変える訓練を十分受けてこなかった。このような学校改革の視点は、日本において多文化学校を実現していく上でも重要な視点となる。

5. 多文化共生に向けた授業実践──異己理解共生授業プロジェクトの実践から

これまで多文化共生に向けた教育について語られるとき、外国人児童生徒教育の取り組みに見られるように、日本語が不自由で異なる文化をもつ外国人児童生徒への「支援」として語られることが多かった。しかし、「多文化共生」が、先述した総務省の報告書のように、「互いの文化的違いを認め合い、対等な関係を築こうとしながら、……共に生きていくこと」であるとすると、外国人児童生徒と日本人児童生徒の相互理解と双方の意識変容が重要な課題となる。

ここでは、異文化の相互理解と相互変容をめざす教育の試みとして、日本国際理解教育学会が中国、韓国と共同して行なっている「異己理解共生授業プロジェクト」の実践（釜田ほか 2020）について取り上げたい。ここで「異己」とは、紀元前３世紀の「後漢書」に初めて出てくる言葉で、もともとは価値観が異なり、政治的に対立する立場にいる派閥や利益集団を意味していた。そこから発して、本プロジェクトでは、価値多元社会において異なる価値観をもち、異なる立場にある相手を意味し、その相手を相互に理解し、その相手と共生社会を創っていく概念として使われた。

本授業は、日常の生活習慣や価値観について、日中韓の小・中学生が対話を行い、同じ価値でも逆転した価値基準をもつ集団がいることに気づき、その人たちの考え方を理解すると同時に、普段当たり前と思っていた自分の考え方を省みるきっかけをつくることを目標に行われている。一般的な授業プロセスは、次のようなものである。

0. シナリオを用いた事前調査の実施
1.「異己」の存在の認識：集団内に判断基準が相反するグループ（多数派と少数派）があることを認識し、多数派・少数派（「異己」）で対話をする場を設定する。
2.「異己」の交流：国境を超えた集団間の交流によって、価値判断基準が逆転する場合があることを認識し（グラフ等）、相互に判断基準とその理由等について対話をする場を設定する。
3. 共生へのアプローチの創出：価値判断基準が逆転する人々・集団との交流の在り方、共生の在り方について、個人・集団で考える。

宮城県のA小学校5年生と北京のB小学校6年生の間で行われた実践を簡単に紹介しよう。まず授業開始の前に、両校で次のようなシナリオによる事前アンケートが行われた。その結果を示す（表2）。

この結果に示されているように、この設問に対する答えは、日本ではA、Bが多く、中国ではC、Dが多い。このシナリオを用いた調査は、小学校だけでなく日中の中学校、高等学校、大学でも行われているが、選択肢の数値は違うものの概ね同様の傾向が見られている。（授業プロセス0）

そこで、日本の小学校のクラスでは、まず学級内の結果をもとに意見を交換させたところ、「断りもなく食べられたら、親友でも嫌な気がする」「一言断って食べるのが礼儀ではないか」といった意見が多く出された（授業プロセス1）。

次に、教師はC、Dが多い中国のB小学校の結果を提示し、児童に意見を求めた。子どもたちは自分たちの結果と逆転している中国の結果に驚いて、「何でも許せるのかな。親友でも勝手に食べたら、嫌な思いをするのではないかな」といった質問が出され、中国のお友達にメールを送って聞いてみようということになった。そこで教師は子どもたちの質問を集めて、中国に送り、返事をもらった。たとえば、日本の子どもたちから出た「中国の子どもたちは、日本の子どもたちより大きな心で、こんな小さいことは気にならないんですか」という質問に対して、中国の子どもからは「日本と中国の

表２　シナリオと調査結果

【資料】みんなで遠足に行きました。お昼のことです。お弁当を食べ終わって、みんなでおやつを食べることにしました。みんな、自分で持ってきたおやつを出して食べ始めました。かけるくんは、持ってきたチョコレートを出して、食べようと思いましたが、トイレに行きたくなり、トイレに行きました。しばらくして、もどってきたら、チョコレートが全部なくなっていました。かけるくんは、近くにいた親友のたけしくんに「ぼくのチョコレート知らない？」と聞いてみました。するとたけしくんが「ぼくもチョコレートが大好きだったから、食べちゃったよ」と言いました。

【設問】たけしさんの行動について、あなたはどのように思いますか。また、それはなぜですか。理由も書きましょう。

【選択肢】	日本	中国
A. 全然気にしない。仲良しなので、お互いのものを区別する必要はない。	0%	35%
B. 少し違和感はあるが、問題にしない。二人の関係に影響はない。	13%	37%
C. あまりいい気持ではない。今度、またこんなことがあったら困る。	37%	5%
D. 不ゆかいだ。行動は理解できない。	50%	3%
E. その他	（選択肢なし）	20%

出典：釜田ほか（2020）をもとに筆者作成

マナーが違うからだと思います。日本人はルールを大事にするけれど、中国人はより広い心を大切にしているからだと思います」といった答えが返ってきて、それについてクラス内でさらに意見が交わされた（授業プロセス２)。

このようなクラス内、および他国の「異己」との対話を通して、日本の子どもたちの中に変化が生まれた。「私は（中国のお友達が)、物やお金より、友情関係のほうを大事にしているところを見て、考えが変わった」「世の中に友達がいなければ楽しくない。友情はチョコレートよりもっと大事だと思います」と言った意見が出された。このように、日本の子どもたちの中に他者（異己）の気持ちに共感し、自己変容が起こったことは、共生への一歩が芽生えたといえる（授業プロセス３)。

この「異己」理解共生授業の実践は、多様性の受容と尊重をめざす多文化共生の教育の取り組みとして示唆的である。

6. 多文化共生時代の教育課題——社会正義のための教育にむけて

多文化共生の実現を考えるとき、多様性の尊重とともに、先に述べた異文化間の「心の壁」をどう取り払うか、すなわち異なる文化をもつマイノリティに対する差別や偏見といった「抑圧（oppression）」をどう軽減するかが重要な課題になる。それには、抑圧の主体であるマジョリティのもつ「特権（privilege）」への気づきを促す社会正義のための教育（social justice education）が必要である（森茂・青木 2019:14-31）。なぜなら、差別や偏見の問題はマジョリティ側の問題であるからである。マジョリティの意識改革（特権性の気づき）なしに多文化共生はありえないといってよい。

ここで「特権」というのは、「ある集団に属していることで労なくして得られる優位性のことである」。このマジョリティの「特権」に伴う心理や思考を理解するのに役立つのが「立場理論」といわれるものである。立場理論とは、「権力を持たない者（あるいは権力が制限されている者）は、権力を持つ側の考え方を熟知せずには生き残れない。権力をもつ者（社会における強者）は自分の下にいる弱者について知ろうとしない上、自分の強者としての立場を可能にしている構造についても知ろうとしない」（出口 2015: 191）というものである。

出口真紀子は、日本を例に、自身がもつマジョリティ性を自覚するために**表3**のようなチェックリストを示している。

このチェックリストで、差別や偏見（抑圧）の対象となっているのはマイノリティ性を多くもっている人たちである。反面、マジョリティ側は日々そのような体験をせずに済んでいる。差別されずに生きていけるということは、差別によって精神的にダメージを受けたり、自信を喪失したり、抵抗の声を上げるといった行動にエネルギーを消費したり、そういった行動をとったことで非難されたり、といった負のスパイラルに対処しなくても生きていける恩恵があることである。こうした恩恵こそが「特権」と呼ばれるものである。

社会正義のための教育においては、マジョリティ集団の一員でありながら、マイノリティ集団への差別や不公正に対して異議を唱え、社会変革のために

表3　あなたはマジョリティ性とマイノリティ性では、どちらが多いですか？

アイデンティティ	マジョリティ性	マイノリティ性
人種・民族	□日本人	□人種・民族的マイノリティ（外国人、在日コリアン、アイヌ民族等）
学歴	□高学歴	□低学歴
身体・精神	□健常者	□障がい者
出生時に割り当てられた性別	□男性	□女性
性的指向	□異性愛者	□同性愛者・バイセクシャル・バンセクシャル等
性・ジェンダー自認	□シスジェンダー（身体と性自認が一致している人）	□トランスジェンダー・Xジェンダー等
所得	□高所得	□低所得
居住地域	□大都市圏在住	□地方在住

▲自分がどちらに当てはまるか☑を記入してみましょう。マジョリティ性が多ければ、より特権を有している側に属しています。すべてがマジョリティ性の人は、社会の中でかなり特権を有していることになります。

出典：出口真紀子 2020「マジョリティの特権を可視化する――差別を自分ごととしてとらえるために」（https://www.jinken-net.com/close-up/20200701_1908.html，2021年3月5日最終閲覧）

行動を起こす「アライ（Ally）」の育成が課題となる。

❖参考文献

釜田 聡・堀之内優樹・周 勝男 2020「『異己』理解共生を目ざした国際理解教育のプログラム開発」『上越教育大学教職大学院紀要』7巻、81-94頁

近藤 敦 2019『多文化共生と人権――諸外国の「移民」と日本の「外国人」』明石書店

鈴木江理子 2007「多文化社会の課題――『心の壁』を超えるために」鈴木江理子・毛受敏浩編『「多文化パワー」社会――多文化共生を超えて』明石書店、13-39頁

恒吉僚子 1996「多文化共生時代の学校文化」堀尾輝久ほか編『講座学校⑥ 学校文化という磁場』柏書房、215-240頁

出口真紀子 2015「白人性と特権の心理学」上智大学アメリカ・カナダ研究所編『北米研究入門――「ナショナル」を問い直す』上智大学出版、175-203頁

森茂岳雄・青木香代子 2019「多文化教育再考――社会正義の実現にむけて」森茂岳雄・川﨑誠司・桐谷正信・青木香代子編『社会科における多文化教育――多様性・社会正義・公正を学ぶ』明石書店、14-31頁

Banks, James A., 2019, *An Introduction to Multicultural Education* (6th ed.), Pearson.

おわりに

人の生き方をほめるとき、「大地にしっかりと根を下ろして」、いろいろなことに左右されずに自分の信念を貫く人、といった表現が使われることがある。しかし、人は木ではない。移動できることにこそ、人間の特徴がある。人間に根など生えていない。一方で、「根無し草」といった表現は、ふらふらとしていて居を定めず、優柔不断な生き方としてマイナスの価値をあらわす。

もちろん、人間は草でも木でもないのだが、どうやら根っこがないのがいけないらしい。ただ、「根」のメタファーを受け入れるとしても、人間にとっての「根」は、大地にしっかりと食い込んでいて不動のものだ、とは限らないところに面白さがある。その「根」をもったまま移動可能なのである。ただし、強引に引っこ抜かれていく場合もある。

本書は、この「根っこ」とは何かをいろいろな角度から論じたものだといえるかもしれない。それが、アイデンティティのよりどころを意味するのだとすれば、「根」とは国籍かもしれないし、宗教や言語、あるいはある種の民族性かもしれない。そして、「安定」しているときには問題にならない（意識さえされない）もの、それがアイデンティティでもある。

人が「移動」するには、それなりの理由がある。じっとしていることに危険が伴うのであれば、移動していくしかない。生きていくためには、あらゆる手段を尽くす必要がある。政治的、経済的要因のみならず、さまざまなことに影響を受け、人は移動していく。むしろ、移動することが人類にとっては常態といえるのではないか。しかし、私たちの発想の中には、先に示したように、大地に根を張った生き方が理想だとの思い込みがある。したがって、実は本来的だともいえる「移動」が、かえって危険をもたらすものになってしまう。

とくに国家という枠組みが強固になって以降は、移動の困難性、危険性がより見える形になってきた。国家だけではなく、宗教や民族など、さまざまな分類枠が同質性を前提に形成されてくると、その枠組み自体が仮に虚構であったとしても（実はほぼすべて虚構、つまり政治的構築物）、強烈な武器として他者を排除（あるいは殺戮）し始める。このとき、人の心理が巧みに利用されて枠組み形成が合意されていくことにも注意しておく必要がある。

分類ということに関していえば、たとえば、一般的に、「日本人」「アメリカ人」「ドイツ人」といったように、国の後に「人」をつけて個人を認識する言い方がある。いまの日本において、これに違和感をもつ人は、そう多くはないだろう。しかし、「日本人」が「日本国籍を有する人」と完全に同じでないことは、日常的なこの語の使い方を思い起こせば、すぐに了解できるだろう。それは、非常にあいまいな定義のまま（実際には定義など意識されずに）流通している。もちろん、国によっては、この定義を厳密につくり上げている場合もある。そして、そもそも国家という枠組みとは全く異なる範疇が前景となっている場合もある。

今日では、人の移動は、自然現象として理解してはいけない場合が多い点にも注意が必要である。むしろ、その意に反して移動を強制された人々のことを、私たちは歴史から学んでいるはずである。しかし、その歴史は、つねに捻じ曲げられ、修正されていく危険にさらされている。それをいかに見抜いていくか。

「移動」をめぐる議論は、どういう枠組みで人を認識していくのか、その政治性（権力性や暴力性）を抜きにしては成り立たない。そのことは、本書で展開されているさまざまな検討によって明らかにされている。

本書では、多くの刺激に満ちた議論が展開されている。しかし、ここまで、靴の上から掻くような「もどかしい」説明をしてきたかもしれない。それは、本書全体の多様な内容をここで具体的に整理するのは、紙幅のことを抜きにしたとしても、困難だからである。この点はお許しいただくとして、ぜひ、読者自身が、本書の各論考のどこに、どんな関心を向けたのかを客観視してもらえたらと思う。おそらくその部分に、「移動」をめぐる諸課題の解決の糸口が隠されているはずである。つまり、百人百様の解決策が提起できるということである。

＊

本書は、多くの論者の原稿が重層的に響き合い、全体として大きな課題に挑もうとしている。しかし、このように編集されるまでの作業はけっして平たんな道のりではなかった。その作業に伴走していただき、辛抱強く待ち、励ましてくださった明石書店編集部の遠藤隆郎様に、そして、本書の出版を快く引き受けていただいた大江道雅社長に心より感謝申し上げたい。

編者　池田賢市

索　引

●アルファベット

●あ行

●か行

●さ行

●た行

●な行

●は行

●ま行

●や行

●ら行

●わ行

【執筆者紹介】 五十音順

池田賢市（いけだ・けんいち） 3章
※編著者紹介欄参照

及川淳子（おいかわ・じゅんこ） 6章
中央大学文学部准教授。専門：現代中国社会。
主な著書：『現代中国の言論空間と政治文化──「李鋭ネットワーク」の形成と変容』（御茶の水書房、2012年）、『六四と一九八九──習近平帝国とどう向き合うのか』（共編著、白水社、2019年）。

大田美和（おおた・みわ） 10章
中央大学文学部教授。専門：近代イギリス小説、ジェンダー論。
主な著書：「尹伊桑と近藤芳美の幼少年期──近代朝鮮における作曲家と歌人の自己形成」『中央大学政策文化総合研究所年報』（23号、2020年、3-26頁）、「世界文学としての日本語詩──崔龍源、ぱくきょんみ、丁章の詩を中心に」『社会のなかの文学』（中央大学出版部、2021年、129-155頁）。

片柳真理（かたやなぎ・まり） コラム
広島大学学術院教授。専門：国際法、平和構築。
主な著書：*Human Rights Functions of United Nations Peacekeeping Operations*, Martinus Nijhoff Publishers, 2002,「人権に基づく転換的平和構築」『国際政治』（186号、2017年、64-79頁）。

川喜田敦子（かわきた・あつこ） 4章
東京大学大学院総合文化研究科准教授。専門：ドイツ現代史。
主な著書：『東欧からのドイツ人の「追放」──二〇世紀の住民移動の歴史のなかで』（白水社、2019年）、『ドイツの歴史教育〔新装復刊版〕』（白水社、2019年）。

小嶋　茂（こじま・しげる） コラム
早稲田大学人間総合研究センター招聘研究員。
専門：移民・移住研究、社会史。
主な著書：「ブラジル、パラナ民族芸能祭にみる文化の伝承──日系コミュニティの将来とマツリ、そしてニッケイ・アイデンティティ」『南北アメリカの日系文化』（人文書院、2007年、273-288頁）、「海外移住と移民・邦人・日系人──戦後における意味の変容から考える」『東アジアのディアスポラ』（明石書店、2011年、152-175頁）。

篠田謙一（しのだ・けんいち）　8章
国立科学博物館館長。専門：DNA 人類学。
主な著書：『江戸の骨は語る――甦った宣教師シドッチの DNA』（岩波書店、2018 年）、『新版 日本人になった祖先たち――DNA が解明する多元的構造』（NHK 出版、2019 年）。

首藤明和（しゅとう・としかず）　コラム
中央大学文学部教授。専門：比較社会学、中国社会論。
主な著書：『中国の人治社会――もうひとつの文明として』（日本経済評論社、2003 年）、『中国のムスリムからみる中国――N. ルーマンの社会システム理論から』（明石書店、2020 年）。

杉田昌平（すぎた・しょうへい）　11章
弁護士法人 Global HR Strategy 代表社員弁護士。専門：人の国際移動。
主な著書：『改正入管法関連完全対応　法務・労務のプロのための外国人雇用実務ポイント』（ぎょうせい、2019 年）など。

高橋宏明（たかはし・ひろあき）　コラム
中央大学文学部教授。専門：東南アジア近現代史。
主な著書：「インドシナ半島の近現代」『ブッタの聖地 2――テーラワーダ仏教の現在』（サンガ、2020 年、12-41 頁）、「内戦と文化政策」『ユーラシアにおける移動・交流と社会・文化変容』（中央大学出版部、2021 年、3-22 頁）。

高山　明（たかやま・あきら）　12章
演出家・アーティスト。東京藝術大学大学院映像研究科教授。専門：演劇。
主な著書：『はじまりの対話――Port B「国民投票プロジェクト」』（思潮社、2012 年）、『テアトロン――社会と演劇をつなぐもの』（河出書房新社、2021 年）。

中坂恵美子（なかさか・えみこ）　1章・9章
※編著者紹介欄参照

新原道信（にいはら・みちのぶ）　2章
中央大学文学部教授。専門：都市と地域の社会学、国際フィールドワーク。
主な著書：『境界領域への旅――岬からの社会学的探求』（大月書店、2007 年）、『うごきの場に居合わせる――公営団地におけるリフレクシヴな調査研究』（中央大学出版部、2016 年）。

松田俊道（まつだ・としみち） 7章
中央大学文学部教授。専門：イスラーム史、マムルーク朝史。
主な著書：『聖カテリーナ修道院文書の歴史的研究』（中央大学出版部、2010年）、『サラディン――イェルサレム奪回』（山川出版社、2015年）。

松本悠子（まつもと・ゆうこ） 5章
中央大学文学部教授。専門：西洋現代史、アメリカ史。
主な著書：『創られるアメリカ国民と「他者」――「アメリカ化」時代のシティズンシップ』（東京大学出版会、2007年）、『人の移動と文化の交差』（共編著、明石書店、2011年）。

宮間純一（みやま・じゅんいち） コラム
中央大学文学部准教授。専門：日本近代史。
主な著書：『戊辰内乱期の社会――佐幕と勤王のあいだ』（思文閣出版、2015年）、『国葬の成立――明治国家と「功臣」の死』（勉誠出版、2015年）。

森茂岳雄（もりも・たけお） 13章
中央大学文学部教授。専門：多文化教育、国際理解教育。
主な著書：『社会科における多文化教育――多様性・社会正義・公正を学ぶ』（共編著、明石書店、2019年）、『「人種」「民族」をどう教えるか――創られた概念の解体をめざして』（共編著、明石書店、2020年）。

山下真史（やました・まさふみ） コラム
中央大学文学部教授。専門：日本近代文学。
主な著書：『中島敦とその時代』（双文社出版、2009年）、『中島敦の絵はがき――南洋から愛息へ』（編著、中島敦の会、2019年）。

横山佐紀（よこやま・さき） コラム
中央大学文学部教授。専門：ミュージアム研究。
主な著書：「ミュージアムで痛ましいイメージを見ること、展示すること」『ミュージアムの憂鬱――揺れる展示とコレクション』（水声社、2020年、221-244頁）、『ミュージアムを知ろう』（ぺりかん社、2020年）。

【編著者紹介】
中坂恵美子（なかさか・えみこ）
中央大学文学部教授。専門：国際法。
主な著書：『難民問題と「連帯」——EUのダブリンシステムと地域保護プログラム』（東信堂、2010年）、「問われる欧州共通庇護政策における『連帯』——二〇一五年九月のリロケーション決定をめぐって」『包摂・共生の政治か、排除の政治か——移民・難民と向き合うヨーロッパ』（明石書店、2019年、285-313頁）。

池田賢市（いけだ・けんいち）
中央大学文学部教授。専門：教育制度学。
主な著書：『フランスの移民と学校教育』（明石書店、2001年）、『学びの本質を解きほぐす』（新泉社、2021年）。

人の移動とエスニシティ
——越境する他者と共生する社会に向けて

2021年8月31日　初版第1刷発行

編著者　中坂　恵美子
　　　　池田　賢市
発行者　大江　道雅
発行所　株式会社　明石書店
〒101-0021 東京都千代田区外神田6-9-5
電話 03（5818）1171
FAX 03（5818）1174
振替　00100-7-24505
https://www.akashi.co.jp/
装幀　明石書店デザイン室
印刷／製本　日経印刷株式会社

（定価はカバーに表示してあります）　ISBN978-4-7503-5177-3

にほんでいきる
外国からきた子どもたち

毎日新聞取材班 編

■四六判／並製／272頁 ◎1600円

外国人労働者の受け入れ拡大のなか、就学状況が不明な子どもが少なくとも1万6000人いることが判明した。文部科学省による全国調査の実施など、行政を動かす原動力にもなった連載の待望の書籍化。新聞労連ジャーナリズム大賞優秀賞、新聞協会賞受賞。

●内容構成●

第1章 閉ざされた扉――就学不明2・2万人
インタビュー 前川喜平さん「教育を受けさせないのは虐待」
第2章 学校には来たけれど――無支援状態1・1万人
インタビュー サヘル・ローズさん「言葉は人と人をつなぐ橋渡し」
第3章 「発達障害」と見なされて――特別支援学級の在籍率2倍
インタビュー 中川郷子さん「子どもに責任を押しつけないで」
第4章 ドロップアウトの先に――不就学・不就労3000人
インタビュー 田中宝紀さん「教育と就労の境目で支援を」
第5章 見つかった居場所――日本語教育に救われて
第6章 にほんでいきるために
寄稿 山野上麻衣さん 不就学問題の20年、現在とこれから
取材をふりかえって

【増補】新 移民時代 外国人労働者と共に生きる社会へ
西日本新聞社編 ◎1600円

「発達障害」とされる外国人の子どもたち
フィリピンから来日したきょうだいをめぐる、10人の大人たちの語り
金春喜著 ◎2200円

まんが クラスメイトは外国人 課題編 私たちが向き合う多文化共生の現実
「外国につながる子どもたちの物語」編集委員会編
みなみなみ まんが ◎1300円

アンダーコロナの移民たち
日本社会の脆弱性があらわれた場所
鈴木江理子編著 ◎2500円

ロヒンギャ問題とは何か 難民になれない難民
日下部尚徳、石川和雅編著 ◎2500円

新 多文化共生の学校づくり 横浜市の挑戦
山脇啓造、服部信雄編著
横浜市教育委員会、横浜市国際交流協会協力 ◎2400円

外国人の子ども白書 権利・貧困・教育・文化・国籍と共生の視点から
荒牧重人、榎井縁、江原裕美、小島祥美、志水宏吉、南野奈津子、宮島喬、山野良一編 ◎2500円

日本社会の移民第二世代 エスニシティ間比較でとらえる「ニューカマー」の子どもたちの今
世界人権問題叢書 103
清水睦美、児島明、角替弘規、額賀美紗子、三浦綾希子、坪田光平著 ◎5900円

〈価格は本体価格です〉